OSWALD BERNDT

EKSTASEN

FÜR EINSTEIN

EIN
FANTASTISCH-
EROTISCHER
BERICHT

Copyright © 2015 Oswald Berndt

All rights reserved.

ISBN-10: 39522447-3-2
ISBN-13: 978-3-9522447-3-9

INHALTSVERZEICHNIS

1. ♥ Heißer Sex im Schlafwagen 1
2. Der Telefonanruf 5
3. ♥[1] Erste Ekstase für Einstein 8
4. Rätselraten 13
5. Angela und ihre Suche nach dem besonderen Mann ... 17
6. Angela erzählt 23
7. Ausflug in die Stadt 27
8. ♥[2]♥ Zweite Ekstase und Gespräch mit Einstein 31
9. ♥[3] Begegnung mit der Religion der Hindus 37
10. Mittagessen in der Mühle 45
11. ♥[4] Angela und die Götter der Hindus 49
12. ♥[5,6] Sonderbarer Auftritt von Buddha und Konfuzius .. 56
13. Begegnung mit der Religion der Japaner 61
14. ♥ Wiedersehen mit Sylvia 66
15A. Angela informiert 69
16. ♥[7] Schwierigkeiten mit Einstein 73
17. Überraschungen mit Bibel und Tora 76
18. Nathan der Weise 80
19. ♥[8,9] Angela entdeckt die Religion der Juden 82
20. Unerwartete Begegnung mit Jesus 89
21. Weihnachten 93
22A. Angela erkundet das Christentum 97
23. Angelas Bruder 103
24. ♥[10] Begegnung mit Mohammed 108
25. ♥[11] Erstaunliches im Islam 113
26. ♥[12]♥ Einstein und der Sex 121
27. Ein böser Unfall 125
28. Angelas Bruder bemüht zwei Professoren 133
29. ♥[13] Der Versuch, viele Gottheiten zu verstehen 141
30. ♥[14] Wie die Römer Christen wurden 147
31A. Angela und Maria beraten, was zu tun ist 152
32. Der Erzähler denkt über die Zukunft nach 154
33. ♥[15] Begegnung mit der Religion der Ägypter 156
34. Wie man sich ein ewiges Leben vorgestellt hat 159
35. ♥[16] Einstein verlangt ein Buch 163
36. ♥[17] Beratung über sieben Gottesbeweise 167
37. ♥[18]♥ Das Jenseits als blühende Wiese 173
38. ♥ ♥ Das Jenseits als ewiger Glückszustand 179
39. ♥ Das Jenseits als Leben mit einer interessanten Tätigkeit .. 184
40. ♥[19] Abschied 188
41 oder 27A. ♥ Einstein und Angela, eine Überraschung.. 190
42. Nachwort 192

> Der folgende Bericht erzählt viele sexuelle Episoden und religiöse Ereignisse. Wir entschuldigen uns bei Menschen, die Erotik nur wenig interessiert, und bei Menschen, die schon fast alles über die Religionen wissen. Dagegen soll dieser Bericht Menschen erreichen, die mehr über die Religionen erfahren wollen. Auch damit sie in lautes Gelächter ausbrechen können bei Fanatikern, die meinen, im Besitz des wahren Gottes zu sein.

1 Heißer Sex im Schlafwagen

Viele Geschichten fangen auf Bahnhöfen an. Weil man hier Menschen, die einander fremd sind, versammelt und in Transportmittel setzt, aus denen sie erst nach geraumer Zeit entweichen können. Dass diese Erzählung ebenfalls auf einem Bahnhof beginnt, ist daher keineswegs ungewöhnlich. Ja, sie stellte sich am Beginn auch als höchst gewöhnlich dar – eine zufällige Affäre in einem Schlafwagen zwischen einer Frau und einem Mann, die in dieser Nacht aufeinander trafen, mit der Aussicht, sich danach nie mehr wiederzusehen. Nur, dass es ganz anders kam.

Ich hatte in einem für Vorträge genützten Theatersaal einer mittelgroßen Stadt aus meinem Roman vorgelesen. Die Veranstalter hatten mich danach in einem nahen Restaurant bewirtet und dann meinem Schicksal überlassen. Ich kam eine Stunde vor Abfahrt meines Zuges in den Bahnhof, kaufte zwei Fläschchen Cognac für die Fahrt und suchte nach Zug und Schlafwagen.

Die besten Plätze eines Schlafwagens liegen in der Mitte des Waggons. Weil mit der Einladung zu meiner Lesung ein Platz in einem Schlafwagenabteil verbunden war, lag dieses in eben dieser Mitte. Ich betrat den Schlafwagen, fand mein Abteil und sah mich um. In der Tür des Abteils zu meiner Linken stand ein Herr mit leicht glasigen Augen und einer Flasche Gin, der die Tür seines Abteils schloss, als er mich sah. Als die Abteiltür zu meiner Rechten aufging, erlebte ich eine Überraschung. In der Tür stand eine sehr schöne Frau.

Sie war nur wenig kleiner als ich, mit schwarzem, voll über die Schultern fallendem Haar, sehr gepflegt, sehr attraktiv, ich musste zugeben: atemberaubend schön. Es war eine exotische, aber zugleich warme Schönheit, die mir Vertrauen und Sicherheit einflößte. Ein schwaches, ungewöhnliches Parfum drang zu mir. Sie trug einen eleganten schwarzen Hosenanzug.

„Guten Abend", sagte ich. „Kann ich Ihnen behilflich sein?"

Der Schlafwagenschaffner hatte ihren Koffer sicher ebenso wie meinen getragen und im Gepäcknetz verstaut. Es war mir klar, dass es eine dumme Frage war.

Meine Nachbarin lächelte, sehr ruhig, ein wenig nachdenklich, und sah mich mit großen dunkelbraunen Augen an. Ihre mit Brillanten besetzten Ohrringe glitzerten.

„Ich hasse es, allein zu sein", sagte sie mit einer wohltönenden, leicht dunkel gefärbten Stimme. „Wenn Sie mir also behilflich sein wollen, können Sie mich später in den Speisewagen begleiten."

Es war spät, als wir den Speisewagen wieder verließen. Da ich die Rechnung unseres Abendessens aufbewahrt habe, kann ich belegen, dass mich der Kellner neben anderem zwei Flaschen Rotwein bezahlen ließ. Wir hatten uns sehr angeregt unterhalten, ich war gefordert und musste viel über mich erzählen. Ich sagte Dinge, die mich überraschten. Sie war sehr gebildet und wusste auch über Literatur umfassend Bescheid; wir entdeckten unsere gemeinsame Liebe zu Rainer Maria Rilke. Es gab viele weitere Themen, über die wir uns unterhielten.

Nun gingen wir durch zwei Wagen zu unseren Abteilen zurück. Die Geschwindigkeit des dahinrasenden Zuges, das Stoßen der Schienen und der Körper der hinter mir gehenden Frau, der mich kurz berührte, machten mich mutig. Ich überlegte zwei Wagenlängen lang, wie ich sie zu etwas überreden könnte, wozu sie vielleicht überredet werden wollte.

Im Speisewagen hatten wir uns vorgestellt, und ich hatte sie gefragt, ob das ihr richtiger Name sei. In einem Film hätte eine Agentin im Schlafwagen einen ahnungslosen Herrn verführt und mit ihm ihr Bett geteilt, aber einen falschen Namen genannt. Worauf sie gut gelaunt erwidert hatte, dass der Name richtig und ein gemeinsames Bett kaum nötig sei, da ich, im Gegensatz zu besagtem Herrn im Film, ein eigenes Schlafwagenbett besäße.

Wahrscheinlich konnte mir nichts Besseres einfallen als der Satz, den ich im Schlafwagen vor unseren beiden Abteiltüren sagte: „Ich habe am Bahnhof zwei Fläschchen Cognac gekauft – darf ich Sie noch zu einem Gute-Nacht-Trunk einladen?"

Wir tranken den Cognac aus den beiden Wassergläsern, die sich unter Plastikhüllen über dem Waschtisch fanden. Es klingt wenig melodisch, wenn man mit Gläsern aus billigen Massenpressungen anstößt. Sie küsste mich mit offenen Lippen und einer zarten Zungenspitze. Unsere Zungen berührten sich, umspielten einander.

Wir hatten uns zwar im Speisewagen vorgestellt, doch hatte ich nur ihren Zunamen verstanden. Ich fragte daher: „Wie heißt du mit Vornamen?"

„Anjali" – sie sprach es Andscheli aus –, „das ist indisch", sagte sie und lehnte sich zurück, „aber ich werde hier Angela genannt, mit der Betonung auf dem ‚A', und das ‚g' wie ein weiches ‚dsch' – Andschela."

„Andschela", sagte ich, „willkommen in meiner Welt." Sie erwiderte meinen Kuss. Ich spürte ihre Erregung.

Um ihr Glas abzustellen, musste sie mir den Rücken zuwenden. Meine Hände umfassten ihre Brüste, und sie ließ es geschehen. Sie legte den Kopf nach hinten und küsste mich erneut. Meine rechte Hand tastete sich hinab zu ihrer Hose. Der Verschluss ließ sich öffnen, und meine Hand glitt nach unten. Angela war rasiert und sehr feucht.

Betten in Schlafwagen sind schmal und weich. Angela genoss unsere Begegnung leidenschaftlich und ohne Hemmungen. Sie schrie während ihrer Orgasmen, aber niemand protestierte gegen den Lärm. Der Herr im Abteil links war vom Gin umnebelt, und rechts war Angelas Abteil.

Am Ende saß Angela auf mir und beugte sich über mich.

Eine halbe Stunde später suchte sie ihre Kleider zusammen, um in ihrem Abteil der Ankunft des Zuges entgegen zu schlafen. Beim Abendessen hatte ich ihr erzählt, dass ich an der Universität Dozent für Physik sei, über supraleitende Stoffe arbeite und in meinem Beruf einige schöne Erfolge gehabt hätte. Besonders aufmerksam wurde sie, als ich ihr eher nebenbei erzählte, dass ich einen Roman geschrieben hätte, der veröffentlicht worden sei und eine beträchtliche Zahl von Lesern gefunden hätte. Das Buch war einige Zeit das Thema unseres Gesprächs gewesen. Als wir uns verabschiedeten, bemerkte sie: „Für einen Physikdozenten, der nebenbei Romane schreibt, bist du recht munter."

Ich musste früher aussteigen als sie. Am frühen Morgen, kurz bevor ich den Zug verließ, übergab ich dem Schlafwagenschaffner einen an meine Abteilsnachbarin adressierten Umschlag mit meiner Visitenkarte. Auf diese hatte ich den Satz geschrieben: „In der Hoffnung auf ein Wiedersehen – um vielleicht einen Liebesroman schreiben zu können." Zehn Minuten später, als ich im Auto meiner Frau saß und sie mir auf dem Heimweg die Neuigkeiten der letzten Tage erzählte, fand ich diesen Satz reichlich geistlos.

2 Der Telefonanruf

In den nächsten Tagen ging ich umher wie im Rausch. Es war ein stummes Jubeln in mir. Das Leben war plötzlich viel intensiver geworden. Bei der Arbeit war ich wie beflügelt. Es war wunderbar, dass eine so schöne Frau wie Angela mit mir geschlafen hatte, keine zwei Stunden, nachdem wir uns kennengelernt hatten. Ich sah ihr Gesicht vor mir, die großen braunen Augen, ihren Mund mit den schönen rot geschminkten Lippen, die gepflegten Hände mit dem ungewöhnlichen Nagellack, blau mit Glitter. Ich erinnerte mich an ihre Brüste, wunderschön, weich, beweglich und echt.

Beim Abendessen hatte sie sich im Gespräch als sehr gebildet erwiesen. Ich hatte ausführlich von mir erzählen müssen. Auch für meine Physik-Experimente hatte sie sich interessiert, aber dies war sicherlich kein Gesprächsthema gewesen, um mit einem Mann ins Bett zu gehen. Deutlich intimer war unser Gespräch geworden, als ich ihr von meinem Roman erzählte, der vor einigen Monaten erschienen war. Ich sei also einer, der eine Spur von Wörtern hinter sich her zieht, meinte sie lächelnd, ein Vergleich, der mir gefiel. Sie meinte, dass erotische Szenen in Romanen den Verkauf sehr förderten, und ich erwiderte, dass es derartige Szenen in meinem Buch tatsächlich gab.

War sie eine Frau, die gern und leicht mit Männern schlief?

Sie war der aktivere Teil unseres Intermezzos gewesen. Sie war es, die ein Kondom hervorgezaubert und mir übergeben hatte. Und als ich in sie eindrang, hatte ich ein entzücktes „Gut gebaut!" gehört.

Und was mochte sie von mir denken? Immerhin war ich verheiratet und hatte zwei Kinder, was ich ihr auch verraten hatte. Für sie war ich wohl einer der Männer, die, wenn es sich eben ergibt, ohne Bedenken mit fremden Frauen schlafen. Aber das stimmte so nicht. Angela hatte sich während des Essens vorgestellt und auch den Namen ihres Vaters genannt. Sogar mir war er als Besitzer einer der größten Computerfirmen Indiens bekannt. Warum hätte ich zögern sollen, als sie mir bereitwillig in mein Abteil folgte?

Nach einer Woche ließ der Glücksrausch deutlich nach. Angela hatte sich nicht gemeldet.

Was sollte ich tun? Ich wusste nur ihren Namen und die Stadt, in der sie angeblich wohnte. Nach einer Woche suchte ich über die Telefonauskunft nach ihr. Aber ihr Name war nicht verzeichnet, egal, welche Schreibweise ich ausprobierte und welche Hörfehler meinerseits ich berücksichtigte. Ihre Computerfirma gab es, aber ich wagte nicht, dort nach ihr zu fragen.

Allmählich verstärkte sich meine Gewissheit, dass sie tatsächlich nicht ihren richtigen Namen genannt hatte, so wie ich es scherzend vermutet hatte. Wahrscheinlich hatte sie schon während des Essens beschlossen, mich nicht mehr wiederzusehen. Auffallend war auch gewesen, dass sie allen beiläufigen Fragen nach Beruf und Familie ausgewichen war. Ich wusste nichts von ihr außer ihrem Namen und dem Namen ihres Vaters. Sie hatte keinen Ehering getragen, dafür an der linken Hand einen Ring mit einem rosa Diamanten – aus der Argyle-Mine in Australien, hatte sie mir erklärt, als ich den Ring bewunderte.

Dass sie sich nicht meldete, kränkte meine männliche Eitelkeit aber nur wenig. Sie hatte, soweit ich das beurteilen konnte, unser Zusammentreffen genossen und mir dies auch, atemlos und zufrieden, versichert. Mir blieb die Erinnerung an eine wilde, leidenschaftliche, hemmungslose Nacht. Ich sah noch deutlich das Bild ihres Körpers, der sich im Licht des Schlafwagenabteils über mir erhoben hatte. Im Bett konnte ich sie also nicht enttäuscht haben, eher schon bei unserem Gespräch im Speisewagen. Viel wahrscheinlicher war aber, dass sie verheiratet war, auf jeden Fall vergeben – bei ihrem Aussehen mussten ihr die Männer nachlaufen.

Nach einer weiteren Woche kehrte mein altes Ich zurück. Die Begeisterung für Angela – wenn das wirklich ihr Name war – legte sich allmählich. Ich gestand mir ein, dass kein vernünftiger Grund dafür bestand, diese Frau besonders faszinierend zu finden. Ich hatte früher bei Lesungen und anderen Gelegenheiten schon ähnliche Abenteuer erlebt. One-Night-Stands hatte es bereits vor Angela gegeben. Vor einem Jahr hatte eine Witwe nach zwei Ehemännern und mehreren Liebhabern ihre Leidenschaft auch mir zugewandt, woraus eine recht intensive Affäre wurde, die zuletzt aber eher lieblos endete. War jene Angela – Betonung auf dem ‚A' und das ‚g' wie ein weiches ‚dsch' – wirklich so witzig im Gespräch und so erfahren im Bett gewesen, wie ich es meinte? Oder hatte mir meine vom reichlichen Wein beschwingte Stimmung etwas vorgegaukelt? Wie auch immer: Ich beschloss, den Fall der Dame im Schlafwagen ad acta zu legen.

Ihr Anruf kam an einem Vormittag. Ich erkannte ihre Stimme sofort.

„Vor mir", sagte sie, „liegt eine Visitenkarte mit dem Wunsch nach einem Wiedersehen. Nun wollte ich den Urheber dieser Zeilen fragen, ob dieser Wunsch noch gilt."

„Hallo Angela", antwortete ich heiser. „Dieser Wunsch gilt noch. Allerdings hatte ich die Hoffnung auf ein Wiedersehen schon aufgegeben."

„Oh", erwiderte sie, und ihre Stimme klang zufrieden und zugleich etwas belehrend, „gut Ding will Weile haben. In der Zwischenzeit habe ich mich ein wenig über den Herrn im Schlafwagen erkundigt."

Ich war überrascht. „Und mit welchem Ergebnis?"

„Nun", erklärte sie, „auf Grund der Selbstauskunft im Speisewagen und bestimmter Verhaltensweisen im Schlafwagen wusste ich schon vieles, was etwas in mir berührte. Beruflich war die Auskunft hervorragend."

Ich war überrascht und geschmeichelt über das ehrliche Interesse, das in ihren Worten mitschwang. Nun wollte ich es genau wissen und fragte etwas umständlich: „Darf ich daher annehmen, dass ein Wiedersehen gewünscht wird?"

„Ja, ich würde dich gerne wiedersehen", bestätigte sie und entwaffnete mich mit dieser offenen Antwort und durch das Du, das ich seit dem Beginn unseres Gesprächs vermieden hatte. „Wann ist es dir möglich, hierher zu kommen?"

Sie nannte dieselbe Stadt wie damals im Schlafwagen.

Ich suchte nach meinem Terminkalender. Es musste sich eine Möglichkeit finden, Angela zu sehen. Sie fand sich.

Kommende Woche hatte ich eine Lesung in einem Ort, der zwei Bahnstunden von ihr entfernt war. Auf dem Rückweg hielt mein Zug in ihrer Stadt. Ich nannte meine Ankunftszeit.

„Sehr gut", entschied sie, „mein Chauffeur wird dich am Bahnhof abholen. Du bist dann mein sehr willkommener Gast – zunächst für drei Tage, wenn es dir möglich ist."

Es würde kein Problem sein, meiner Frau diese Abwesenheit zu erklären. Schon früher hatten sich aus einer vereinbarten Lesung weitere Termine in benachbarten Orten ergeben. So sagte ich zu.

Nach dem Anruf saß ich noch eine Weile vor dem Telefon und dachte nach.

3 Erste Ekstase für Einstein

Ich aß im Zug, denn dessen Ankunft in Angelas Stadt war nach acht Uhr abends.

Das Auto, das mich am Bahnhof abholte, war nicht zu übersehen. Das Übermaß an Länge, Breite und auf Hochglanz poliertem dunkelblauem Lack ließ auf das Luxusmodell eines englischen Autoherstellers schließen. Davor stand ein Hüne von einem Mann, muskelbepackt und gut aussehend, in blauer Uniform und mit weißen Handschuhen. Er zog seine Kappe, als ich auf ihn zutrat.

Er begrüßte mich und sagte: „Ich bin William."

„Freut mich", sagte ich, „sehr schönes Auto. Welche Marke ist es?"

Auf der langen Motorhaube prangte ein großes B mit Flügeln auf beiden Seiten.

„Ein Bentley Mulsanne", sagte William. „Ein stolzer 8-Zylinder aus dem Werk in Crewe in Cheshire."

William ließ mich einsteigen und wies mich auf eine Bar hin, die in der Wand zum Fahrerraum untergebracht war. Dort stand eine Karaffe mit Cognac. Ich hob vorsichtig den Glasstöpsel ab und goss mir etwas davon in eines der Gläser. Der Cognac war von deutlich besserer Qualität als der, den Angela und ich im Schlafwagen getrunken hatten. Hatte Angela die Karaffe hier hinstellen lassen, um mich an unsere Begegnung zu erinnern?

Das Wageninnere verströmte die Atmosphäre eines gepflegten Wohnzimmers. Vornehme Teppiche, Leder, Edelstahl und leise Musik aus mehreren Lautsprechern umgaben mich.

Der Wagen glitt fast lautlos durch die Vorstädte und in die offene Landschaft mit Wiesen und Äckern. Die Gegend war flach bis leicht hügelig. Es war warm im Auto. Auf Knopfdruck ließ sich eines der Fenster ein wenig öffnen. Ich schloss die Augen. Die Nachtluft wehte durch mein Haar und erfrischte mich.

Ich dachte über meine Gastgeberin nach. Sie war nicht nur sehr schön, sie schien auch sehr reich zu sein. Was reizte sie nach unserem Abenteuer im Schlafwagen, mich wiedersehen zu wollen? Sie hatte

Auskünfte über mich eingeholt. Das klang nicht nach der oberflächlichen Fortsetzung eines One-Night-Stands. Wenn sie eine Millionärin war – bei welcher ihrer Launen wurde meine Mitwirkung gewünscht?

An diesem Punkt meiner Überlegungen fiel ich in einen leichten Schlummer.

Ich schreckte auf, als das Auto von der Straße abbog. Ein schmiedeeisernes Tor öffnete sich, und wir fuhren in einen schwach beleuchteten Park. Inmitten hoher Bäume und sauber beschnittener Hecken stand ein hell erleuchtetes, einstöckiges Gebäude, ein Herrensitz oder eher eine Art Schlösschen, wohl aus dem 19. Jahrhundert. Die großen Fenster im Erdgeschoss endeten in Rundbogen und waren höher als die Fenster des darüber liegenden Stockwerks. Die von weißen Leisten mehrfach unterteilten Scheiben verliehen dem Gebäude etwas Spielerisches. Zwischen und über den Fenstern waren schwungvolle Stuckzierrate in Form von Säulen und Blättern eingefügt.

Ich stieg aus. Kies knirschte unter meinen Schuhen. Der Chauffeur ging mit meinem Koffer voraus. Ein Halbkreis von drei Steinstufen führte zu den beiden Flügeln der Glastür, die William öffnete. Wir traten aus der kalten Nachtluft in das wohlig warme Haus.

Ein Mädchen, sehr jung, sehr blond, in einem blauen Kleid mit weißer Schürze hieß mich freundlich willkommen, nahm mir die mitgebrachten Blumen ab und bat mich, ihr nach oben zu folgen. Ihre Herrin werde mich etwas später begrüßen, ich möge mich inzwischen erfrischen.

Die Eingangshalle war von einem kristallenen Kronleuchter und von Kerzen vor goldgefassten Spiegeln angenehm erleuchtet. In zwei großen Vasen glänzten bunte Blumensträuße. Auf dem Boden lagen Teppiche von beeindruckender Schönheit.

Wir gingen eine breite Treppe mit einem auffallenden weißgoldenen Geländer hinauf, dessen roten Teppich blankpolierte Messingstangen auf den Stufen hielten. Das Mädchen öffnete eine Tür. Mein Zimmer wirkte hell und freundlich. An Türen, Wänden und Fenstern überwogen Weiß und Gold. Die Möbel hatte man wohl sorgfältig für das Schlösschen ausgewählt – eine Kommode im Stil von Louis-quinze aus Rosenholz mit chinesischen Lackbildern auf Schubladen und Seitenwänden, ein passender Tisch mit geschwungenen Beinen, drei rot gepolsterte Stühle und ein mit seinen Verzierungen verspielt wirkendes, aber massives Bett, das wohl einem Museumsstück nachgebildet war.

Es gibt Räume, die durch ihre Schönheit beeindrucken. Dieser Raum war einer von ihnen. Ich fühlte mich sofort wohl in dem mir zugewiesenen Zimmer.

Der Raum lag auf der Rückseite des Hauses. Die beiden großen Fenster blickten auf den schwach erleuchteten Park. Von ferne blitzte ein Fluss herauf, man sah einen Höhenzug mit dichten Wäldern und einige Bauernhäuser, aus deren Kaminen vereinzelt weißer Rauch aufstieg.

Auf dem Tisch standen ein Teller mit belegten Broten und eine Karaffe mit Rotwein.

Während ich den Imbiss verzehrte, war die Bedienstete in einen Nebenraum gegangen, ein Badezimmer, wo sie für mich eine Wanne mit duftendem Wasser einlaufen ließ. Ich war zu schlaftrunken, um ein Gespräch mit dem Mädchen zu versuchen. Sie wies mich auf einen seidenen, graublauen Bademantel hin, der über einem Stuhl lag, und ließ mich allein.

Ich zog mich aus und stieg in die Wanne. Das heiße Wasser ließ meine Lebensgeister zurückkehren. Es vergingen einige Minuten, ehe Angela eintrat.

Sie war so schön, wie ich sie in Erinnerung hatte, vielleicht noch schöner. Sie trug ein seidenes rosa Hausgewand, dessen Farbe sehr gut zum Graublau des für mich bereitgelegten Bademantels passte.

„Du kommst spät", sagte sie und beugte sich zu mir herab, um mich zu küssen. Ihr Hausgewand ging auf, und ich sah, dass sie darunter nackt war.

Sie wehrte meine Hände ab und trat etwas zurück. Sie öffnete ihr Hausgewand und bot sich mir in voller Nacktheit dar. Ich durfte mich an ihr sattsehen.

„Komm bitte aus der Wanne", sagte sie.

Als ich aufstand, zog Angela an einem Glockenstrang, und das Mädchen von vorhin kam herein. Sie trug nun einen Bademantel und begann mich abzuduschen und danach abzutrocknen. Angelas Anblick hatte mich erregt und man merkte es. Angela saß neben der Wanne und blickte ungerührt über meine Verlegenheit hinweg. Das Mädchen half mir in meinen Bademantel.

Wir gingen in Angelas Schlafzimmer, das ähnlich eingerichtet war wie meines – es gab einen Sekretär mit geschwungenen Beinen, den ich ebenfalls der Zeit von Louis-quinze zuordnete, einen Spiegeltisch und ein Bett, das ein auf der Kopfseite von zwei Stützen gehaltener Baldachin aus Goldbrokat krönte. Kleidungsstücke und Toilettengegenstände ließen keinen Zweifel, dass es das Schlafzimmer einer Frau war.

Angela umarmte mich. Unsere Körper wirkten unglaublich vertraut miteinander. Es war, als würden wir uns schon seit vielen Jahren kennen. Ich roch ihr Parfum, das mich schon im Schlafwagen fasziniert hatte.

Ich schälte ihren Körper aus dem Hausgewand. Das Bett unter dem Baldachin war weder zu hart noch zu weich.

Im Licht des Schlafzimmers beobachteten wir, wie die Lust unsere Gesichter veränderte. Sie wollte kein Vorspiel. Sie nahm mich in sich auf, und es war ein Gefühl, als würde ich über Seide gleiten. Es war nicht der Alkohol gewesen, der meine erste Nacht mit Angela verzaubert hatte. Ich wusste nun, dass Angela alles übertraf, was ich mit Frauen erlebt hatte. Ich verging, wir vergingen.

Nach einiger Zeit fand ich in die Gegenwart zurück. Ihr Gesicht, das drängend und fordernd geworden war, verlor seine Wildheit. Sie lächelte mich an und küsste mich. Ich half ihr in ihr Hausgewand und zog meinen Bademantel wieder an.

Angela wurde plötzlich sehr ernst. „Ich werde dir jetzt etwas zeigen, was dir zunächst Furcht einflößen wird", flüsterte sie und neigte den Kopf. „Komm bitte und habe keine Angst vor dem, das du siehst." Sie zog mich an der Hand zur anderen Seite ihres Schlafzimmers.

Dort öffnete sie eine Tür, und wir gingen, uns an den Händen haltend, in den nächsten Raum. Ein Licht ging an, und ich sah, dass Wände und Decke mit großen Tafeln aus Spiegelglas ausgelegt waren. Darin reflektierten sich unsere Körper unzählige Male.

In der Mitte dieses Spiegelraumes stand ein großes Bett. Wir legten uns auf die mit goldgelben Leintüchern bespannte Matratze. Ich blickte Angela fragend an.

„Beobachte den Stuhl in der Ecke", sagte Angela.

Rechts in der gegenüberliegenden Ecke des Raumes stand ein Lehnstuhl aus schwarzem Leder. Während ich ihn betrachtete, wurde auf ihm, zuerst nur in Umrissen, eine Gestalt sichtbar, die allmählich deutlicher wurde und sich als ein Mann erwies, den ich und wohl die ganze Welt gut kannten. Es war das von vielen Fotos bekannte Gesicht eines alten und weisen Mannes, mit langen weißen Haaren, einem buschigen Schnurrbart und aufmerksamen Augen.

„Es ist schön, Angela, dass du einen Mann gefunden hast."

Ich erstarrte. Die Gestalt hatte gesprochen, mit einer angenehmen, sonoren Stimme. Angela hielt mich so fest, dass ich mich nicht bewegen konnte.

„Er wird mir helfen, dich zu verstehen", sagte sie ruhig.

Ich fühlte, wie Furcht und Entsetzen meine Kehle zuschnürten. In meinen Schläfen klopfte ein immer schneller werdender Puls.

Angela sah mich an und schien meine Gedanken zu lesen. „Fürchte dich nicht", sagte sie laut und lachte. „Es ist ein wenig ungewöhnlich, aber ungefährlich."

„Dein Freund wird sich an das Ungewöhnliche gewöhnen", sprach die Stimme.

4 Rätselraten

Nach diesen Worten war die Gestalt verblasst und zuletzt ganz verschwunden. Angela führte mich aus dem Spiegelraum und zurück in ihr Bett. Mein erster Impuls, das Haus zu verlassen, scheiterte an ihren beruhigenden Worten und meiner Erschöpfung. Wir streichelten uns im Halbschlaf. Dann schlief ich in ihren Armen ein.

Im Licht des Morgengrauens erwachte ich. Der Übergang zwischen Träumen und Wachen dauerte endlos. Ich war verschwitzt und wusste, dass ich einen Albtraum gehabt hatte. Ich hatte Mühe, mich zurechtzufinden. Der Baldachin von Angelas Bett verwehrte mir den Blick auf die Zimmerdecke. Ich blickte lange auf Angela, die neben mir schlief. Sie seufzte im Schlaf. Ich fühlte eine Mischung von Glück und Angst. Leise erhob ich mich und ging in mein Zimmer.

Ich schloss die Tür hinter mir, lehnte mich an sie und schaute mich in meinem Zimmer um. Plötzlich war alles so friedlich, dass ich sofort zur Ruhe kam.

Ich schob die Vorhänge zur Seite und sah aus dem Fenster. In der Nacht hatte Regen eingesetzt. Der Garten lag im Dunkel, nur einige Lampen warfen ein schwaches Licht. In der Ferne bellte ein Hund sein eigenes Echo an.

Ich ging zurück zu meinem Bett, legte mich darauf und schloss die Augen. Ich erinnerte mich an jede Einzelheit der gestrigen Begegnung, mit einer größeren Genauigkeit als mir lieb war. Mein Gehirn versuchte, das Erlebte zu erfassen.

Es war mir klar, dass die Gestalt im Spiegelraum niemand anderen als Einstein darstellen sollte, Albert Einstein, den Nobelpreisträger und weltberühmten Wissenschaftler. Es war mir ebenso klar, dass es sich bei dieser Gestalt um eine Art von Täuschung handelte, die ich nicht erklären konnte.

Nach einigen Minuten des Nachdenkens kehrte mein Mut zurück. Mein Entschluss war gefasst. Wer auch immer Angela mit diesem Spuk zu beherrschen versuchte – ich würde ihr helfen.

Ich schlief wieder ein. Als ich erwachte, stand das blonde Mädchen vom Abend vorher in meinem Zimmer. Sie hielt ein

Tablett, auf dem mein Frühstück bereitet war.

Ich hatte nackt auf der Bettdecke geschlafen und suchte mich zu bedecken.

„Sie brauchen sich nicht zu schämen", lächelte das Mädchen. „Ich habe Sie ja schon nackt gesehen." Sie half mir in meinen Bademantel.

„Vielen Dank", sagte ich und versuchte, überlegen zu wirken. „Aber solange ich Sie noch nicht nackt gesehen habe, werde ich mich weiter schämen."

„Ach, wenn es weiter nichts ist", antwortete sie, meiner gespielten Überlegenheit um Meilen voraus. „Ich heiße übrigens Maria."

„Früher ein sehr häufiger Name – wegen der Heiligen Jungfrau Maria", sagte ich, und um sie nun doch verlegen zu machen, fügte ich fragend hinzu: „Sie sind doch Jungfrau?"

„Wenn Sie mein Sternbild meinen: nein", erwiderte sie. „Wenn Sie meinen Körper meinen: ja. Der richtige Mann kommt erst."

Es war die unbefangenste Antwort der Welt. Aber es war nicht die Art Unterhaltung, nach der mir der Sinn stand. „Wo ist Frau Angela?", fragte ich.

„Sie ist in die Stadt gefahren und wird gegen Mittag zurückkehren. Sie bittet Sie, sich im Haus umzusehen. Sie sollen sich alles ansehen."

„Alles?", fragte ich.

„Ja, alles", bestätigte Maria und ließ mich mit meinem Frühstück allein. Auf einem Teller lagen Bananen und Feigen. Hatten Angela und Maria Freude an erotischen Symbolen?

„Manchmal habe ich vor dem Frühstück bis zu sechs unmögliche Dinge geglaubt", sagt die Weiße Königin in *„Alice im Wunderland"*. Beim Frühstück hoffte ich, dass mir heute weniger als sechs unmögliche Dinge zustoßen würden.

Ich ging in das Badezimmer, duschte und zog meine Jeans an. Das Angebot Angelas, alles ansehen zu dürfen, war ungewöhnlich. Am Abend hatte es mich überrascht, mit welcher Eile sie mit mir ins Bett gegangen war. Nun wusste ich, dass ich mir darauf nichts einbilden konnte – sie hatte mich nur so schnell wie möglich mit dieser Einstein-Erscheinung konfrontieren wollen. Ließ sie mich nun allein, damit ich den Ort dieses seltsamen Geschehens untersuchen konnte?

Mich interessierte nur ein einziger Raum. Ich ging in Angelas Schlafzimmer und merkte, wie dick gepolstert die Tür war. Auch die Wände ihres Zimmers sahen gepolstert aus. Angela hatte wohl dafür gesorgt, dass man ihre Schreie beim Orgasmus nicht im

Haus hören konnte.

Ich öffnete die Tür zum angrenzenden fensterlosen Raum, in den sie mich gestern geführt hatte. Ein mattes Licht beleuchtete die Spiegelwände. Im Innern war es sehr warm, so wie es in der Nacht gewesen war. In der Ecke stand der Lehnstuhl, auf dem die Einstein-Erscheinung gesessen hatte.

Bis auf das Bett und den Stuhl war der Raum völlig leer. Wohin ich auch sah – es blickte mir mein eigenes Spiegelbild entgegen. Die Spiegelplatten waren fast nahtlos aneinander gefügt. Trotzdem ergab sich keine geschlossene Fläche; die Stellen, an denen die Platten aneinanderstießen, waren deutlich zu sehen. Einen Anhaltspunkt dafür, wie die Erscheinung herein gekommen war, fand ich nicht.

Der Raum hatte nur eine Tür zu Angelas Schlafzimmer und grenzte mit der gegenüberliegenden Wand an mein Zimmer. Die Decke, die Wand zu meinem Zimmer und die übrigen Wände waren vollständig von den Spiegelplatten bedeckt, ein weiterer Eingang war nicht zu sehen. Der Fußboden, ein schönes Parkett im Fischgrätenmuster, war zum Teil mit Teppichen bedeckt. Gab es einen Zugang durch die Decke?

Ich verließ den Raum und suchte einen Aufstieg zum Dachboden. Am Ende des Korridors fand sich eine Treppe, die nach oben führte.

Ich musste Maria um Hilfe bitten. Im Badezimmer fand ich den Glockenstrang, mit dem sie herbeigerufen worden war, um mich zu duschen und abzutrocknen. Als ich läutete, erschien sogleich ihr Blondschopf.

Wir gingen im oberen Stock den Gang hinunter bis zum letzten Zimmer. Hier ließ sich eine hölzerne Treppe von der Decke nach unten ziehen. Die Treppe war schmal und steil. Maria ging voraus, und ich bewunderte ihre schönen, endlos langen Beine. Die in die Decke eingelassene Tür, die sie mir aufschloss, war alt und schwer. Ich stieg nach oben. Das steile Dach erlaubte, dass man in der Mitte des Dachbodens aufrecht gehen konnte. Der Raum ließ sich beleuchten und offenbarte alte abgenützte Möbel, einen verblichenen Wandteppich, mit Wachstuch umhüllte verschnürte Gegenstände und einen von seiner abblätternden Silberschicht fleckig gewordenen Spiegel. Ich hatte Staub und Spinnweben erwartet. Aber der Dachboden war ungewöhnlich sauber. Es herrschte eine mustergültige Ordnung.

Langsam kämpfte ich mich bis zur Mitte des Dachbodens durch. Hier fand sich ein großer Schrank, der sich weder öffnen noch bewegen ließ. Daneben stand eine schwere Truhe, auf der eine in Plastik eingeschlagene Figur lag. Ich griff nach ihr. Sie leuchtete rot mit großen weißen Zähnen. Ich erkannte einen als Polizisten gestalteten Nussknacker.

5 Angela und ihre Suche nach dem besonderen Mann

Als ich die Tür zum Dachboden hinter mir schloss und die Treppe hinabstieg, stand Angela vor mir.
„Ich wusste, dass ich dich hier finden würde", sagte sie. „Hast du gesehen, was du sehen wolltest?"
„Ja und nein", antwortete ich und zuckte mit den Schultern, „dein Spiegelraum ist wohl nur über die Tür in deinem Schlafzimmer zugänglich."
„Richtig", nickte sie, „und was schließt du daraus?"
Wir betraten ihr Schlafzimmer. Sie legte sich aufs Bett, ich setzte mich dazu. „Dass die Gestalt, die uns dort begrüßt hat, auf eine ungewöhnliche Weise in das Zimmer kommt", sagte ich. „Ich frage mich, was ihr Zweck ist. Warum sie da ist. Wer das ist, der etwas mit dir vorhat."
„Du hast natürlich erkannt, dass diese Gestalt Albert Einstein ist", unterbrach mich Angela.
„Es ist ein Schauspieler", erwiderte ich. „Als Einstein zurecht gemacht. Ein Pseudo-Einstein, ein Schwindler."
Angela lächelte. „Wir wissen beide, dass Albert Einstein 1955 gestorben ist. Den Einstein im Spiegelraum kenne ich seit fast einem Jahr."
„Hast du ihn gefragt, was er von dir will?", fragte ich.
„Das war das Erste, was ich ihn fragte", versicherte Angela. „Er hat mir versichert, dass er sich mit mir über unsere Religionen unterhalten wolle. Aber dazu würde ich einen Partner brauchen. Auf weitere Fragen wollte er nicht antworten. Später haben wir uns ein wenig über meine Religion unterhalten, aber das waren eher kurze Gespräche."
„Du hast dich ja schon richtig mit ihm angefreundet", stellte ich fest.
„Gewiss", erwiderte Angela und war nicht verlegen. „Als Erstes wollte er wissen, ob ich die Pille nehme. Er erzählte mir, dass 1921, als er den Nobelpreis erhielt, ein Mediziner aus Innsbruck beinahe die Pille erfunden hätte. Ich hatte einige gute Unterhaltungen mit ihm."

Sie lächelte. „Nach dem ersten Schock wirst du dich an ihn gewöhnen."

Das glaubte ich nicht. „Angela", fiel ich ihr ins Wort, „das geht mir alles viel zu schnell. Du konfrontierst mich da mit einem als Einstein verkleideten Mann, dem du offenbar vertraust. Bei mir geht das nicht so rasch. Fangen wir ganz von vorne an. Behauptet dieser Einstein, ein überirdisches Wesen zu sein?"

„Ja", sagte Angela, „er hat gelacht, als ich wissen wollte, ob er vom Asteroiden B 612 kommt." Ich wusste, dass *„Der kleine Prinz"* Saint-Exupérys von diesem Asteroiden kommt, auf dem man an einem Tag dreiundvierzig Sonnenuntergänge sehen kann.

„Hat er behauptet, allwissend zu sein?", fragte ich.

„Nein, das nicht", sagte Angela. „Aber wenn ich ihn richtig verstanden habe, kann er in Raum und Zeit wandern. So kann er alles sehen, was war und ist."

„Wann ist dieser Pseudo-Einstein zum ersten Mal erschienen?" war meine nächste Frage.

„Es war vor fast einem Jahr. Ich schlief damals mit einem sehr einseitig begabten Mann", begann Angela. „Er konnte sonst nichts, aber im Bett war er ein Virtuose. Er brachte mir fast alles bei, was ich heute kann. Nach einigen Wochen zwang er mich zu endlosen Orgasmen. Ich wurde ohnmächtig."

Sie stockte und fuhr sich mit der Zunge über die Lippen.

„Als ich aufwachte, saß Einstein in der Ecke. Er redete mit mir, aber mein Partner sah und hörte ihn nicht. Nach einiger Zeit belehrte mich Einstein, dass ich ihn auch in Zukunft nur nach einem ekstatischen Orgasmus sehen würde. Dafür würde er mich über die Religionen informieren und mir die Religionsschöpfer vorstellen. Ich war fasziniert von dieser Begegnung und dem Angebot. Es störte mich nicht, dass Einstein einen ekstatischen Verkehr vor jedem Treffen verlangte."

Angela blickte mich an und versuchte in meiner Miene zu lesen, was ich von ihrer Geschichte hielt. Dann fuhr sie fort: „Ich glaube, den Verstand verloren zu haben. Ich ging von Arzt zu Arzt. Aber keiner konnte etwas finden. Man bescheinigte mir beste Gesundheit. Ekstasen beim Geschlechtsverkehr? Sie Glückliche, andere Frauen wären dankbar für einen einzigen bescheidenen Orgasmus."

Ich schwieg.

„Der Sex mit meinem Virtuosen war dagegen weiterhin fantastisch. Vor ihm hatte ich oft meinen Orgasmus vortäuschen müssen, nun hatte ich mehr Orgasmen als mir lieb war. Einstein erschien nach jeder meiner Ekstasen. Ich machte meinen Virtuosen darauf aufmerksam, aber er konnte nichts sehen. Er verließ mich sehr plötzlich. Wahrscheinlich hatte er Angst bekommen vor meinen Halluzinationen, wie er es nannte. Weißt du, er war wunderbar im Bett. Er spielte auf meinem Körper wie auf einem Instrument, aber ich glaube nicht, dass er mich liebte."

„Und dann?", fragte ich.

„Schon bevor mich mein Liebhaber verließ, besprach ich die Erscheinungen mit meinem Bruder. Er riet mir dringend davon ab, die Sache weiter zu verfolgen", sagte Angela. „Ich stimmte zu. Aber Einstein erschien erneut, zwei Wochen, nachdem mich mein Virtuose verlassen hatte, diesmal, als ich mich selbst erregte. Er forderte mich auf, einen Partner zu finden. Er sagte mir aber nicht, wie dieser Mann auszusehen hatte. Ich hatte nichts gegen diese Suche. Auch weil ich Freude am Sex gefunden hatte."

Angela zögerte, bevor sie fortfuhr.

„So begann ich zu suchen. Als schöne Frau fiel mir das zwar leicht, aber zum Schutz meines guten Rufes musste ich meine Opfer in gebührender Entfernung von meinem Wohnort suchen. Dort besuchte ich Museen, Ausstellungen, Casinos, Konzerte, Vorträge und Kurse, um unter Männern mit gehobenem Niveau auswählen zu können. Ich schlief mit allen Männern, die mir geeignet erschienen. So entstand allmählich eine höchst artenreiche Fauna. Ich war hemmungslos, denn ich wollte wissen, was Einstein mit mir vorhatte. Ich begann auch, mich häufiger selbst zu befriedigen. Nach den meisten meiner Orgasmen erschien Einstein und redete mit mir. Aber unter den vielen Männern, die mit mir schliefen, gefiel ihm keiner."

Sie lächelte, und dieses Lächeln breitete sich bis zu den Augenwinkeln aus: „Dann kamst du."

„So wurde ich für dich die große Ausnahme unter den Männern", stellte ich fest. Ich versuchte gelassen zu wirken, aber der Stolz in meiner Stimme war hörbar.

„Du gefielst mir sofort, weil du Schriftsteller und Wissenschaftler bist. Ich hoffte, du würdest mich auffordern, in dein Abteil zu kommen. Und dann war es so schön mit dir. Ich saß auf dir und glaubte, dem Richtigen begegnet zu sein. Zwei Wochen später hat mir das Einstein bestätigt."

„Und dann hast du dich bei diesem Einstein nach mir erkundigt."

„Ja", bestätigte Angela. „Ich wollte wissen, ob er mit dir zufrieden ist."

Trotz meiner Skepsis fühlte ich mich geschmeichelt, weil mich die Einstein-Erscheinung akzeptiert hatte. Ich versuchte, meine widersprüchlichen Gedanken zu ordnen und das Gehörte zu begreifen. Es war nicht leicht.

„Glaubst du nicht, dass dich jemand mit diesem Einstein beeinflussen, um nicht zu sagen: beherrschen will?", fragte ich.

„Natürlich kann man so etwas vermuten", meinte Angela, „aber es spricht nichts dafür. Als mich mein Virtuose so plötzlich verließ, legte ich mich immer wieder auf das Bett im Spiegelraum, um Einstein herbeizurufen. Indem ich mich selbst zum Orgasmus trieb."

„Wollte er nie mit dir schlafen?", fragte ich.

„Ich habe ihn einmal berühren und küssen dürfen", gab Angela zu. „Aber das war eher ein Unfall. Wir wollten es danach beide nicht mehr."

„Also ist er ein Wesen aus Fleisch und Blut", folgerte ich.

„Ja und nein", erwiderte Angela. „Als ich ihn küsste, war er sehr real. Sein Schnurrbart hat mich gekitzelt. Er versicherte mir, dass er unzählige Frauen hatte, die sich ihm, dem berühmten Wissenschaftler, an den Hals warfen."

„Das heißt, er benimmt sich, als wäre er wirklich Albert Einstein", stellte ich fest.

„Ja", bestätigte Angela. „Ich habe ihn sogar gebeten, mir die Relativitätstheorie zu erklären."

„Das hat er getan?"

„Ja", nickte Angela, „und ich habe es sogar verstanden. Mit unserer Erde, die um die Sonne kreist, weil die Sonne in der Raumzeit eine Delle verursacht."

„Und sonst?", fragte ich.

„Wir haben über die Evolution geredet", sagte Angela. „Er zeigte mir auf wunderbaren Bildern, wie Pflanzen, Tiere und zuletzt der Mensch entstanden sind. Er hat sehr gelacht, als ich ihn darauf hinwies, dass eine Mehrheit der Menschen glaubt, dass etwas so Komplexes wie der Mensch von einem höheren Wesen geschaffen sein müsste. Er hat mir im menschlichen Körper ein Dutzend

Konstruktionsfehler gezeigt, weil der Mensch Eigenschaften seiner tierischen Vorfahren übernehmen musste."

Ich dachte nach. „Das ist alles sehr seltsam", bemerkte ich. „Er lässt sich küssen und benimmt sich wie Einstein."

„Wir haben uns seither nie mehr berührt", versicherte Angela. „Und was seine Identität mit Einstein betrifft, verhält er sich so, als hätte das gar keine Bedeutung."

„Angela", unterbrach ich sie. „Dahinter steckt ein Scharlatan. Jemand versucht, dir zu schaden, oder hat irgendetwas Böses mit dir vor."

Angela setzte sich auf und umfasste ihre Knie.

„Was du sagst, ist nicht unmöglich", gab sie zu, „aber Einstein ist nun einmal da. Du siehst ihn ebenso wie ich. Offenbar bist du daher geeignet, mir zu helfen."

„Warum gerade ich?", wollte ich wissen.

„Ich kann es nicht erklären. Aber: Du bist Wissenschaftler. Dein Wissen kann nützlich sein für Probleme, die mir Einstein aufgibt. Du sollst diese Probleme auf die Nadeln deiner Wissenschaft spießen."

Vor einigen Wochen hatten wir uns zwei Stunden lang im Speisewagen unterhalten, und ich hatte nichts gemerkt, das mich an ihrem Verstand zweifeln ließ. Auch jetzt sprach sie alles so klar und so selbstverständlich aus, dass ich die Befürchtung verwarf, sie könnte verrückt sein.

„Angela", wandte ich ein, „ich bin Naturwissenschaftler. Geister gibt es nicht. Diese Erscheinung muss durch etwas sehr Reales verursacht werden."

„Gut", nickte sie. „Dann versuche, das herauszufinden."

„Du weißt", sagte ich, „wie leicht selbst Wissenschaftler auf Löffelbiegen, Spukstimmen und Ähnliches hereingefallen sind. Oder wie unerklärlich Zauberkunststücke für uns Laien sind. Du hättest statt mir besser einen Zauberkünstler holen sollen."

„Ich weiß, dass man bei einem Nachweis übersinnlicher Fähigkeiten reich werden kann", sagte Angela. „In den USA gibt es die Education Foundation des Zauberers James Randi, in Belgien die Skeptikervereinigung Skepp. Beide versprechen demjenigen eine Million Dollar oder Euro, der nachweist, dass er übersinnliche Fähigkeiten besitzt. Das ist bisher noch keinem gelungen."

„Du müsstest also deinen Pseudo-Einstein zu diesem Gremium bringen, und die Sensation wäre perfekt", sagte ich.

„Ja, richtig", nickte Angela. „Ich könnte ihn auch bitten, mir die Lottozahlen der kommenden Woche zu sagen. Das konnte noch kein Hellseher."

Ich schüttelte den Kopf. Im Fall des Pseudo-Einsteins kamen ja noch unsere Ekstasen dazu. Was da geschah, darüber sprach man nicht. „Angela", sagte ich, „du weißt, was die Religionen von dem halten, was wir hier tun. Sexuelle Ekstasen, Ehebruch – und das soll belohnt werden mit einem direkten Draht zu einem übersinnlichen Wesen?"

„Ich bin Hindu", widersprach Angela. „Manche unserer Tempel quellen über vor erotischen Darstellungen."

6 Angela erzählt

Es klopfte. Maria kam herein und bat uns zum Mittagessen. Angela und ich gingen die Treppe hinab.

Das Esszimmer war ein gut fünf Meter langer Raum auf der Vorderseite des Hauses. An der Längsseite brannte ein helles Feuer in einem offenen Kamin.

Die Möbel verrieten die Herkunft Angelas. Offenbar hatte man versucht, eine Atmosphäre herbeizuzaubern, die an das Indien des 19. Jahrhunderts erinnerte. Den Raum beherrschte ein langer, mit Ornamenten geschmückter Tisch. Vielleicht waren einst Maharadscha und Maharani an den gegenüberliegenden Schmalseiten des Tisches gesessen, miteinander verbunden nur durch die Diener, die ihnen Speisen und Getränke reichten. Auf einem Tischchen stand eine Figur des tanzenden Gottes Shiva, den Hals bekränzt mit Totenschädeln. Auf einem zweiten Tischchen waren in Glasrahmen mehrere Fotos aufgestellt, wahrscheinlich von Angelas Eltern und weiteren Familienangehörigen.

Kleine bunte Bilder mit Darstellungen indischer Männer und Frauen zierten die Wände. Ich betrachtete sie aufmerksam. Nur eine kleine Gouache zeigte die von mir erwarteten erotischen Szenen, ein Liebespaar aufrecht sitzend vereinigt in einem Bett mit violettem Baldachin, die Frau in einem prachtvollen orangefarbenen Umhang, nackt mit schönen Brüsten und nackten Beinen um ihren Liebhaber, auf dessen Schoß sie sitzt.

Angela hatte mich lächelnd betrachtet. „Das Bild, das dir offensichtlich gefällt, stellt einen Prinzen mit seiner Geliebten dar, soll von 1810 sein und wird den Pahari-Malereien zugerechnet."

Wir saßen beide an einem Ende des Tisches, sodass wir uns unterhalten konnten. Ich kam zum ersten Mal dazu, das Haus zu loben, in dem Angela wohnte.

„Mein Vater hat es gekauft. Er wollte sich hier von seinen Geschäften erholen", ließ mich Angela wissen. „Er hat mit Computern sein Geld gemacht."

Ich sagte Angela, dass ich in der Eingangshalle das Emblem einer Informatikfirma gesehen hatte.

„Ja", bestätigte Angela, „das ist die Firma, die mein Vater gegründet hat. Er ist vor fünf Jahren gestorben. Jetzt leitet mein Bruder den Betrieb, ich bin beteiligt."

Dies erklärte den nicht zu übersehenden Wohlstand, in dem sie lebte.

„Seid ihr eine der sehr großen Firmen in Indien?" wollte ich wissen.

„Nein", lächelte Angela. „Tata, Ambani und Mittal sind viel viel größer."

Seit wir uns im Speisewagen vorgestellt hatten, wusste ich, dass sie einen anderen Namen trug als ihr Vater.

„Ich habe dich noch gar nicht gefragt, ob es einen Ehemann gibt", sagte ich ein wenig zögernd.

„Es gab ihn", antwortete Angela. „Mein Ehemann ist vor drei Jahren mit seinem Flugzeug verunglückt."

„Mein Beileid", sagte ich.

„Danke", reagierte Angela kühl. „Aber wir hätten uns ohnehin scheiden lassen."

„Warst du zu schön?"

„Nein", erwiderte Angela. „Er betrog mich mit fast jeder Frau, die ihm über den Weg lief. Von dreien wusste ich es zuletzt. Tatsächlich waren es zweiunddreißig."

Ich schmunzelte verstohlen trotz Angelas Bitterkeit. „Hast du das über ein Detektivbüro erfahren?"

„Nein, ich habe Einstein gefragt."

„Du willst sagen, du hast diese Einstein-Erscheinung nach der Zahl der Geliebten deines Mannes gefragt?"

„Ja", bestätigte Angela, „wir haben uns über so viele Dinge unterhalten. Warum hätte ich nicht mit seiner Hilfe aufklären sollen, ob ich meinem Mann unrecht tat?"

Maria brachte die Suppe. Ich löffelte sie schweigend und verwirrt.

„Angela", beschwor ich sie. „Dieser Pseudo-Einstein hat deinen Mann verleumdet, um dich leichter beherrschen zu können."

„Falsch", widersprach Angela, „als Einstein auftauchte, war mein Mann schon zwei Jahre tot. Erst nach seinem Tod kamen andere Männer und dann jener Virtuose, bei dem Einstein auftrat."

Mein Verdacht war nicht zu erschüttern. „Dann wollte dieser Einstein das Andenken an deinen Mann zerstören."

„Nein. Ich war es, die im Gespräch mit Einstein meine Ehe analysieren wollte. Das Ergebnis war schlimmer, als ich befürchtet hatte. Mein Ehemann schlief während der Woche mit jeder Menge anderer Frauen. Durch Zufall kam ich dahinter, dass er mich mit dreien meiner Freundinnen betrog. Ich beschloss mich von ihm scheiden zu lassen, aber wenig später verunglückte er. Als Einstein auftauchte, fragte ich ihn über meine Vergangenheit aus. Die Auskünfte erschütterten mich; ich ließ einen Teil von ihnen nachprüfen – es war alles richtig."

Maria schenkte den Wein ein. Aus einer Tür tauchte eine wohlbeleibte Köchin auf; ein freundliches, flaches Gesicht mit Stupsnase. Sie wurde mir kurz vorgestellt, ich merkte mir den Namen Emma.

Das Pfeffersteak war zart. Es war mir egal, ob Angela es vielleicht zur Stärkung meiner Potenz angeordnet hatte. Ich beschloss, das Problem Pseudo-Einstein wie ein Detektiv anzupacken.

„Einmal angenommen", fragte ich, „du würdest sterben, wer würde Gewinn ziehen aus deinem Tod?"

Aus Angelas Worten sprach nicht die geringste Spur von Ungeduld. „Nach Erbrecht meine über den Tod ihrer Tochter sehr traurige Mutter. Später mein Bruder, der aber über so viel Geld und Besitz verfügt, dass ihn meine Millionen kaum beeindrucken werden. Ein Testament besteht nicht – auch nicht zugunsten von Einstein, einer Kirche oder anderer Organisationen."

„Wenn wir nicht das Schlimmste annehmen: Immerhin könnte jemand, der auf dich Einfluss hat, mit einer Menge Geld rechnen."

„Das ist richtig. Aber dagegen würde sich mein Bruder wohl wehren. Und bisher hat mir Einstein noch nicht befohlen, mein Vermögen zum Beispiel Herrn", sie nannte meinen Namen, „zu überschreiben."

In ihrer Stimme schwang keine Spur von Ironie.

„Der Spiegelraum", fragte ich, „war das ein Auftrag von diesem Einstein?"

„Nein", Angela schüttelte den Kopf. „Ich baute ihn auf Wunsch jenes Virtuosen, von dem ich dir erzählte. Er versprach sich sehr viel davon für meine, wie er sagte, verklemmte Sexualität. Er hatte recht. Das Ergebnis entsprach ganz seinen und allmählich auch meinen

Wünschen. Einstein erschien zuerst in diesem Raum. Für mich war das deshalb der richtige Ort für spätere Begegnungen mit ihm."

„Und außerhalb deines Hauses?"

„Dreimal. Zweimal in der Wohnung eines Rabbi, einmal im Schlafzimmer eines anderen Mannes."

Ich entschuldigte mich für meine Fragen.

„Kein Grund für Entschuldigungen", versicherte Angela, „ich habe dich geholt, um mir zu helfen. Ich freue mich, dass du das Problem von allen Seiten angehst. Ich freue mich, dass du misstrauisch und nicht zu ängstlich bist. Das ist alles sehr wichtig für mich."

„Du hast mir erzählt, dass sich diese Einstein-Erscheinung mit dir über Relativität und Evolution unterhalten hat und dass er mit uns über die Religionen reden will. Was hat er zu den Religionen gesagt?"

„Wir haben über meine Religion gesprochen. Du weißt, dass ich Inderin bin. Wie mein Vater und meine Mutter bin ich Hindu. Einstein war für mich eine Gelegenheit, mehr über meine Religion zu erfahren."

„Aber Einstein war doch Jude", wandte ich ein.

„Ich habe ihn danach gefragt", informierte mich Angela. „Das sei der alte Einstein gewesen, hat er geantwortet. Er, der neue Einstein, gehöre keiner Religion an."

7 Ausflug in die Stadt

Nach dem Mittagessen ging Angela auf ihr Zimmer, um ein wenig zu schlafen. Mir schlug sie vor, mit ihrem Chauffeur auszufahren und die Gegend oder die nahe Stadt anzusehen. Ich nahm das Angebot gerne an.

William, der mich am Abend vorher abgeholt hatte, erwartete mich vor dem Eingang. Es war auch dasselbe Auto.

Ich ließ mich in die Stadt bringen. Die Fahrt verlief schweigend, wenn man von Bemerkungen über das Wetter absah. Was hätte ich auch mit dem Fahrer reden sollen? Ihn über Angela ausfragen? Es gab nichts, worüber sie mir nicht in voller Offenheit Auskunft gegeben hätte.

Kurz nach der Abfahrt hatte ich mich nach Angelas Haus umgedreht und einen schwarzen Sportwagen bemerkt, der in die gleiche Richtung fuhr. Ansonsten waren wir auf der Straße allein.

In der Nacht hatte es geregnet. Der Geruch von feuchter Erde erfüllte die Luft. Die regennassen Felder lagen im Licht der schwachen Nachmittagssonne. Das vor Nässe glitzernde Gras neigte sich in Wellen vor dem Wind. Die Vögel flogen tief.

Wir kamen in die Stadt, und am Bahnhof stieg ich aus. Der schwarze Sportwagen war auch bis zum Bahnhof gefahren.

Ich bat meinen Fahrer, mich in zwei Stunden am gleichen Ort wieder abzuholen.

Mit meinem Mobiltelefon rief ich die Universität an. In vier Tagen war meine nächste Vorlesung. Falls ich länger bei Angela bleiben wollte, musste ich einen Kollegen bitten, an meiner Stelle die Vorlesung zu halten. Nach einigen Anrufen erfuhr ich zu meinem Ärger, dass der in Frage kommende Vertreter mit Fieber im Bett lag. Ich musste zurück.

Anschließend telefonierte ich mit meiner Frau. Ja, sagte ich, es sei alles glatt gegangen, sie möge mich zur vereinbarten Zeit vom Zug abholen. Das Gespräch wurde kürzer als üblich.

Eine wissenschaftliche Bibliothek gab es nicht in dieser Stadt. Daher fragte ich einen Passanten nach der größten Buchhandlung. Es gebe zwei annähernd gleich große, wurde ich belehrt, die in eifrigem Wettstreit miteinander lägen. Der Mann wies mir den Weg.

Die Idee mit der Buchhandlung war mir gekommen, als wir in die Stadt fuhren. Wenn sich die Einstein-Erscheinung irgendwie erklären ließ, dann konnte man vielleicht dazu etwas in wissenschaftlichen Werken finden. Und wenn nicht in diesen, dann in Schriften, die vorgaben, über Übersinnliches Bescheid zu wissen. Bisher hatte ich über Esoterik nur gelacht. Nun fand ich mich selbst in dem von Irren bevölkerten Sumpf der selbsternannten Erleuchteten. Und das zusammen mit einem Einstein, von dem der berühmte Ausspruch stammte: „Zwei Dinge sind unendlich, das Universum und die menschliche Dummheit, aber bei dem Universum bin ich mir noch nicht ganz sicher." Wie dumm musste man sein, um diesen Pseudo-Einstein für echt zu halten?

Die Buchhandlung war gut besucht. Eine Angestellte wies mir den Weg zu religiöser Literatur. Die Auswahl war beachtlich, aber ich fand nichts, was mir helfen konnte.

Ich wandte mich den Lexika zu.

Ekstase, griechisch „Aus sich heraustreten", belehrte mich ein Lexikon, sei das Heraustreten des Ich aus seinen Grenzen bei starker Affektbeteiligung. Es sei ein ungewöhnlicher Zustand mit starken Gefühlen und einem Entrücktsein aus der Wirklichkeit. Symptome wie bei Wut, Angst und Orgasmus seien möglich. Man könne auch nur in stiller Verzückung verweilen. In einem Buch fand sich der Vermerk, dass Richard Wagner als letzte Notiz vor seinem Tod geschrieben hatte: *„Gleichwohl geht der Prozess der Emanzipation des Weibes nur unter ekstatischen Zuckungen vor sich."*

Ich geriet an Bücher, die sich mit dem Orgasmus beschäftigten. Den Orgasmus würden die Franzosen "petite mort" nennen, kleiner Tod, und tatsächlich gebe es Ähnlichkeiten zwischen Tod und Orgasmus. So wie man beim Sterben nichts in die andere Welt mitnehmen kann, gebe es auch im Orgasmus nichts, an dem man sich festhalten könne.

Das Lexikon versicherte, Ekstasen könnten auch Folge von Epilepsie oder Schizophrenie sein. Beides konnte ich bei mir ausschließen, bei Angela jedoch nicht oder noch nicht. Als Nächstes schlug ich unter Schizophrenie nach. Das Lexikon sprach eher unbestimmt von Verhaltens- und Bewegungsstörungen, Unruhezuständen und Sinnestäuschungen.

Ich ging in die medizinische Abteilung der Buchhandlung. Nach Überfliegen einiger einschlägiger Artikel war ich überzeugt, dass weder Angela noch ich schizophren sein konnten.

Ich ging wieder zurück zu den Lexika. Ich sagte mir, dass ich Ursache und Wirkung verwechselte. Wir hatten vielleicht Ekstasen, die auf starken Orgasmen beruhten. Als Folge dieser Ekstasen sahen wir diesen Einstein und hörten ihn sogar sprechen.

Ein anderes Lexikon belehrte mich, dass Askese, Massenwahn und Drogen Ekstasen hervorriefen. Askese durfte ich ausschließen. Aber Massenwahn? Zwei waren zwar keine Masse, aber versetzte mich Angela trotzdem in eine Art Massenwahn? Wie anfällig war ich für Hypnose oder für die Suggestionen einer sehr schönen Frau?

Und Drogen? Im alten Persien hatte der Genuss berauschender Getränke zu den religiösen Riten gehört. Zarathustra, der Stifter des Parsismus, hatte sich gegen die wilde Raserei dieser orgiastischen Kulte gewandt.

Waren also Drogen im Spiel? Gestern hatte eine offene Flasche Rotwein in meinem Zimmer gestanden, und ich hatte ein Glas daraus getrunken. Konnte eine Droge meine ausklingende sexuelle Erregung so verändern, dass sie Halluzinationen hervorrief?

Ich war so in Gedanken versunken, dass ich die Frage überhörte. Ob ich gefunden hätte, was ich suchte?

Ich wandte mich um. Hinter mir stand ein junges Mädchen.

„Ich studiere Medizin", sagte sie. „Warum interessieren Sie sich für Ekstasen?"

Hier konnte ich ihr nun wirklich nicht die Wahrheit sagen. „Ach", erwiderte ich, „eine Bekannte von mir hat mich danach gefragt."

„Eine Bekannte hat gefragt?", lächelte sie. „Nach sexuellen Ekstasen?"

Ich bemerkte, dass sie sehr hübsch war.

„Was lernt man als Medizinstudentin denn darüber?", fragte ich.

„Das ist eine lange Geschichte", sagte sie. „Das kann man hier nicht besprechen."

„Was schlagen Sie vor?", fragte ich.

„Wir könnten eine Kleinigkeit essen gehen. Ich heiße übrigens Sylvia", sagte das Mädchen.

Ein Blick auf die Uhr zeigte mir, dass ich zum Bahnhof zurück musste, um den Chauffeur zu treffen.

„Leider", antwortete ich ehrlich bedauernd, „ich bin verabredet."

Sie winkte mir nach, als ich die Buchhandlung verließ.

Das Auto mit William erwartete mich vor dem Bahnhof.

Meine zwischen Irritation und Unsicherheit schwankende Stimmung war durch den Ausflug in die Stadt nicht besser geworden. Ich wusste nicht mehr als vorher. Ich fühlte mich wie ein Schauspieler, dem man eine Rolle zugeteilt hatte, ohne ihm den Text zu geben. Was wollte man von mir? Was passierte mit mir? Ich ertappte mich dabei, wie ich das Unbegreifliche bereits zu akzeptieren begann, in einer Art, wie ein normaler Mensch derartige Erscheinungen gar nicht akzeptieren durfte. Esoterik auf hohem Niveau? Gab es das?

Auf der Rückfahrt war ich nachdenklich, in Schweigen versunken. Ich fragte mich, ob Angela wohl auch mit ihrem Chauffeur geschlafen hatte.

Vor dem Schlösschen begrüßte mich Maria. Frau Angela schlafe noch, aber sie lasse mir ausrichten, ich dürfe sie wecken, wenn ich wolle. Dies rührte mich. Hatte mich Angela bereits so weit akzeptiert, dass ich sie aus dem Schlaf küssen durfte wie der Prinz im Märchen? Maria bot mir einen Cognac gegen die Winterkälte an; ich goss ihn ein.

„Was trinkt Frau Angela nach einem Nachmittagsschlaf?", fragte ich. Maria empfahl Champagner und brachte eine Flasche davon, sowie zwei Gläser.

„Sind sie nicht sauber?", fragte sie, als ich prüfend die Gläser betrachtete. Sie waren vollkommen leer, aber sicherlich würde man Drogen nicht schon vorher in leere Gläser einfüllen.

Ich öffnete die Champagnerflasche. Maria mit den Gläsern auf einem Tablett und ich mit der Flasche gingen hinauf in Angelas Schlafzimmer.

8 Zweite Ekstase und Gespräch mit Einstein

Es war ein Bild von eigenartigem Zauber. Unter dem Baldachin lag Angela auf dem Bett und schlief. Ihre Kleider lagen über einem Stuhl. Sie war nackt. Eine spitzenbesetzte Decke lag auf ihren Schenkeln. Von irgendwoher klang Musik.

Maria stellte die Gläser auf das Tischchen neben dem Bett, ich tat dasselbe ganz leise mit der Flasche. Maria lächelte und schloss die Tür hinter sich.

Ich zog einen Stuhl zum Bett und setzte mich. Ich sah Angela an und empfand Dankbarkeit, dass es so etwas Schönes gibt wie den weiblichen Körper.

Angelas lange, schwarze Haare lagen wie ein Strahlenkranz um ihren Kopf. Ich betrachtete ihr Gesicht. Ihre kräftigen, schön geschwungenen Augenbrauen fielen nun, da sie die Augen geschlossen hielt, noch stärker auf.

Ich trank mein Glas leer. Ihre Nase ist eher klein, dachte ich, und die Lippen sind sehr voll, oder sagte man üppig? Ich erinnerte mich, wie zart und weich und dann wieder hart und fordernd sie mich geküsst hatte.

Sie hat entzückende Ohren, sagte ich mir. Ich hatte gestern gemerkt, dass sie es liebte, wenn man ihre Ohren streichelte oder diese mit der Zunge liebkoste. Ich trank das zweite Glas Champagner aus und goss vorsichtig beide Gläser wieder voll.

Sie hat schöne, schlanke Hände mit langen feingliedrigen Fingern, stellte ich fest. Ihre Fingernägel waren, anders als damals im Schlafwagen, dunkelrot lackiert. Hatte ich schon früher gesehen, dass sie sich unter den Armen rasierte? Ich konnte es nicht sagen. Ihr Busen hob sich unter ruhigen, gleichmäßigen Atemzügen. Welche straffen, wohlgeformten Brüste sie hatte! Ich widerstand der Versuchung, sie zu wecken, indem ich die Spitzen ihrer Brüste küsste.

Ihr Bauch war fest, ihr Nabel wohlgeformt. Mir fiel auf, wie gleichmäßig ihr Körper gebräunt war, auch Brust und Bauch, die sich bei nackten Frauen oft an jenen Stellen weiß abheben, die der Badeanzug bedeckt.

Es war sehr warm im Raum. Nach der Winterkälte, die ich in der Stadt erlebt hatte, brach mir der Schweiß aus allen Poren.

Ich stand auf, zog langsam Jacke und Hemd aus und legte sie über einen Stuhl. Ich blickte auf Angela herab, wie sie unter dem Baldachin lag. Alle meine Bedenken und Ängste waren vergessen. Ein Gefühl der Freude und Erregung erfüllte mich. Diese wunderschöne Frau brauchte mich. Unter all den Männern, die sie für sich ausgewählt hatte, war ich derjenige, mit dem sie gemeinsam diese Einstein-Erscheinung sehen wollte. Was konnte ich mir noch wünschen?

Angela schlug die Augen auf und lächelte mich an. Sie richtete sich auf. Die Decke glitt von ihren Schenkeln.

Meine Erregung übertrug sich auf sie. Mein Mund glitt an der Innenseite eines ihrer Schenkel nach oben und liebkoste ihr Geschlecht. Wir liebten uns wild und ekstatisch. Sie kam mit einem langen Stöhnen.

Wir kleideten uns an. An einem Splitter eines zerbrochen auf dem Boden liegenden Champagnerglases schnitt ich mir einen Zeh auf, als wir zum Spiegelraum gingen.

Einstein saß bereits im Spiegelraum. Wir legten uns auf das Bett, Angela auf den Ellbogen gestützt vor mir, wie um mich vor etwas zu schützen, was sie besser kannte als ich. Ich zog sie an mich, unter meinen Fingern spürte ich ihr Herz klopfen. Sie hielt meine Hand fest.

„Dein Freund ist heute mutiger als gestern, Angela", begann Einstein. „Aber er zweifelt noch an mir."

„Bist du mit ihm einverstanden?", fragte Angela.

„Ja. Er ist Wissenschaftler. Er soll in euren gemeinsamen Aufzeichnungen wissenschaftlich beschreiben, was du mit Gefühl erfasst."

„Darf er mit dir reden?", fragte Angela.

„Gewiss", erwiderte Einstein und schien mich anzusehen.

Meine Stimme klang heiser, als ich fragte: „Wer bist du? Bist du wirklich Albert Einstein?"

„Einstein ist seit 1955 tot", war die Antwort. „Er starb an der Ruptur eines Aorten-Aneurysmas. Man wollte mich operieren, aber ich hielt es für geschmacklos, mein Leben künstlich zu verlängern. Jetzt bin ich ein Pseudo-Einstein für besondere Zwecke."

„Für welche Zwecke?", wollte ich wissen.

„Das müsst ihr noch nicht wissen", sagte Einstein bestimmt.

Ich hatte vor Jahren Einsteins Buch „*Mein Weltbild*" gelesen und seinen berühmten Satz über das Militär in einem Aufsatz verwendet. Darum fragte ich: „Kennst du den Satz ‚Die schlimmste Ausgeburt des Herdenwesens, das mir verhasste Militär, diesen Schandfleck der Zivilisation, sollte man so schnell wie möglich zum Verschwinden bringen'?"

Einstein lächelte. „Es freut mich, dass du ‚*Mein Weltbild*' gelesen hast und diesen Satz schätzt."

Ich war ein wenig beschämt, dass ich versucht hatte, ihn auf diese Art zu entlarven. Aber Einstein hatte nicht aufgehört zu lächeln – offenbar verzieh er mir diesen Versuch.

Es gab eine Pause, dann fragte ich: „Wozu bist du hier? Warum sehen wir dich?"

„Weil ich Ausgang habe. Von Zeit zu Zeit darf einer von uns zu den Lebewesen. Dafür gibt es Regeln, aber es ist uns überlassen, wie wir sie anwenden."

„Es gibt also mehrere wie dich?"

„Gewiss, sogar recht viele."

Es widerstrebte mir, so etwas zu fragen, aber es bot sich an: „Warum kommst du zu uns als Einstein?"

„Ein übernatürliches Wesen verursacht Angst und Schrecken. Vor Albert Einstein fürchtet man sich nicht, man vertraut ihm und seinem Wissen."

Das klang einleuchtend. „Aber du bist übernatürlich und unsterblich." Es sollte mehr eine Feststellung sein als eine Frage.

„Ja. Ich bin hier", fuhr er fort, „um mit euch über die Religionen zu reden. Ich werde bei unseren Treffen über die Religionen informieren und die Religionsschöpfer vorstellen. Als weitere Grundlage für unsere Gespräche werden das Internet dienen und die zahlreichen Bücher in diesem Haus. So werdet ihr zu den nötigen Informationen kommen. Ihr sollt herausfinden, welche der Religionen der Erde einen göttlichen Ursprung haben könnten. Über unsere Gespräche und das so erworbene Wissen werdet ihr einen Bericht verfassen."

„Wozu soll unser Bericht dienen?", fragte ich verblüfft.

„Das werde ich euch später erklären", wehrte Einstein ab.

„Aber", warf Angela ein. „Wir wissen ja gar nicht, wer du bist. Wie sollen wir in diesem Bericht beweisen, dass der tote Albert

Einstein mit uns gesprochen hat?"

„Ihr müsst es versuchen."

„Bist du ein überirdisches Wesen?", fragte ich.

„Sagen wir: ein Wesen, das nicht mehr auf dieser Erde lebt."

„Dann bist du eine Art überirdischer Gehilfe. Früher sind Engel den Menschen erschienen, um ihnen Botschaften zu überbringen. Bist du das, was wir Engel nennen?"

Einstein lächelte. „Damit würdest du dir ein Bild von mir machen. Mit einem großen weißen Flügelpaar. Gehilfe war die bessere Bezeichnung."

„Warum wurden gerade wir dafür ausgewählt, mit dir zu sprechen?"

„Ich beobachtete viele mögliche Kandidaten. Aber Angela besitzt nicht nur eine große Bibliothek, die für unsere Besprechungen wichtig ist. Sie war die bei weitem Leidenschaftlichste in ihren Beziehungen mit Männern. Dies gab den Ausschlag. Denn ich will, dass ihr jedes Mal, wenn ihr mich sehen wollt, einander leidenschaftlich liebt."

In die Stille, die sich ausbreitete, fragte ich: „Darf ich mit anderen Menschen über dich reden?"

„Nein", war die Antwort. „Nur ihr beide dürft von mir wissen. Angela hat leider ihrem Bruder von mir erzählt. Das war ein großer Fehler."

„Das habe ich eingesehen", beteuerte Angela.

„Gut", entschied ich, „das kann ich akzeptieren. Aber warum zeigst du dich nur uns und nicht allen Menschen?"

„Das darf ich nicht", kam die Antwort. „Ihr seid Teil eines sich frei entwickelnden Systems von Lebewesen. Dies muss ohne jeden Einfluss von außen geschehen."

Dann war das viel beklagte Schweigen Gottes gegenüber dem Menschen ein bewusster Akt, dachte ich. Mir fiel der verzweifelte Ausspruch des griechischen Dichters und Nobelpreisträgers Odysseas Elytis ein beim Anblick des blauen Himmels: „Mein Gott, wie viel Blau verschwendest du, damit wir dich nicht sehen?"

Angela zog ihren eigenen Schluss aus dem Gesagten: „Soll das heißen, dass unser Leben ohne Einfluss von außen abläuft, ganz gleich, was geschieht?"

„In den allermeisten Fällen dürft ihr keinen Einfluss von außen erwarten", erwiderte Einstein. „Seit dem großen Erdbeben von

Lissabon sollte das jeder Mensch wissen. Niemand schützt euch, weder vor euch selbst noch vor Naturgewalten, Krankheit, Krieg und Tod. Nur in Ausnahmefällen wird eingegriffen. Ich bin hier wegen eines solchen Ausnahmefalls, aber nur ihr beide wisst davon."

„Verstehen wir dich richtig?", fragte ich. „Du erklärst uns unsere Religionen, und wir notieren, was du uns sagst, also wegen eines Ausnahmefalls?"

„Ja", bestätigte Einstein.

„Und was für ein Ausnahmefall wäre das?", fragte Angela.

„Das werde ich euch später erklären", sagte Einstein.

Dann stellte Angela die Frage, die auch mir auf den Lippen brannte: „Wir Menschen sind höchst unbedeutende Lebewesen auf einem von unendlich vielen Planeten. Was bringt Gott dazu, einen Boten wie dich zu uns zu senden?"

Einstein lächelte. „So unbedeutend seid ihr nicht. Unter der, wie du sagst, unendlich großen Zahl von Planeten ist die Erde etwas sehr Besonderes. Sie gehört zu einem Planetensystem, das an einem recht ruhigen Ort zwischen zwei Spiralarmen der Milchstraße liegt. Die Erde hatte Glück mit den ungeheuren Blitzen von Gammastrahlen, die die Entwicklung von Leben im All verhindern. Und sie hat die nötige Entfernung von der Sonne, der Mond stabilisiert ihre Bewegung, ihr Magnetfeld gibt zusätzlichen Schutz und dank ihrem feurigen Inneren erheben sich Landflächen über die Meere."

Einstein verschwand.

Angela blickte mich an. „Welch erstaunliche Neuigkeiten", sagte sie.

Ich stimmte zu. „Ein Gott, der sich um uns und unsere Erde kümmert, weil wir etwas sehr Besonderes sind – welche Überraschung!"

Angela und ich waren plötzlich sehr müde. Wir fielen in einen tiefen Schlaf.

Um Mitternacht erwachte ich. Angela lag neben mir, bekleidet mit einem Traum von schwarzer Spitze, und las in einem Buch. Als sie sah, dass ich wach war, küsste sie mich.

Ich erinnerte mich, dass wir nicht zu Abend gegessen hatten. „Ich habe Hunger", sagte ich.

Angela klingelte, und nach kurzer Zeit kam Maria.

Über einem Stuhl sah ich wohlgeordnet meine Kleider. Am kleinen Zeh meines linken Fußes war ein Pflaster. Ich erinnerte mich nicht, dass ich mich verletzt hatte.

Maria erschien wieder mit einem großen hölzernen Tablett, das sie auf das Bett stellte. Schinken, Wurst, Brot, Käse und Trauben. Maria schenkte den Wein in rubinrote, geschliffene Gläser und ließ uns allein.

Wir saßen uns nackt gegenüber. Nichts war mehr ungewohnt, wir kannten uns, wir vertrauten uns. Aus dem plötzlichen wilden Rendezvous im Schlafwagen war eine ungewöhnliche Freundschaft geworden. Wir schwiegen einige Zeit, dann fragte Angela: „Was hältst du von dieser neuen Begegnung?"

„Ich weiß es nicht", gab ich zu. „Was ist dieses Einstein-Wesen? Es will uns über unsere Religionen aufklären, hat es gesagt."

„Ja", sagte Angela. „Für dich muss es verwirrend wirken. Für mich nicht mehr. Ich hatte schon viele Begegnungen mit Einstein."

„Es ist alles so unwirklich", sagte ich. „Und du tust so, als sei das alles selbstverständlich."

Sie lächelte mich an. „Du sagst es."

„Bist du mit mir zufrieden?", fragte ich.

„Mehr als das", sagte Angela und küsste mich. Ihre Hände spielten mit meinem Körper. Sie umarmte mich. Aber ich war plötzlich schrecklich müde. „Ich liebe dich", murmelte ich, schleppte mich in mein Zimmer und fiel in mein Bett. Ich schlief sofort ein.

In der Morgendämmerung erwachte ich. Der Himmel verriet noch nicht, ob es ein blauer oder grauer Tag werden würde.

Irgendwie war alles wieder gut. Eine Einstein-Erscheinung – warum nicht? Ich fühlte mich glücklich und erleichtert.

Mir kam Angela, meine schöne Geliebte, in den Sinn. Ich erinnerte mich, dass sie mich lieben wollte und ich dazu zu müde gewesen war. Plötzlich fühlte ich eine unwiderstehliche Sehnsucht nach ihr. Ich ging in ihr Zimmer und setzte mich auf ihr Bett. Angela lag auf dem Rücken und schlief, ihre Schenkel waren geöffnet. Sie spürte wohl meine Gegenwart, denn als ich mich über sie beugte, lächelte sie mich an. Ich drang in sie ein.

9 Begegnung mit der Religion der Hindus

Ich war in Angelas Bett eingeschlafen und wachte neben ihr auf. Wir strahlten uns an, denn die vergangene Nacht war für uns beide überraschend und wunderbar gewesen. Wir küssten uns.
Gegen neun Uhr kam Maria mit dem Frühstück. Die Vorhänge dämpften das Licht einer kräftigen Vormittagssonne. Angela hatte ihr rosa Hausgewand über ihr Nachthemd angezogen, ich trug den blaugrauen Bademantel.
In meinem Kopf drängten sich viele Fragen.
„Dein Einstein will also mit uns über unsere Religionen reden", begann ich. „Und nicht nur das. Wir sollen darüber Buch führen. Wozu? Was soll das alles?"
„Ich weiß es nicht", antwortete Angela leise. „Aber die Betonung lag auf dem Wort Ausnahmefall. Einstein erscheint uns, weil es einen Ausnahmefall gibt."
„Er hat uns bei zwei Fragen auf später vertröstet", stellte ich fest. „Die eine war nach dem Grund unseres Treffens und die zweite nach dem angeblichen Ausnahmefall."
„Seltsam war auch die Begründung, warum er mich auswählte", bemerkte Angela kopfschüttelnd. „Ich sei die bei weitem Leidenschaftlichste mit Männern."
„Ja", stimmte ich zu. „Das hat mich auch verwundert. Dann verdankst du deinem Sex-Virtuosen die Begegnung mit diesem Einstein."
„Wie meinst du das?"
„Wenn ich dich richtig verstanden habe", sagte ich, „hat dich dein Virtuose regelmäßig zur Ekstase und dadurch zu Einstein gebracht. Wir beide verdanken ihm diesen Einstein, obwohl er ihn selbst weder sah noch hörte."
„Ja", bestätigte Angela, „und mich deshalb verließ."
„Aber dann hast du gemerkt, dass du ihn zu deinen Ekstasen nicht brauchst und auch selbst Einstein herbeirufen kannst."
Angela war nicht verlegen. „Du sagst es. Vornehmer kann man es nicht beschreiben. Aber ich hatte da nie ein Problem. Woody Allen

hat gesagt: Don't knock masturbation. It's sex with someone you love – Es ist Sex mit jemanden, den du liebst."

Nach einer kurzen Pause nahm ich unser Gespräch wieder auf. „Wann hat Einstein von dir verlangt, dass du zu den Begegnungen einen Mann suchst?"

„Schon ganz am Beginn", sagte Angela. „Das war ihm das Wichtigste, ohne dass er mich zur Eile drängte. Im Gegenteil: Ich durfte mir Zeit lassen. Einstein sagte mir aber nicht, wie dieser Mann auszusehen hatte."

„Das konnte er regeln, indem er für ungeeignete Männer nicht sichtbar wurde", stellte ich fest.

„Und dann kamst du." Eine natürliche Zärtlichkeit lag in ihrer Stimme. „Bilde dir nur nicht zu viel darauf ein." Angela hatte ein Lächeln in den Mundwinkeln.

Ich wusste, dass ich das sehr wohl tat und auch wie sehr. Ich lenkte ab: „Du hast mir erzählt, dass Einstein mit dir über deine Religion gesprochen hat."

Angela wurde nachdenklich. „Ja, es war alles ein wenig sonderbar. So als ob er Auskünfte brauchte. Wir haben über den Hinduismus gesprochen, und was eine gute Religion ist oder sein könnte."

„Eine gute Religion?", fragte ich. Ich hatte noch nie darüber nachgedacht, wie eine gute Religion beschaffen sein sollte.

„Ja", bestätigte Angela. „Ich war der Ansicht, dass du ohne Glauben die Orientierung im Leben verlierst. Aber Einstein ging es um konkrete Dinge. Etwa, was die Religionen im Leben der Menschen Gutes bewirkt hatten."

„Und was hast du ihm geantwortet?", fragte ich.

„Ich empfahl natürlich meine Religion. Aber Einstein wies mich auf viele Fehler des Hinduismus hin: das Kastensystem, von der Familie diktierte Heiraten, die bescheidene Stellung der Frau, die abgetriebenen weiblichen Föten."

„Hat er dich nach den anderen Religionen befragt?", wollte ich wissen.

„Nein", antwortete Angela, „offenbar erwartet er das nicht von mir. Aber er diskutierte mit mir, wie eine gute Religion aussehen könnte."

„Und was hat er darüber gesagt?"

„Einstein hatte da eine ganz klare Meinung. Religion sei nur dann wirklich gut, wenn sie nicht ihren Anspruch durchsetzen will, die einzige wahre Lehre zu sein. Und noch besser sei es, wenn sie den Verzicht darauf in ihre Gebote aufnimmt."

Angela überlegte, bevor sie fortfuhr.

„Die Meinung von Einstein war, dass das Unheil durch Abgrenzung beginnt. Wenn jemand sagt: Wir haben den rechten Glauben, die anderen leben im Irrtum. Als nächstes erkennt der Mensch seine heilige Pflicht: zusammen mit seinem Gott muss er alle, die nicht seinen Glauben haben, bekehren oder töten."

Nach einer Pause ergänzte Angela: „Mit mir hat Einstein nur über Religionen gesprochen. Vielleicht solltest du dir anhören, was er zu meiner Religion gesagt hat."

Wir beendeten unser Frühstück. Angela führte mich in die Bibliothek. Der ungewöhnlich große Raum lag im milden Dämmerlicht, das aus vier großen Fenstern hereinfiel. Der Geruch von Leder und alten Einbänden lag in der Luft. Ein Hauch von Ruhe und Schönheit schien die Bibliothek zu durchströmen.

Ich sah mich um. Die Regale beherbergten wohl mehrere tausend Bücher. Über allem wölbte sich eine dunkle, schwere Kassettendecke. Auf dem langen Tisch aus dunklem Holz standen Lampen mit emaillierten smaragdgrünen Blechschirmen. Auf dem Tisch standen zwei aufgeklappte Laptops, und erinnerten daran, dass oft die Suche im Internet das Nachschlagen im Lexikon ersetzt. Angela zog an den herabhängenden Kettchen einiger Lampen, und ein sanftes, angenehmes Licht erfüllte den Raum. Als Wissenschaftler hatte ich schon viele Bibliotheken besucht; wenn sie Lämpchen zur Beleuchtung der Leseplätze besaßen, trugen diese immer grüne Schirme.

„Die meisten dieser Bücher gehörten meinem Vater", erklärte sie. „Er kaufte diesen Landsitz, um seine vielen Bücher in einer Bibliothek zusammenzuführen. Nach seinem Tod bekam ich das Haus und zog nach meiner Scheidung hierher. Mein Bruder hatte kein Interesse an den Büchern, und so blieb die Bibliothek hier. Mein Vater war sehr belesen. Er beherrschte vier Sprachen und verlangte dasselbe auch von meinem Bruder und mir."

Die Bücher standen in offenen Regalen, die bis an die Decke reichten. Wie alle Räume im Erdgeschoss war auch die Bibliothek über drei Meter hoch. Inmitten der Regale stand eine große, aus vergoldeten Blätterranken aufgebaute Pendule und daneben ein einzelner mit Bronzebeschlägen verzierter Schrank mit zwei

Glastüren. In ihm hatte wohl Angelas Vater seine wertvollsten Bücher aufbewahrt. Ins Auge sprangen die schweren Lederbände der griechischen und römischen Klassiker, der deutschen und englischen Philosophen, aber auch indische Bücher mit auffälligen ornamentalen Schriftzeichen.

Angela folgte meinem Blick. „Diese Schrift heißt Devanagari", sagte sie. „Sie ist in Indien weit verbreitet. Im Süden ist sie mehr wellenförmig, im Norden spitzwinklig."

„Für diese wertvollen Bücher hat sich dein Vater wohl auch einen wertvollen Schrank gekauft", versuchte ich den Schrank zu bewundern.

„So ist es", bestätigte Angela. „Als besonderes Möbel hat sich mein Vater für seine Bibliothek einen Bücherschrank aus der Epoche Louis-quinze geleistet, von Nicolas Grevenich", erklärte sie. „Die Pendule hier in der Bibliothek von Jaquet-Droz stammt ebenfalls aus dieser Zeit. Jaquet-Droz wurde berühmt durch eine schreibende Puppe, die er aus fast sechstausend Teilen baute."

Die goldglänzende Pendule war ein beeindruckendes Stück von fast einem Meter Höhe. Angela erklärte mir, dass die Uhr sowohl mit einem Glocken- als auch mit einem Flötenspiel versehen sei.

„Du hast vielleicht schon gemerkt, dass vieles in diesem Haus aus der Zeit Louis-quinze stammt. Mein Vater hat den Stil dieser Epoche besonders geliebt. Die Kommode in deinem Zimmer ist von François Rubestuck, der Sekretär in meinem Schlafzimmer und das chinesische Schränkchen im Gang stammen von Pierre Migeon, die Armstühle von Boucault, alle Louis-quinze."

Ich wandte mich den Büchern in den Regalen zu. Die Bibliothek wies einen Reichtum an vorwiegend schöner Literatur auf, der bis zu den letzten Neuerscheinungen reichte. Auch wenn die meisten dieser Bücher aus dem Besitz ihres Vaters stammten – Angela musste selbst Hunderte von Büchern gekauft haben. Ich musste mir eingestehen, dass ich ein derartiges Interesse an Büchern bei ihr nicht vermutet hatte.

Ich war beeindruckt. „Hast du diese Bücher alle gelesen?", fragte ich.

„Die meines Vaters nur zum Teil", erwiderte Angela. „Aber auch wenn ich viele davon niemals lesen werde, sie haben meinem Vater gehört und werden aufbewahrt."

Ich studierte die Bücherregale. Ich hatte mich oft gefragt, wie man Bücher ordnen sollte, wenn man so viele besaß. Angela hatte sie nach dem Anfangsbuchstaben der Autoren sortiert, links in jedem der Regale beginnend mit A und über die gesamte Länge hinweg bis zu Z ganz rechts.

„Von oben nach unten hast du keine besondere Ordnung?", fragte ich, und Angela bestätigte: „Nein, in jedem der Regale dieselben Buchstaben untereinander."

Weiter rechts standen die Lexika, Sachbücher über Kunst, Geschichte, fremde Länder und Religion. Ich entdeckte eine Reihe von Schriften über die verschiedenen Religionen, darunter Judentum, Christentum und Islam.

„Wir werden diese Bücher befragen müssen, wenn Einstein unser Wissen überfordert", bemerkte ich.

In einem Rahmen unter Glas fand sich eine Seite mit etwa einem Dutzend roter runder Siegel auf Papierausschnitten. „Sammelte dein Vater Siegel?", fragte ich interessiert.

Angela lächelte. „Nein. Das ist eine Seite aus der Briefmarkensammlung meines Vaters. Die erste Briefmarke Indiens war ein Prägedruck auf einer Siegeloblate mit der Inschrift Scinde District Dawk. Scinde bedeutet Sindh, und Dawk steht für Post."

Angela ließ mich in der Bibliothek allein.

Ich genoss den Anblick der vielen, wunderbaren Bücher.

Dann begann ich zu suchen. Einstein hatte uns mit zwei Behauptungen überrascht.

Als Erstes hatte er von einem Erdbeben in Lissabon gesprochen, nach dem die Menschen hätten wissen müssen, dass Gott nur selten eingreift. Nach kurzem Suchen fand ich die Antwort im Internet. Am 1. November 1755 hatte ein Erdbeben Lissabon zerstört und gegen fünfzigtausend Tote gefordert. Dass es die Hauptstadt eines streng katholischen Landes getroffen hatte, war nicht der einzige Grund für das Entsetzen. Das Unfassbare war, dass die Kirchen der Stadt zusammengestürzt waren, während das Rotlichtviertel Lissabons, die Alfama, verschont blieb. Wer zum Gottesdienst des Kirchenfestes Allerheiligen gegangen war, war unter den Trümmern der Kirchen begraben worden, wer sich zur gleichen Zeit in der Alfama aufhielt, kam unverletzt davon.

Gläubige Christen würden argumentieren, überlegte ich, dass Gott diese Menschen zu sich nahm, weil sie rechtschaffen waren und er sie deshalb liebte. Aber fünfzigtausend Menschen auf einmal? Unter diesen konnten nicht nur Rechtschaffene sein!

Dann hatte Einstein den Mond erwähnt, der wichtig sei, um die Bewegungen der Erde zu stabilisieren. Ich wusste, dass unsere Erde nur dank des richtigen Abstands von der Sonne bewohnbar ist, und dass ein großer Asteroid gewaltige Magmamengen aus der Oberfläche der Erde gestoßen und so den Mond gebildet hatte. Das Lexikon bestätigte die weiteren mir bekannten Fakten: Danach stabilisiert der Mond die Neigung der Erde so gegenüber der Sonneneinstrahlung, dass Klimazonen möglich sind. Ebenso mildert der Mond den Einfluss der anderen Planeten, deren Schwerkraft die Erde ansonsten in wilde Schwankungen versetzen würde.

Danach las ich noch in einigen weiteren Büchern, die mich interessierten und suchte noch dies und das im Internet. Durch die Fenster sah ich den Park, der im gleißendem Sonnenschein lag. Die Staubteilchen, die wir mit den Büchern aufgewirbelt hatten, glänzten golden in einem Kegel aus Sonnenlicht, der in den Raum fiel. Ich war müde. Vielleicht schlief ich sogar ein wenig.

Meine Gedanken schweiften immer wieder ab. Ich wunderte mich über mich selbst – wie konnte ein nüchterner Mensch wie ich plötzlich an solche Fantastereien glauben? Ein Wesen aus dem Nichts, das uns belehren will und das von uns einen schriftlichen Bericht dazu verlangt? Und dazu eine schöne, sexuell hemmungslose Frau in einem Schlösschen, das ihr Vater mit Möbeln aus der Zeit Louis-quinze geschmückt hatte! Wie auch immer ich die Lage einschätzte, sie war mehr als unglaublich. Und ebenso unglaublich war, dass ich begonnen hatte, dieses Szenario nicht nur als wirklich anzusehen, sondern zu genießen.

Nach zwei Stunden kam Angela zurück. Sie trug einen leuchtend blauen seidenen Sari mit zarten Stickereien. Ich saß, ohne zu lesen, vor einem Buch. Das Zwielicht des späten Nachmittags verzauberte die Dinge.

„Heute hast du eine echte Inderin vor dir." Angela umarmte mich. Wir gingen in ihr Schlafzimmer.

Ich hatte vor ihr noch nie mit einer Inderin geschlafen. So war es für mich neu und erregend, Angela aus ihrem Sari zu wickeln. Ich begann mit dem über die Schulter geschlungenen, reich verzierten Teil. Angela beobachtete mich dabei lächelnd.

Ich hatte nicht geahnt, dass das Tuch einige Meter lang sein würde. Ich ließ es zu Boden gleiten. Ein Streifen nackte Haut mit dem Nabel kam zum Vorschein.

„Unter dem Sari trägt man eine kurze Bluse und einen langen Unterrock", bemerkte Angela. Es klang wie eine Entschuldigung.

Unter Bluse und Unterrock war Angela nackt. Ihre Finger befreiten mich von Hemd und Hose.

Ich schmiegte mich an sie. Der Sari und die Exotik des Augenblicks hatten ungemein stimulierend auf mich gewirkt. Mir wurde zum ersten Mal bewusst, dass unter mir die fremde Frau eines geheimnisvollen fernen Landes lag, eine Inderin, und nicht nur das, eine wunderschöne Inderin. Sie fasste mich um die Hüften und zog mich in sich hinein. Ein fiebriger Rhythmus verband uns. Angela stieß mit ihrem Becken meinen Bewegungen entgegen. Als sie zu schreien begann, kam auch ich.

Angela griff nach ihrem rosa Hausgewand und ich nach meinem graublauen Bademantel. Wir gingen in den Spiegelraum. Einstein saß auf seinem Lehnstuhl. Angela sprach ihn direkt an.

„Du hast mich früher über meine Religion informiert. Kannst du dies für meinen Begleiter wiederholen?"

In den Spiegeln um uns begann plötzlich ein Film abzulaufen. Von allen Seiten näherten sich lange Prozessionen aus blumengeschmückten Wagen, darauf über Palmwedeln und Blumengirlanden Figuren einer dickbauchigen Gottheit mit einem Elefantenkopf und vier Armen, sitzend, stehend, tanzend in vielen Farben und Abwandlungen. Ich hatte diese seltsamen Figuren noch nie gesehen, aber ich wusste, dass es sich um ein Fest zu Ehren des Hindugottes Ganesha handelte. In endloser Folge rückten die geschmückten Wagen heran, begleitet von Trommlern, hinter ihnen Menschen, die sich in Trance tanzten, Frauen mit farbigen Kleidern, Männer mit nacktem Oberkörper und rotem Puder in den Haaren. Zehntausende von Menschen standen am Strand des Meeres, wo die ersten Ganesha-Figuren ins Wasser gesetzt wurden und auf das Meer hinaustrieben.

Die Begegnung mit Einstein hatte eine unerwartete Wendung genommen. Angela aus ihrem Sari zu schälen, war für mich sehr erregend gewesen. Aber was ich hier sah, hätte einer Reisebeschreibung entnommen sein können. So informierte man Touristen über fremde Bräuche in exotischen Ländern.

Einstein verschwand. Angela führte mich zurück ins Bett. „So etwas habe ich zu sehen bekommen, wenn es um meine Religion ging", erklärte Angela.

Ich war müde und enttäuscht. „Die Begegnung vorher war sehr interessant", stellte ich fest. „Aber das eben war nur folkloristisch."

Das hätte ich nicht sagen sollen, dachte ich noch im selben Moment.

„Oh nein", widersprach Angela. „Für den Hindu ist Ganesha eine der am meisten verehrten Gottheiten. Parvati, die Frau unseres Gottes Shiva, ist seine Mutter. Shiva schlug Ganesha den Kopf ab, als ihm dieser den Weg versperrte. Shiva musste Parvati versprechen, den Kopf zu ersetzen. Angeblich befahl er seinen Dienern, den Kopf eines Lebewesens zu bringen, das seinen Schlaf nach Norden richtet. Dies war ein Elefant, und so kam Ganesha zu seinem Elefantenkopf. Er wird von den Hindus verehrt als Beseitiger aller Hindernisse. Die Leute bringen ihm Opfer, bevor sie etwas Neues unternehmen."

Ich hatte ihr aufmerksam zugehört. Aber mich interessierte etwas anderes. „Diese Erzählung mit der Entstehung Ganeshas und seines Elefantenkopfes hast du sicher von deinen Eltern oder in der Schule gehört – aber hat es dir auch Einstein gezeigt?"

„Nein", sagte Angela. „Und ich weiß auch nicht, ob ich das von Einstein verlangen kann. Wenn ich ihn über meine Gottheiten befragt habe, hat er mir immer Statuen oder Bilder der Gottheiten gezeigt und Bräuche, die mit der Verehrung verbunden sind. Nie aber die lebendige Gottheit selbst."

Vielleicht konnte Einstein nur Dinge zeigen, die es tatsächlich gab oder gegeben hatte. Das sprach ich aber nicht aus. Der Gedanke hätte eine Beleidigung sein können für Angela und ihren Glauben.

10 Mittagessen in der Mühle

Angela hatte beschlossen, mit mir zum Mittagessen in einen Gasthof zu fahren.
Wir traten aus dem Haus. Einen Augenblick stand ich geblendet in der Tür. Eine warme Wintersonne strahlte aus einem wolkenlosen blauen Himmel.
„Ich habe einen französischen Garten", erklärte Angela. „Nachempfunden den Gärten von Versailles und anderen Orten. Eine streng geometrische Form mit einer zentralen Achse und Ornamenten von Buchsbaumhecken. Und hohe Platanen an den Rändern."
In der Mitte führte ein breiter, mit Kies bestreuter Weg durch den Garten. Vögel flogen auf. Auf einem der Bäume turnte ein Eichhörnchen durch die Äste.
In einem der Beete bemerkte ich eine Vogelscheuche, korrekt mit einem fleckigen zerrissenen Rock und einem bunten Stoffball als Kopf. Angela sah meinen überraschten Blick und lachte. „Die Vogelscheuche ist eine Idee meines Gärtners. Er wollte etwas Fröhliches und zugleich Nostalgisches für meinen Garten."
Links hatte man ein Rondell angelegt mit einer großen Sonnenuhr. Auf der rechten Seite gab es einen von Schilf gesäumten Teich mit einer dicht bewachsenen Insel in der Mitte, einem Springbrunnen im Hintergrund und einer kleinen steinernen Sphinx am vorderen Rand.
„Es ist ein sehr schöner Garten", lobte ich. „Aber wie kommst man als Inderin zu einer Sphinx?"
„Die Sphinx war schon da, als mein Vater das Anwesen kaufte", antwortete Angela. „Es heißt, dass sie das Haus bewacht und dafür sorgt, dass jeden Morgen die Sonne wiederkehrt. Ich wollte sie nicht durch Statuen indischer Götter ersetzen."
„Indien war doch einmal das Land der Sehnsüchte", erinnerte ich mich. „Es stand für Weisheit und religiöse Erleuchtung, Bhagwan und Ashram wurden im Westen zu geläufigen Worten."
„Ja, da wurde viel geheimnisvolle Mystik erwartet", bestätigte Angela. „Das ist vorbei."

In der Ferne krähte ein Hahn. Wir gingen den Kiesweg hinab. Angela hatte den Arm um mich gelegt. Im Gehen genoss ich den regelmäßigen Schlag ihrer Hüfte gegen meinen Körper.

Vor der Tür wartete William, der Chauffeur, mit dem Auto.

„Du hast ein wunderbares Auto", bemerkte ich zu Angela.

Sie lachte. „Es ist ein Volkswagen." Auf mein überraschtes Gesicht setzte sie hinzu: „Bentley gehört zum Volkswagen-Konzern."

Die Straße führte fast schnurgerade durch eine anmutige Landschaft von Weiden und Wäldern. Nach einer Viertelstunde hielten wir vor einem von Bäumen umgebenen Fachwerkhaus, dessen Front dicht von wildem Wein bedeckt war. Die Fenster hatten blaue Läden, die Scheiben der Fensterflügel waren waagrecht dreifach unterteilt. Auf der Seite über einem plätschernden Bach drehte sich ein großes Mühlrad, das über eine lange Holzrinne mit Wasser gespeist wurde. Wir gingen ausgetretene steinerne Stufen hinab.

„Hier leben erdverbundene Menschen, die fröhlichem Essen und Trinken zugetan sind und denen das Leben nichts schuldig bleibt", stellte Angela fest.

Wir traten durch ein niedriges steinernes Tor, über dem eine schöne Laterne hing. In der Gaststube roch es nach Rauch und Wein. Angela war offenbar gut bekannt, denn der Wirt persönlich empfing uns. Wir wurden zu einem Tisch am Rande des Raumes geleitet, von dem man einen Blick auf den Waldrand genießen konnte.

Ich ließ meine Augen im Lokal umherwandern. Auch im Innern teilte Fachwerk die weißen Wände. Die Decke zeigte mächtige Balken. An den Wänden hingen moderne Bilder in kräftigen Farben.

Wir aßen Forellen, aus dem nahen Waldbach, wie uns erklärt wurde. Der goldgelbe Weißwein funkelte in den Gläsern. Wir stießen an. Der Klang der Gläser erschien mir sehr hell und freundlich.

„Auf uns, unsere Liebe und unser Abenteuer mit Einstein", sagte ich. Angela legte eine Hand auf meinen Oberschenkel.

Außer uns waren nur wenige Leute in der Gaststube. Angela erzählte, wie sie das Restaurant eines Tages entdeckt habe und dann immer wieder hierhergekommen sei. Mit wem sie schon hier gespeist hatte, erwähnte sie nicht. Worüber hatte sie sich wohl mit meinen Vorgängern unterhalten, die alle Einstein nicht gesehen hatten?

Der Blick ging aus dem Fenster auf eine von Hügeln, Wäldern und Wiesen geprägte Landschaft. In der Ferne weideten Kühe. Man hörte einen Bach plätschern. Es war ein sehr friedliches Bild.

Am Waldrand entstand Bewegung. Ein Hirsch mit prächtigem Geweih stand vor einer Lichtung und blickte in Richtung der Straße.
„Was für ein schönes Tier! Ein Herrscher über seinen Harem", bemerkte Angela. „Beneidest du ihn ein wenig?" Sie lächelte mich an und bekam dabei Lachfältchen in den Augenwinkeln.
„Oh nein", antwortete ich, „er darf nur während der Brunst lieben. Ich kann mit unserer Liebe immer die Nacht zum Tag und den Winter zum Frühling machen."
Ich nahm ihre Hand und streichelte sie.
„Und du hast Arme, die frei sind für Zärtlichkeiten, er hat nur Vorderläufe", ergänzte Angela.
Der Wirt kam an unseren Tisch, um zu fragen, wie wir mit Forelle blau und Forelle gebraten zufrieden seien. Er sah nur Angela an, ich war für ihn nicht vorhanden. Er goss den Wein nach und verschwand in Richtung der Küche. Mir fiel auf, dass er mit keinem der anderen Gäste gesprochen hatte.
Das war die Gelegenheit, um mehr über Angela zu erfahren.
„Wir sind uns körperlich sehr nahe gekommen", sagte ich nachdenklich. „Aber ich weiß fast nichts von dir. Ich habe dich noch gar nicht gefragt, ob du vor deiner Heirat einen Beruf hattest."
„Nicht nur vor, sondern auch nach meiner Heirat und auch als Witwe", antwortete Angela. „In der Firma meines Vaters habe ich Computerprogramme geschrieben und überprüft. Auch Computerspiele unserer Firma habe ich nachgespielt und, wo nötig, verbessert."
„Arbeitest du noch viel?", wollte ich wissen.
Angela schüttelte den Kopf. „Seit Einstein aufgetaucht ist, nicht mehr so viel wie früher. Zum Missvergnügen meines Bruders, der hofft, dass ich wieder vernünftig werde. Mein Bruder ist drei Jahre älter als ich. Er hat immer versucht, mich zu beschützen."
„Wenn du nicht arbeitest, was machst du den Tag über?", fragte ich. Die Frage klang, als wüsste ich, was sie in der Nacht trieb.
„Ich lese viel, ich genieße die Stunden allein mit meinen Dichtern", erwiderte Angela. „Du hast ja meine Bibliothek gesehen."
Der Wirt war hereingekommen und stellte das alte Mahlwerk an, indem er es mit dem Mühlrad verband. Klappernd und polternd setzten sich die mächtigen Mühlsteine in Bewegung. Angela informierte mich, dass diese lärmige Demonstration einmal bei jedem Essen stattfinde.

Nach einigen Minuten war die Vorführung beendet, und ich nahm unser Gespräch wieder auf: Ich sagte Angela, dass ich am nächsten Tag abreisen müsse, und erzählte von dem Missgeschick wegen meiner Vorlesung. Sie schien nicht enttäuscht.

Wir verabschiedeten uns von dem Wirt. Die Männer in der Gaststube blickten Angela nach, es waren bewundernde und respektvolle Blicke. Ich wusste, dass sie nichts ahnen konnten von der Sinnlichkeit und Leidenschaft dieser schönen Frau.

Ein warmer Wind streifte uns, als wir das Haus verließen.

Wir fuhren zurück und gingen durch den Garten zu Angelas Haus, in dessen Scheiben sich die Sonne spiegelte.

11 Angela und die Götter der Hindus

„Es wäre sehr lieb von dir", meinte sie lächelnd, „wenn du den Nachmittag mit Lesen verbringen könntest. Deine Kenntnisse des Hinduismus sollten ein wenig aufgefrischt werden, bevor wir uns wieder mit Einstein treffen."

Auffrischen war sehr freundlich ausgedrückt. Ich musste mir eingestehen, dass ich von ihrer Religion, dem Hinduismus, fast nichts wusste.

Wir gingen in die Bibliothek. Angela drückte mir einige Bücher in die Hand, küsste mich und ließ mich allein. Die Bücher handelten alle vom Hinduismus. Es stand außer Frage, dass ich ihren Wunsch nach einer Auffrischung meines Wissens zu befolgen hatte.

Drei Stunden las ich mit Eifer und Ausdauer. Nach den Büchern verstand man unter Hinduismus religiöse Traditionen, die sich aus dem Glauben der Menschen im Tal des Indus und eingewanderter indogermanischer Stämme entwickelt hatten. Weitere Einwanderer und Nachbarvölker hätten den Hinduismus beeinflusst, und heilige Männer hätten ihn immer wieder in neuen Formen verkündet. So seien viele unterschiedliche Traditionen der Hindureligionen entstanden. Viel später seien Yoga und die indische Spiritualität hinzugekommen.

Die erste Überraschung war für mich zu lesen, dass man nicht zum Hinduismus konvertieren könne. Man werde als Hindu in eine bestimmte Kaste geboren, glaube an die Macht der Götter und verehre sie.

Ich lernte: Die höchste Macht ist der Dharma, ein ewiges und unerklärbar waltendes Weltgesetz ohne Schöpfer, das Recht, Sitte, Ethik und Verpflichtungen bestimmt. Die drei wichtigsten Verkörperungen der göttlichen Kraft sind Brahma, der Organisator, Vishnu, der Erhalter, und Shiva, der Zerstörer.

Der Hinduismus erwies sich als komplizierter, als ich angenommen hatte. Die indischen Götter hatten eine große Zahl von Verkörperungen auf Erden. Vishnu hatte es als Fisch gegeben, um dem Menschen bei einer Sintflut den Bau eines Bootes zu lehren, als

Schildkröte, um einen Berg an die Oberfläche des Ozeans zu bringen, als Eber, um die Erde von den Wassern zu befreien, als ein Geschöpf, halb Mann, halb Löwe, um einen Dämon zu vernichten, als Rama, um mit Hilfe einer Armee von Affen den Dämonenkönig Ravana zu besiegen, und vieles andere mehr. Im Lichterfest Diwali wird die Rückkehr von Rama aus dem Exil gefeiert. Krishna, eine weitere Verkörperung Vishnus, steht im Mittelpunkt des Frühlingsfestes Holi, wo man sich gegenseitig mit bunt gefärbtem Wasser bespritzt.

Beim Lesen stieß ich auf eine weitere Religion, diejenige der Sikhs, die im 15. Jahrhundert von Männern begründet worden war, die man später Gurus nannte. Der Guru Nanak hatte die Überwindung des Egoismus und eine tugendhafte Lebensführung als wesentliche Dinge gelehrt. Sikhs waren durch das Tragen eines Turbans erkennbar und mieden Fleisch, Alkohol und Tabak. Im Gegensatz zu den Hindus glaubten sie an einen einzigen Gott.

Ich beschloss, die Sikhs wieder zu vergessen und mich erneut den Hindus zuzuwenden. Diese waren für mich Problem genug. Ich fühlte mich verloren in dieser Welt von Göttern und ihren Verkörperungen. Ich musste mir eingestehen, dass für einen Europäer wie mich der Hinduismus mit seinen unzähligen Göttern keine ernstzunehmende Religion war. Davon musste mich Einstein nicht überzeugen. Ich verstand aber, dass Angela als Hindu ganz anderer Meinung war.

Würde mir meine schöne Geliebte helfen, diese Götterwelt zu verstehen?

Gerade als ich das dachte, kam Angela in die Bibliothek. Sie trug einen schwarzen Hosenanzug. Sollte er mich an ihren Hosenanzug im Schlafwagen erinnern?

„Es ist gar nicht einfach für mich", gab ich zu, als mich Angela nach meinen Fortschritten fragte. „Du hast eine erstaunliche Religion."

„Hindus sprechen weniger von Religion als von einer ‚ewigen Ordnung', die alles Leben definiert", erklärte Angela. „Wir glauben an die Seele, die nach dem Tod in einem anderen Lebewesen wieder auf die Erde zurückkehrt. So entsteht ein Kreislauf. Die Taten im letzten Leben eines Menschen bestimmen sein Karma, die Summe der guten und schlechten Taten. Es bestimmt die Wiedergeburt in einer bestimmten Kaste. Ein gutes Karma bewirkt, dass die Seele in einem besseren Leben wiedergeboren oder sogar erlöst wird."

Angela fuhr fort: „Für die meisten Hindus ist die Welt eine Illusion, die in Zyklen entsteht und vergeht. Am Beginn jedes dieser Zyklen erscheint Brahma aus dem Nabel des Vishnu. Vishnu ist der Bewahrer, der in vielen Formen auftritt. Rama und besonders Krishna sind die am meisten verehrten Formen, von denen viele Abenteuer erzählt werden. Shiva ist Zerstörer und Erneuerer. Er wird als penisförmiger Lingam auf einer runden Form, dem Yoni als weibliches Symbol, verehrt."

„Klingt interessant", warf ich lächelnd ein.

Angela beendete unsere Unterhaltung. „Komm zum Abendessen", befahl sie.

Maria und die Köchin warteten schon. Der Tisch, oder besser: die Tafel, war bereits gedeckt. Es gab ein Festmahl mit Hummercremesuppe, Lammrücken, Früchtesorbet und Kaffee. Ich notierte die Speisenfolge für den Fall, dass Einstein dies in unserem Bericht verlangen würde. Wir speisten von erlesenem Porzellan vor Platten aus glänzendem Silber. Ich vermerkte die bläulich gemusterten Meißener Teller mit Goldrand. Eine Vase mit leuchtenden Herbstblumen schmückte den Tisch.

Ich beobachtete Angela. Mein Appetit galt nicht nur dem Essen.

Maria brachte eine schmale längliche Schachtel. Angela öffnete sie. Eine weiße Seidenkrawatte kam zum Vorschein mit einem bunten gewundenen Streifen über die gesamte Länge. Der Streifen war mit gut zwei Dutzend Ganesha-Figürchen geschmückt, alle sehr bunt bis auf den grauen Elefantenkopf. Das englischsprachige Label auf der Rückseite der Krawatte nannte eine Adresse in Mumbai.

„Wenn es dich erheitert, kannst du diese Krawatte tragen, während wir uns über den Hinduismus unterhalten", wandte sich Angela zu mir. Ich nahm die Krawatte heraus und legte sie über meine Hemdbrust. Sie wirkte sehr dekorativ.

Wir stießen mit unseren Gläsern an. „Worauf?", fragte ich.

„Als Erstes auf den Hinduismus", bestimmte Angela, „denn darüber werden wir als Nächstes mit Einstein sprechen. Mit der Ganesha-Krawatte wollte ich dich darauf einstimmen, dass der Hinduismus die bunteste Religion der Welt ist. Wir haben im Laufe der Jahrtausende unzählige Götter in unseren Glauben eingefügt."

Sie überlegte kurz.

„Als junges Mädchen war ich bei Verwandten in einer Stadt in Südindien. Dort wird Shiva verehrt. Zu seiner Gemahlin gibt es eine wunderbare Erzählung. Sie sei mit drei Brüsten geboren worden, doch wurde ihr geweissagt, dass die dritte Brust abfallen würde, wenn sie ihrem zukünftigen Ehemann begegnet. Sie wurde Königin und bezwang im Kampf viele Gegner, auch das Heer Shivas, als sie diesen aber sah, verschwand ihre dritte Brust, Shiva nahm Menschengestalt an, und sie heirateten."

Es war eine schöne Erzählung, und ich hörte aufmerksam zu.

„Wenn ich in den Tempel ging, bot sich fast jeden Tag dasselbe Schauspiel. Shiva und seine Gemahlin führten im Tempel ein Leben, das sich kaum von dem der Gläubigen unterschied. Sie schliefen, wachten auf, aßen, wechselten die Kleidung und gingen Zerstreuungen nach. Am Morgen wurden sie mit einem Ritual geweckt, mit Milch, Joghurt und Honig bewirtet, aufgestellt und bekleidet. Gott Shiva, der die Nacht bei seiner Gattin geweilt hatte, wurde in einer Sänfte zu seinem Schrein getragen und am Abend wieder zurückgebracht. Im Tempel gab es Musiker, die zu jedem Ritual die geeignete Melodie spielten. Die Tempelküche bereitete Speisen für Götter und Gläubige, die Göttin erhielt Blumengirlanden und mehrmals am Tag einen neuen Sari. Über Gebetsrituale konnte jeder mit den Göttern in Verbindung treten."

Nach dem Abendessen blickte mich Angela zärtlich an. „Komm ins Bett", befahl sie. „Wir müssen Einstein befragen."

Wir entkleideten uns langsam. Angela trug eine im Schritt offene schwarze Strumpfhose. Sie legte sich auf den Rücken. Ich ergriff sie an den Fesseln und bog ihre Beine über ihren Körper bis zu ihrem Kopf. Es war ein erregendes Bild, ihre von der Strumpfhose bedeckten Beine zu sehen und im Schritt den nackten Unterleib. Ich beugte mich über sie und drang in sie ein. Nach einiger Zeit warf sie mich ab und saß selbst auf mir. Sie beobachtete mein Gesicht, als sie mich ritt. Es endete eine Einstein-würdige Ekstase.

Wir zogen uns wieder an und gingen in den Spiegelraum. Einstein war schon da.

Ich glaubte, nun recht viel über den Hinduismus zu wissen und mir eine Meinung gebildet zu haben. Nicht noch mehr Folklore, dachte ich. So beschloss ich, Einstein direkt anzusprechen: „Diese vielen Götter der Hindus – gibt es diese göttlichen Wesen, oder sind sie nur Erfindungen des Menschen?"

Die Antwort war einfach: „Die Frage ist falsch gestellt. Es gibt Wesen, die von den Menschen für übernatürlich gehalten werden. Man kann zu ihnen beten, und man kann sie sich vorstellen. Wenn ein Mensch in Gott den elefantenköpfigen Ganesha sieht, ihm Eigenschaften zuschreibt und mit ihm Sagen verbindet, ist das ein Ersatz für etwas, was er nicht wissen kann."

„Dann sind also doch Ganesha, Brahma, Shiva und Vishnu göttliche Wesen", folgerte Angela.

„Nein, keineswegs", antwortete Einstein. „Es hat diese Wesen nie gegeben, sie sind Sagengestalten aus der Frühzeit der Menschheit und dadurch im Glauben mancher Völker verwurzelt."

„Ich habe ein Problem", sagte Angela ziemlich laut, „ich liebe meine Religion, ich liebe die Götter des Hinduismus, und ich bin nicht fähig, sie einfach als Märchenfiguren, als menschliche Hirngespinste abzutun." Angela hatte sich mutig geredet.

„Ihr habt gesehen, wie Religionen entstehen und sich entwickeln", sagte Einstein. „Zuerst verehrten auch die Völker des Indus-Tales geheimnisvolle Mächte, von denen man annahm, dass sie die Naturgewalten steuern und Regen bringen, oder Tiere, die bemerkenswert erschienen, oder Wesen, die mit großen Brüsten oder kräftigen Penissen für Fruchtbarkeit sorgen sollten. Bei vielen Religionen treten im Laufe der Zeit Propheten auf und bündeln die vorhandenen Lehren, sodass eine umfassende Religion entsteht."

„Bei meiner Religion war dies eher nicht der Fall", unterbrach Angela.

„Aus der Frühzeit stammen die in den Veden verzeichneten Lehren und die religiöse Bedeutung von Wasser und Feuer, wie das reinigende Bad im Ganges", setzte Einstein unbeirrt fort. „Von den verehrten heiligen Tieren sind bis heute Rinder und Affen übrig. Kühe dürfen nicht gegessen werden, weil in ihnen die Mutter Erde wohnt."

„Aber viele Menschen nehmen an, dass die Veden einen göttlichen Ursprung haben", warf Angela ein.

„Es gab viele Personen, die an den Veden mitwirkten", erklärte Einstein. „Die Eingebungen kamen oft durch Meditation zustande. Schriftliche Aufzeichnungen sind aus dieser Frühzeit keine erhalten. Die Veden wurden über viele Jahrhunderte nur mündlich überliefert. Die heutigen Götter wie Brahma, Vishnu und Shiva kamen erst allmählich hinzu. Auf dem ganzen indischen Subkontinent meditierte man. Es wurden Tempel gebaut und Kulte und Riten eingeführt. Tausende Götter waren das Ergebnis. Darunter waren einige recht liebenswerte Wesen wie der elefantenköpfige Gott Ganesha. Aber es waren nur Fantasien, die die Welt mit Göttern bevölkerten."

Es gab eine Pause. Für mich war klar, dass ich nicht weiter nach den Gottheiten der Hindus fragen durfte. Als Wissenschaftler glaubte ich ohnehin nicht an sie, und es störte mich nicht, dass Einstein sie für nicht existent erklärte. Wenn es hier ein Problem gab, dann lag es bei Angela, die an diese Götter glaubte.

Ich blickte auf Angela und sah, dass sie keine Frage stellen wollte. Ich begriff, dass Einstein ihr bei früheren Begegnungen bereits Ähnliches mitgeteilt hatte.

Einstein verschwand.

„Er hält nichts von den Göttern meines Glaubens", bemerkte Angela. „Du kannst nicht ermessen, was es für mich bedeuten würde, von den Göttern meiner Kindheit Abschied zu nehmen."

„Wie soll das eigentlich vor sich gehen mit unserer Erforschung der Religionen?" fragte ich irritiert. „Zuerst kommen die Belehrungen durch unseren Pseudo-Einstein, und danach versuchen wir, das zu überprüfen und zu ergänzen?"

„Das ist allerdings die Frage, wie gut seine Belehrungen sind", antwortete Angela, „ob er alles genau weiß oder von uns eine Bestätigung über Literatur und Internet erwartet."

„Du hast gerade gesagt, dass es dir schwer fallen würde, von den Göttern deiner Kindheit Abschied zu nehmen. Du glaubst also nicht, dass alles stimmt, was Einstein behauptet."

„Der Hinduismus ist eine sehr große und sehr starke Religion. Man kann sie nicht für Unsinn erklären", Angela war da sehr entschieden.

Ich versuchte vorsichtig, mein bescheidenes Verständnis für ihre Religion zu klären. „Angela", fragte ich, „wie ist es, wenn man an so viele Götter glaubt?"

„Es ist sehr schön", antwortete sie. „Man besitzt einen hochinteressanten Himmel mit den verschiedensten Göttern, viele davon ungemein sympathisch und verehrungswürdig. Du kannst dein Herz an einen von ihnen hängen und ihn bitten, dir zu helfen."

Auch wenn es ihn gar nicht gibt, dachte ich, aber bemerkte nur: „Meine christliche Religion ist da mit Gott Vater, Gott Sohn und Gott Heiliger Geist viel eintöniger."

„Das stimmt nicht", widersprach Angela. „Ich weiß, dass man als Katholik die Jungfrau Maria verehren kann. Außerdem hast du eine reiche Auswahl an Heiligen, vom Heiligen Georg mit dem Drachen bis zu Christophorus, der das Jesuskind über den Fluss trägt."

Ich wusste, dass die katholische Kirche den Heiligen Christophorus aus der Liste der Heiligen gestrichen hatte, weil seine Existenz nicht als gesichert galt.

„Wir können also annehmen, dass der Volksglaube an viele Götter und Heilige einem echten Wunsch entspricht."

„Wahrscheinlich", meinte Angela und beendete damit unsere Diskussion.

Wir beschlossen, schlafen zu gehen, jeder für sich.

Hinter der geschlossenen Tür hörte ich noch einige Zeit die gedämpften Stimmen von Angela und Maria.

Ich lag noch lange wach. Ein honigfarbener Mond schien durch das Fenster und tauchte den Raum in sein blasses Licht. Ich ließ die Tage mit Angela Revue passieren. Mein Abenteuer im Schlafwagen hatte mir nicht nur eine wunderbare Geliebte beschert. Es war etwas entstanden, dessen Dimensionen ich nicht abschätzen konnte und dessen mögliche Bedeutung mir Angst einjagte. Ich wusste, dass dies alles eine Nummer zu groß war für mich.

Aber ich hatte kaum mehr Zweifel, dass unser Pseudo-Einstein auf irgendeine Weise real war. Wenn das zutraf, dann beantwortete seine Existenz Fragen wie diejenige nach einem Leben nach dem Tod und nach der Existenz Gottes. Aber dass dazu sexuelle Ekstasen nötig waren und dass Angela genau deshalb ausgewählt worden war, das schien absurd. Einstein hatte versprochen, uns das zu erklären. Wie würde wohl diese Erklärung aussehen?

12 Sonderbarer Auftritt von Buddha und Konfuzius

Ich schlief unruhig. Wirre Träume wechselten sich ab. Gegen Morgen strampelte ich mich aus dem Brachland meiner Träume heraus und ins Bewusstsein zurück. Ich war schweißgebadet und wusste, dass ich Albträume gehabt hatte, an die ich mich nicht erinnerte.

Der Schweiß erkaltete auf meiner Haut. Ich schlief wieder ein. Maria weckte mich um neun Uhr morgens mit einem Glas Orangensaft. Angela schlafe noch, ob ich sie wecken wolle? Das wagte ich nun doch nicht und bat Maria darum. Ich würde inzwischen in mein Badezimmer gehen.

Im Bad stand ich vor dem Spiegel und betrachtete mich. Konnte Angela lieben, was sie sah? Mein Glied war groß und robust, es hatte mich bisher nicht enttäuscht und mir viel Genuss gebracht. Angela hatte es zärtlich und respektvoll behandelt und mit kleinen und großen Überraschungen verwöhnt.

Nach einer halben Stunde holte mich Maria. Angela hatte eben geduscht und saß mit angezogenen Knien auf ihrem Bett. Maria führte mich herein. Ich blickte Angela verliebt an. Sie trug ihren seidenen roten Morgenmantel.

Ich führte sie zum Tisch. Wir saßen uns gegenüber.

„Und was nun?", fragte Angela.

„Du weißt", sagte ich, „was Einstein gesagt hat: ‚Ihr werdet alles aufschreiben, wie es kam, dass ihr mich seht und was ihr von mir erfahrt.' "

„Das tun wir ja bereits", sagte Angela.

„Aber einfach ist es nicht. Wir schreiben Dinge auf, die uns nicht gefallen. Nimm nur deine Religion, den Hinduismus. Nach Meinung von Einstein sind deine Gottheiten nur Mythen aus fernen Zeiten, interessant und bemerkenswert, aber weder real noch göttlich."

Angela schüttelte den Kopf.

„Wir hatten zu Hause unseren Schrein mit der Statue unserer Hausgottheit. Die Figur wurde gebadet, bekleidet, mit wohlriechenden Ölen betupft, und es wurde ihr Essen gereicht. Als

Hindu habe ich gelernt, dass alle Lebewesen, von den Pflanzen über die Tiere und Menschen bis zu den Göttern, eine Stufenleiter bilden. Jedes Wesen wird in eine bestimmte Kaste hineingeboren, auf Grund guter und böser Taten in früheren Existenzen. Erst wenn die Seele durch Läuterung, Entsagung und göttliche Gnade die Erlösung von allen Formen weltlicher Bindung erreicht, geht sie in das Brahman, den Urgrund des Seins, ein."

„Damit zweifelst du also an den Aussagen von Einstein", bemerkte ich. Angela zuckte mit den Schultern.

Ich war der Meinung, dass nach dem Hinduismus andere asiatische Religionen diskutiert werden sollten. „Wir sollten Einstein nach Buddha, Laotse und Konfuzius befragen", sagte ich.

Wir standen vor Angelas Bett. Wir waren beide noch nackt unter unseren Morgenmänteln. Ich streichelte ihre Brüste, sie küsste mich und beobachtete, wie das Begehren in meinem Blick wuchs. Dann kniete Angela nieder und begann mich zu liebkosen. Ich legte mich auf ihr Bett und zog sie auf mich, mit ihren Beinen über meinem Gesicht. Während sie mein Glied in den Mund nahm, gab meine Zunge harte Stöße auf ihr Geschlecht ab. Nach einigen Minuten waren wir beide nahe dem Höhepunkt. Es wurde ein kurzer, harter, wilder Sex.

Wir gingen in den Spiegelraum. Einstein blickte uns an.

„Viele Völker folgen den Lehren von Buddha, Laotse und Konfuzius", begann ich.

„Buddha", erwiderte Einstein eher beiläufig.

Der Spiegelraum verschwand. Um uns begannen aus dem Dunkel des Raumes bunte Bilder hervorzutreten.

Die Bilder zeigen die Geburt eines Kindes inmitten der Pracht eines indischen Fürstenhauses. Die Mutter stirbt nach der Geburt. Der Junge wächst in Reichtum und Luxus auf, heiratet seine Kusine, die ihm einen Sohn schenkt. Er verlässt seine Familie und übt sich in harter Askese. Wir sehen ihn unter einem Feigenbaum sitzen, wo ihm nach vielen Jahren die Erleuchtung und damit eine Folge von Erkenntnissen zuteilwerden.

Es ist Siddhartha Gautama, später wird er Buddha, der Erleuchtete, genannt. Wir hören seine Worte. Er lehrt die vier edlen Wahrheiten: Die Erste, dass das Leben vom Leid geprägt ist; die Zweite, dass dieses Leid durch Gier, Hass und Verblendung verursacht wird; die Dritte, dass Leid nicht entsteht, wenn man diese Ursachen vermeidet, und die Vierte, dass das Leid vermieden wird durch die Übungen des Edlen Achtfachen Pfades: Recht ausgeübte Erkenntnis, Gesinnung, Rede, Handeln, Lebenswandel, Streben, Achtsamkeit und Meditation. Schuld lässt sich nur durch gutes Handeln tilgen, denn es gibt keinen Gott, der Schuld vergibt. Jedes Wesen und seine Welt entstehen aus den guten und bösen Kräften, die es bei der Geburt mitbekommt. Der Buddhismus kommt ohne Gott aus.

Sterben und Geborenwerden wiederholen sich, bis nach einer harten Schule der Versenkung und Selbstentäußerung die vollkommene Befreiung des Geistes vom Begehren erreicht ist. Dann erlischt das Wesen im Nirwana, einem Zustand vollendeter Seelenruhe, in dem man von der Seelenwanderung befreit ist.

Die ersten Anhänger sammeln sich um ihn, er gründet einen Orden von Bettelmönchen. Bis zum Ende seines Lebens durchwandert er das Gebiet im Mittellauf des Ganges.

Die Gestalten verschwinden. Eine goldglänzende Buddha-Statue erscheint, eine lächelnde, wohlgenährte Figur. Sie verspricht Ruhe und Gelassenheit. Unwillkürlich vergleiche ich sie mit Jesus, der in der Welt der Christen schmerzverzerrt vom Kreuze blickt.

Die Bilder endeten. Es trat eine Pause ein. Der Spiegelraum war wieder da.

Einstein verschwand. Wir waren allein.

Maria kam und bat uns zum Mittagessen. Ich genoss dankbar die Speisen der Köchin Emma.

Nach dem Essen diskutierten wir, was wir eben erlebt hatten.

„Buddha wurde also erleuchtet und gab die so erworbenen Erkenntnisse an die Menschen weiter", sagte ich. „Die Erleuchtung erfolgte wahrscheinlich durch Meditation Einen Beweis für einen überirdischen Ursprung dieser Religion gibt es nicht, außer man versucht einen solchen Ursprung zu erfinden. Das wäre gegen die Lehren Buddhas."

„Das Ergebnis von Buddhas Erleuchtung haben wir gezeigt bekommen, aber auf Laotse und Konfuzius ist Einstein gar nicht eingegangen", bemerkte Angela. „Du hast sie zusammen mit Buddha genannt. Aber wahrscheinlich sind sie nur Philosophen."

„Woher kommt dein Wissen über diese Beiden?", fragte ich.

Sie lachte. „Unter meinen Liebhabern war ein Mann aus Shanghai. Er erzählte mir von dem, was er für Religion hielt. Nach ihm gab es lange vor Christus eine uralte Religion mit Geistern und Dämonen.

Diese wurde später durch den weltabgewandten Taoismus des Laotse und die weltliche Lehre des Konfuzius ergänzt. Danach kamen buddhistische Einflüsse hinzu. Taoismus, Konfuzianismus und Buddhismus seien die drei Lehren gewesen, die China prägten. Wenn ich ihn richtig verstanden habe, bezieht sich die Kultivierung des Leibes auf taoistische Ideen, das pietätvolle Verhalten gegenüber den Eltern verlangt der Konfuzianismus, und für Fragen des Jenseits ist der Buddhismus zuständig. Für ihn wichtig war der Ahnenkult. Die Seelen der Toten müssen zufrieden ruhen, damit sie die Lebenden nicht unglücklich machen."

„War er gut, dein Chinese?", fragte ich.

„Er war klein", antwortete Angela und lachte.

Ich kam zurück auf Laotse. Wir suchten ihn im Internet. Dort wurde Laotse als Begründer des Taoismus geschildert. Gleichzeitig wurde darauf hingewiesen, dass schon der allererste Chronist im 1. Jahrhundert vor Christus zugeben musste, dass die Quellenlage sehr unsicher sei. Laotse habe vielleicht gar nicht gelebt.

„Wenn es Laotse nicht gegeben hat, wird ihn uns Einstein auch nicht zeigen", stellte Angela fest.

„Wir können nicht Laotse, Konfuzius und alles, woran viele Chinesen glauben, als nicht vorhanden abtun", wandte ich ein. „Und wenn wir die Religionen Chinas diskutieren, müssen wir auch auf die japanischen Religionen eingehen."

Angela lächelte. „Wenn du das weiter verfolgen willst, musst du dich jetzt in mich versenken."

Sie breitete ihre Arme aus. Ich öffnete den Verschluss auf der Vorderseite ihres BHs und streifte ihr Höschen herunter. Ich wollte keine Zeit verlieren. Ich warf sie auf ihr Bett, öffnete ihre Schenkel und nahm sie grob und brutal. Angela schien das zu schätzen. Wir kamen sehr schnell und mit großer Intensität.

Im Spiegelraum wartete Einstein auf seinem Lehnstuhl.

„Ihr wollt noch etwas über Konfuzius und die Religion der Japaner wissen", sagte er, als hätte er mitgehört.

Im Hintergrund wurde ein kräftig gebauter Chinese sichtbar. Sein schwarzes, nach hinten gekämmtes Haar war über einer hohen Stirn zu einer Art Krone aufgetürmt, das breite Gesicht zierten ein Schnurrbart und ein langer Backenbart, der das Kinn freiließ. Der Mann trug einen Umhang und ein bis zum Boden reichendes wallendes Gewand, alles in matten gelben, grünen und roten Farben.

„Was wollt ihr von mir?", fragte er uns.

„Du hast eine Religion gestiftet", begann ich, „die noch heute Beachtung findet."

„Das ist nicht richtig", antwortete der Mann, in dem ich Konfuzius vermutete. „Ich stammte aus dem Adel und versuchte durch meine Lehren den Staat moralisch zu erneuern. Ich stellte Regeln auf, wie sich der Mensch in der staatlichen Gemeinschaft und in der Familie verhalten muss. Ich betonte die grundlegende Bedeutung einer stabilen politischen Ordnung. Mein Ziel war, den Zerfall des Reiches zu verhindern. Dies gelang mir zwar nicht, aber meine Lehren führten viele Menschen zum Guten zurück."

Angela versuchte, ihn zu ergänzen: „Wenige hundert Jahre nach deinem Tod opferte ein chinesischer Kaiser auf deinem Grab. In der Folge wurdest du als Welterlöser verehrt, der die moralische Ordnung wiederhergestellt hat." Angela war offenbar über Konfuzius recht gut informiert.

„Später wurden sogar Tempel für mich gebaut, und an manchen Orten wurde ich den Göttern gleichgesetzt", ergänzte der Mann. „Aber das ist eine Verkennung meiner Lehre. Ich habe Menschlichkeit und Moral gelehrt. Deshalb unterstützte ich auch den Ahnenkult, bei dem der Sohn seinem verstorbenen Vater und anderen Vorfahren opfert. Aber mit Göttern, Priestern und Religionen hatte ich nichts im Sinn."

Angela hatte sich zurückgelehnt und sah mich mit halb geschlossenen Augen an. Sie schwieg, und ich hatte zu Konfuzius ohnehin nichts zu sagen. Die Gestalt verschwand.

13 Begegnung mit der Religion der Japaner

Einstein war noch da. Er bemerkte eher beiläufig: „Japans Religion wird Shinto genannt."
Vor uns erschien inmitten eines kleinen Wäldchens ein Schrein mit zwei Pfeilern und darüber liegend zwei rot bemalte Querbalken. Den Weg flankierten zwei steinerne Hunde. Wir gelangten zu einem Becken, wuschen uns mit einer Schöpfkelle die Hände und spülten den Mund aus. So reinigten wir uns von Tabubrüchen, die wir etwa bei der Berührung von Kranken begangen hatten. Vor der Haupthalle warfen wir einige Münzen in den Rost einer hölzernen Kiste. Durch das Ziehen eines Seils läuteten wir eine Schelle, um die Gottheit auf uns aufmerksam zu machen, klatschten in die Hände und verbeugten uns.

Man feierte ein Fest, bei dem man das Heiligtum auf einen beweglichen Schrein setzte und unter Jubel durch das Dorf zog. Trommeln und Feuerwerk begleiteten den Umzug, und wir wurden eingeladen, Sake zu trinken.

Schon wieder Folklore, dachte ich nach einiger Zeit. Das Bild erlosch, wir blieben im Spiegelraum zurück. „Das kann nicht alles gewesen sein", sagte ich.

Einstein war noch da.

„Der japanische Kaiser wurde früher als göttlich verehrt, heute ist er der oberste Priester des Shinto", sagte er. „Ich zeige euch, wie er im Ise-Schrein seine Thronbesteigung begeht."

Wir waren in einem Hain mit hohen Bäumen. In seiner Mitte sahen wir ein einfaches, von Säulen gestütztes Holzgebäude, dessen Dachbalken sich über dem First kreuzten. Eine Versammlung von Priestern schritt auf das Haus zu, blieb vor dem Zaun stehen und entließ eine Gestalt in einem braunen Gewand, die mit einigen Priestern in das Gebäude schritt. Wir verstanden, dass sich hier der Kaiser in den Ise-Schrein begab.

Im Gebäude öffnete ein Priester eine Kassette, aus welcher der Kaiser einen Spiegel nahm. Er drückte ihn an die Brust und warf sich zu Boden. Die Priester verließen den Raum, der Kaiser war allein.

Wir wussten, dass er nun ein rituelles Mahl mit der Sonnengöttin Amaterasu einnehmen und danach hier bleiben würde, um sich auf sein Amt vorzubereiten – mit dem Segen der Gottheit.

Das Bild verlosch, wir waren allein im Spiegelraum.

Wir beschlossen, uns in der Bibliothek über Japan zu informieren. Gleich am Beginn stießen wir auf eine japanische Schöpfungsgeschichte, die Angela entzückte. Danach schufen am Beginn Izanagi und Izanami, das Götterpaar, die erste japanische Insel. „Hat dein Körper irgendwelche Besonderheiten?", fragte Izanagi, worauf Izanami feststellte, dass ihr Körper an einer Stelle unvollkommen sei. Nun bekannte Izanagi, sein Körper wachse an einer Stelle ganz besonders. Daraufhin lief sie links, er rechts um eine Säule, bis das Götterpaar zusammenfand. So zeugten sie miteinander Japans Inseln, Flüsse, Berge und Pflanzen, sowie zahlreiche andere Götter, darunter Amaterasu, die Sonnengöttin und Urahnin der japanischen Kaiser.

„Das ist eine sehr schöne Erzählung", sagte Angela und lächelte mich an. „Und wenn man sagt, dass Frauen und Männer nicht zueinander passen, ist das falsch. An dieser einen Stelle in der Mitte, die dem Götterpaar auffiel, passen sie hervorragend zusammen."

Angela begann mich zu streicheln. Sie trug kein Höschen. Ich fasste nach jener Stelle, wo die Göttin Izanami ihre Unvollkommenheit entdeckt hatte. Angela griff nach mir. „Wie bei Gott Izanagi wächst dein Körper an einer Stelle ganz besonders", stellte sie fest.

Angela und ich beschlossen, in der Bibliothek weiterzuforschen.

Es wurde ein langer Nachmittag. Wir saßen nebeneinander. Von Zeit zu Zeit berührten sich unsere Hände, und dies war ein Grund, aufzublicken und uns anzulächeln und uns manchmal zu küssen.

Die Texte waren nicht einfach. Wir erfuhren aus dem Internet und aus den Büchern von Angelas Vater, dass Shinto aus einem Gemisch von Natur- und Fruchtbarkeitsriten hervorgegangen war. Wichtigste Göttin war Amaterasu, die Sonnengöttin, geworden. Zu dem Spiegel, den wir im Ise-Schrein gesehen hatten, gab es eine Erklärung. Danach hatte sich die Sonnengöttin im Streit mit ihrem Bruder in eine Höhle zurückgezogen und dadurch die Welt in Finsternis gestürzt. Aus der Höhle gelockt wurde sie dann durch den obszönen Tanz einer anderen Göttin, wobei jener Spiegel eine Rolle spielte, der später zum Symbol der Sonnengöttin wurde.

Wir fühlten uns verpflichtet, mehr über den Glauben der Japaner zu erfahren. Welche Art Verehrungsstätten waren jene Schreine, von denen wir einen gesehen hatten?

„Hör mir zu", forderte mich Angela auf und las vor. „Der Shintoismus verlangt Respekt vor der Natur und die Verehrung der Ahnen. In Japan gibt es rund 80.000 Schreine. Sie sind den Kami gewidmet, den die Natur belebenden Geistern. Zu diesen gehören die Sonnengöttin Amaterasu, aber auch mythische Gestalten, Menschen bis zu bekannten Persönlichkeiten, Tiere, Bäume, Felsen und Berge. Es gibt einen Shinto-Schrein, wo die Süßkartoffel als Kami verehrt wird."

„Eine große Auswahl", stellte ich fest.

„Ja", meinte Angela, „aber wenn ich das hier Geschriebene richtig verstehe, ist für die meisten Japaner der Shintoismus keine Glaubenslehre, sondern Brauchtum. Dieses pflegen sie, ohne dafür ein Bekenntnis ablegen zu müssen. Für Todesfälle ist eher der Buddhismus zuständig. Der Tod ist ein naturgegebener Abschluss und nicht der Übergang in ein paradiesisches oder schreckliches Jenseits. Für den Japaner gibt es zwar göttliche Personen. Er kennt aber keinen Gott, der für das Geschehen verantwortlich ist oder bei dem man einen Sinn sucht für das, was auf Erden geschieht."

Während ich erschöpft bis gelangweilt vor den Büchern saß, gewann Angela immerhin die Erkenntnis, dass auch die japanische Religion so manche Sekte gebildet hatte, weil Menschen glaubten, eine göttliche Erleuchtung erfahren zu haben. Sie hatte die Namen der scheinbar Erleuchteten notiert: Kurozumi, Miki Nakayama, Nao Deguchi, die Brüder Kakutaro Kubo und Yasukichi Kotani und dessen Frau Kimi Kotani, Sayo Kitamura. Alle hatten geglaubt, neue Religionen und Sekten gründen zu müssen.

Ich wusste, dass viele Menschen Erfahrungen machen, die sie für übernatürlich halten. Die Bücher, die wir lasen, belehrten uns, dass intensive und wiederholte Erlebnisse oft dazu führen, dass der Betroffene diese als göttliche Offenbarung verkündet. Bei solchen Erlebnissen treten aber meistens nur jene Gestalten auf, die dem Betroffenen schon aus seiner Religion bekannt sind, also bei den Christen vor allem Jesus und Maria. Manche Denkrichtungen halten diese religiösen Erfahrungen als Beweis für eine übernatürliche Wirklichkeit und für Gott.

„Auch wir Christen haben unsere Propheten mit ihren Visionen", merkte ich an. „Im Christentum berühmt ist die Erscheinung, die Paulus auf dem Weg nach Damaskus hatte. In neuerer Zeit war es John Smith, dem nach eigener Aussage ab 1820 ein Engel erschien, worauf die Religion der Mormonen entstand."

„Es gibt auch im Islam moderne Propheten", ergänzte Angela. „Um 1850 entstand die Bahai-Religion, deren Stifter behaupten, dass Mohammed nicht der letzte Prophet war. Das führte zu blutigen Verfolgungen. Dabei predigen die Bahai ein gutes Verhältnis zwischen den Religionen, weil nach ihrer Meinung Gott der Herr aller Religionen ist."

Ich war überrascht. „Woher weißt du das?", fragte ich Angela.

„Meine Eltern haben mit mir in Neu-Delhi den Lotus-Tempel besucht", erklärte Angela. „Ein wunderbarer Bau in Form einer Lotusblüte. Es ist ein Bahai-Tempel, aber alle Religionen dürfen in ihm beten."

Einige Minuten dachten wir über Erscheinungen und Propheten nach. Dann sagte Angela: „Meinst du, dass Einstein bei uns und unseren Ekstasen ebenfalls religiöse Erleuchtungen erwartet?"

Daran hatte ich bisher nicht gedacht. „Genau genommen ist ja Einstein bereits unsere religiöse Erleuchtung", wandte ich ein. Die Frage blieb offen.

Es war ein langer Tag geworden. Angela und ich waren müde. Wir glaubten, genug zu wissen über die Religionen des Fernen Ostens. Wir duschten und gingen zum Abendessen. Ich trug meine Ganesha-Krawatte.

„Wann und wie stellst du dir unser nächstes Treffen vor?", fragte sie.

„Irgendwie in einem Monat", antwortete ich. „Du weißt, dass ich verheiratet bin."

„Bisher hat deine Frau keinen deiner Seitensprünge entdeckt."

Was konnte sie schon darüber wissen, dachte ich. Aber es stimmte. Jedoch hatte es nie eine Frau in meinem Leben gegeben, die Angela glich. Und dies unabhängig davon, ob man Einstein als Vor- oder Nachteil unserer Beziehung ansah.

„Es gab nicht viele Seitensprünge", betonte ich.

„Wirklich?", lächelte Angela und fuhr fort: „Ich habe daran gedacht, dir ein Stipendium unserer Firma einrichten zu lassen. Dies wird deiner Frau, deinem Vorgesetzten, deiner Sekretärin und eventuellen weiteren Neugierigen erklären, warum du im nächsten Jahr so oft hierher kommen wirst."

Diese Idee gefiel mir, und ich sagte es ihr. „Allerdings wird es nicht einfach sein zu erklären, warum eine Informatikfirma sich für mich interessiert."

„Auch ich werde meinem Bruder einiges erklären müssen. Seit ich ihm über Einstein erzählt habe, ist er ohnehin sehr beunruhigt über mich ist." Angela wirkte nicht besorgt. „Die ganze Wahrheit werde ich ihm aber nicht sagen." Sie lächelte.

14 Wiedersehen mit Sylvia

Angela hatte mir noch am Abend erklärt, dass am nächsten Tag ein wichtiger Kunde eintreffe, der sie und ihren Bruder den ganzen Tag voll in Anspruch nehmen werde. Sie müsse dabei sein, denn nach ihren Erfahrungen war die Anwesenheit einer schönen und gescheiten Frau oft günstig für die Geschäfte.

Wir schliefen weder am Abend noch am folgenden Morgen miteinander, was mich enttäuschte, denn ich hätte mich gerne von Angela gebührend verabschiedet.

Am Vormittag stand wieder William mit dem Auto vor der Tür und brachte Angela und mich in die Stadt. Ich wurde am Bahnhof verabschiedet und ließ meinen Koffer in der Gepäckaufbewahrung zurück.

Es blieben mir einige Stunden bis zur Abfahrt meines Zuges, und ich beschloss, mir die Stadt anzusehen. Die Kirchen, Brunnen, Museen und prächtigen Bürgerhäuser versprachen einen interessanten Rundgang. Am Eingang zur Innenstadt fand sich ein Stück der alten Stadtmauer in der Kreisform mittelalterlicher Stadtbegrenzungen. Am Marktplatz bewunderte ich das neugotische Rathaus, ein Stück weiter das altertümlich wirkende prunkvolle Stadttheater und in der Kathedrale die prachtvollen Glasfenster – welch herrliche Farben im religiösen Innern, überlegte ich, und nur graues undurchsichtiges Glas auf der profanen Außenseite.

Ich schlenderte durch die Fußgängerzone und betrachtete die Auslagen in den Schaufenstern, als mir ein junges Mädchen entgegenkam. Sie lächelte mich an und fragte: „Sind Sie mit den sexuellen Ekstasen zurechtgekommen?"

Es war jenes Mädchen Sylvia, das mich in der Buchhandlung angesprochen hatte.

Ich versicherte ihr, dass mit den Ekstasen alles gut gegangen sei, ich jetzt aber einen kleinen Stadtrundgang machen wolle.

„Oh", sagte sie, „ich muss nur noch meinen Hund füttern", sie wies auf ein Plastiksäckchen in ihrer Hand, „dann mache ich gerne für Sie eine Stadtführung, wenn Sie möchten. Ich wohne hier ums Eck."

Das klang verlockend. Ich folgte ihr zu einem der Häuser in der Fußgängerzone und über einen Lift in das oberste Stockwerk. Die Wohnung war hell und freundlich und bestand aus einem einzigen Raum mit einem Dachfenster in der schrägen Decke. Sylvia fegte rasch einige Papiere vom Sofa und bot mir einen Platz an. Ich blickte mich um. Zwischen den vielen herumliegenden Kissen und einem Stapel Zeitschriften standen Tisch, Stühle, Bücherbrett und ein Bett, und an den Wänden hingen Drucke von modernen Bildern. Gegenüber dem Eingang war die Wand von zwei Türen durchbrochen, die in ein Bad und, wie ich später lernte, eine kleine Küche führten. Ich verschwand im Bad, um nicht nur meine Hände zu waschen.

Sylvias Hund erwies sich als fröhlicher Beagle, braun und weiß, mit dunkelbraunen sanften Augen. Er stürzte sich auf Sylvias Einkäufe. „Er neigt dazu, sich zu überfressen", erklärte Sylvia, „aber das soll bei allen Beagles so sein."

„Eine kleine Stärkung vor unserem Stadtrundgang?", fragte sie und brachte eine Flasche Cognac mit zwei Gläsern.

„Und wie lief es nun also mit den Ekstasen?", erkundigte sie sich.

„Wenn man die richtige Frau findet, ist alles einfach", versuchte ich ihre Fragen abzuwehren. Sie lächelte mich an. „Dann haben Sie also die richtige Frau gefunden und wälzen keine weiteren Lexika zur Erklärung von Ekstasen?", fragte sie.

Ich war ein wenig verlegen. Für Sylvia schienen Ekstasen ein wichtiges Thema zu sein, über das sich unbefangen mit Fremden sprechen ließ.

„Was ist eine richtige Frau?", fragte ich nachdenklich.

Sylvia war da unkompliziert. „Sie muss wild und leidenschaftlich sein", sagte sie, „unterwürfig und gelegentlich auch dominant, aber sie muss die geheimsten Wünsche ihres Partners erraten und erfüllen."

Sylvias Hund beobachtete uns aufmerksam, aber, wie mir schien, durchaus wohlwollend.

Unser Gespräch wurde zunehmend intimer. Sylvia war nicht nur ein auffallend hübsches Mädchen, sie wusste auch, wovon sie sprach. „Sind Sie ein treuer Ehemann?", wollte sie wissen. Ich druckste ein wenig herum.

„Kennen Sie den Witz von der Ehefrau", fragte sie, „die seit ihrer Heirat wissen will, mit wie vielen Frauen ihr Mann geschlafen hat.

Nach drei Jahren lässt er sich dann dazu überreden, sie darüber zu informieren und zählt auf: 1, 2, 3, 4, 5, 6, dann warst du, 8, 9, 10, 11, 12."

Wir tranken unsere Gläser aus. „Ich mache mich kurz frisch und bin gleich wieder da." Sylvia verschwand durch eine der Türen.

Hatte ich ihre Signale richtig verstanden? Ich griff in die oberste Tasche meiner Jacke. Ja, meine farbigen Kondome waren noch da. Max Frisch hat einmal über den Vorteil geschrieben, den Arrivierte genießen: *Frauen geben sich nicht nur mit ihnen ab, sondern entfalten unverlangt ihren Charme fast ohne Reserve.* Nach manchen meiner Lesungen wollten Zuhörerinnen, besonders wenn ich eine erotische Stelle vorgelesen hatte, den Dichter auch Haut an Haut kennenlernen. Dafür hatte ich mir farbige Kondome gekauft, rot, orange, grün, blau, weil ein farbiges Kondom weniger peinlich aussieht.

Die Tür öffnete sich, und Sylvia kam herein – nackt. Ich blickte sie an: ihre Brüste schön und groß, wenn auch nicht ganz echt, die Behaarung ihres Geschlechts zu einem Streifen, einem "Landing strip", rasiert mit drei goldenen Piercings auf den Schamlippen, und ein schwungvolles Tattoo mit Schmetterlingen unter dem Nabel. Dachte ich noch daran, aufzustehen und die Wohnung zu verlassen?

„Warte", sagte ich. Sylvia lachte, als sie mein orangerotes Kondom sah. „Keine Sorge", beteuerte sie. „Ich nehme die Pille und bin gesund."

Im Verlauf des Nachmittags erwartete ich einige Male, Einstein zu sehen, aber er kam nicht, trotz der bemerkenswerten Ekstasen, die mir Sylvia bereitete.

Zu der geplanten Stadtbesichtigung kam es nicht mehr, ich erreichte mit Mühe meinen Zug.

15A *[Angela]* Angela informiert

Ich – Angela – erzähle hier weiter, um einiges über mich und aus meiner Sicht zu erklären.
Zunächst: Ich bin dreißig Jahre alt, wie meine Eltern bin ich Hindu. Mein Vater starb vor fünf Jahren, meine Mutter ist fünfundsechzig Jahre alt. Ich wuchs zunächst in Indien auf und kam dann mit meinen Eltern und meinem Bruder nach Europa, wo mein Vater eine große Informatikfirma aufbaute. Ich war eine gute Schülerin, wurde in mehreren Sprachen ausgebildet und trat in die Firma meines Vaters ein. Mit vierundzwanzig Jahren heiratete ich standesgemäß, also einen reichen Mann aus derselben Kaste, und wurde drei Jahre später Witwe. Was danach geschah, wurde schon geschildert.
Dann kam das Abenteuer im Schlafwagen. Ich war sehr überrascht über die Leidenschaft, mit der mein Zufallspartner über mich hergefallen war. Das war richtig guter und ekstatischer Sex gewesen. Hinzu kam, dass dieser Mann Wissenschaftler und Schriftsteller war.
Mein neuer Liebhaber hatte am frühen Morgen den Zug verlassen und mir ein Brieflein geschrieben. Der Schlafwagen hatte mich an mein Ziel gebracht, wo ich eine Woche lang eine reizvolle Landschaft und eine große Kultur genießen durfte. Ich war mit dem Flugzeug zurückgeflogen und hatte, kaum zurückgekehrt, begonnen, Einstein über meinen neuen Liebhaber auszufragen.
Einstein hatte mich am Beginn unserer Begegnungen über meinen verstorbenen Mann aufgeklärt, weil er das als wichtig ansah. So hatte ich meinen Mann in allen Situationen erlebt, die ich vorgeschlagen hatte. Dabei war für mich Unfassbares zum Vorschein gekommen. Dass er mich mit zahlreichen Frauen, teilweise übelster Sorte, betrogen hatte, war es nicht allein. Dass ich auf diesen Mann hereingefallen war, das zu erkennen, hatte mir Tränen der Wut in die Augen getrieben.
Danach hatte es mir Einstein aber verwehrt, Einblick in das Leben meines Bruders und meiner Eltern zu nehmen. Ebenso wenig wollte

er mir helfen, meinen entschwundenen Virtuosen zurückzugewinnen. Auch meine wechselnden Männer durfte ich so nicht kennenlernen, da sie nach Meinung von Einstein unwichtige Episoden bleiben würden.

Ich hatte große Hoffnungen in meine neueste Eroberung gesetzt. Ich war daher begeistert, als sich Einstein sofort bereit erklärte, mir das Leben meines Schlafwagenpartners zu offenbaren. Hier liege der Fall anders, wurde ich belehrt, denn dieser Mann könne geeignet sein, mich bei der mir zugedachten Aufgabe zu unterstützen.

Im Speisewagen hatte ich das Gespräch so gelenkt, dass mein Begleiter möglichst viel von sich preisgab. Er ahnte nicht, dass ich in die Tiefen seiner Seele eindrang und dass mir gefiel, was ich dort fand.

Danach hatte ihn Einstein in drei Sitzungen im Spiegelraum beschrieben. Er wirkte dort als ein eher nüchterner Mensch, aber sympathisch, und das nicht nur im Vergleich mit meinem Ehemann, dem einzigen Mann, den mir Einstein auf dieselbe Weise vorgestellt hatte. Nein, indem ich sein Tun und Handeln wie von einem Logenplatz Revue passieren ließ, brachte er in mir etwas zum Klingen, was während meiner Ehe verschüttet worden war: ein Etwas von Zärtlichkeit, Güte, Heiterkeit, Romantik, das ich nicht beschreiben konnte. Er war zartfühlend und rücksichtsvoll, auch bei Frauen. Was mir auch wichtig war: Die Vorsichtsmaßnahme eines Kondoms, die ich bei sexuell überaktiven und dadurch manchen Krankheiten ausgesetzten Männern immer angewandt hatte, war bei ihm nicht erforderlich.

Was wusste ich von ihm? Er hatte Familie, eine Ehefrau, etwas jünger als er, und zwei Kinder, ein Mädchen von vier und einen Jungen von zwei Jahren. Er hatte Physik studiert und war dank hervorragender Arbeiten Dozent geworden, mit der Aussicht auf eine Professur. Er hatte vom Studium her einige Freunde, dazu die Ehemänner einiger Freundinnen seiner Frau. Er las viel, trieb keinen Sport und hasste Kegeln und Kartenspiele.

Ich grub sehr tief, immer in der Furcht, auf etwas zu stoßen, weshalb ich ihn ablehnen würde. Im Leben eines jeden Menschen lässt sich etwas finden, das kein besonders gutes Licht auf ihn wirft, beim einen mehr, beim anderen weniger. Hier interessierte mich besonders sein Verhalten im Bett. Einstein gestattete mir auch das. Es war für mich faszinierend und rührend zugleich, die Entwicklung eines jungen Tollpatsches zu jenem Liebhaber zu verfolgen, den ich kannte. So hatte ich ihn mit Freude wiedergesehen und die vier Tage mit ihm genossen.

Als ich am Abend zurückkam, empfing mich Maria mit Fragen nach meinen Wünschen. Dann sagte sie: „Er ist ein netter Mann, Frau Angela, ein liebenswerter Mann!"

Und so war es auch. Dies hatte mich aber keineswegs überrascht. Dafür waren die Auskünfte, die ich über ihn eingeholt hatte, zu präzis gewesen.

Ich ging die Treppe hinunter und setzte mich in die Bibliothek. Ich erinnerte mich genau an diese Auskünfte.

Während ich eine Flasche Wein leerte, erinnerte ich mich, was mir Einstein über die Junggesellenzeit meines Schlafwagenpartners berichtet hatte. Dass er auf fast alle Schliche seiner Freundinnen hereingefallen war. Er hatte immer ein schlechtes Gewissen, wenn er mit einer Frau schlief, von der er wusste, dass er sie nicht heiraten wollte. Die Frau, die er ehelichte, kam aus gutbürgerlichem Haus und legte Wert auf geordnete Verhältnisse. Sie hatte sich nach der Heirat zur treu sorgenden Gattin entwickelt, die zwar im Bett recht munter war, aber alles ihr ungewöhnlich Erscheinende ablehnte.

Sein erster Seitensprung war eine 52-jährige Witwe namens Julia, die so sehr auf ihr Äußeres bedacht war, dass sie sogar ihre Schamlippen hatte bleichen und kürzen lassen. Sie hatte ihm im Bett bemerkenswerte Dinge beigebracht, die nun auch mir zugutekamen. Die verbesserten Leistungen ihres Mannes hätten seine Frau misstrauisch machen können. Sie reagierte nur wenig darauf und bestärkte so ihren Mann in der Ansicht, gelegentliche außereheliche Gespielinnen seien notwendig.

Ich trank mein Glas leer und erinnerte mich an eine seiner Freundinnen, die sich als Kleinkind an den Stäben ihres Bettchens verletzt hatte, so ihre Meinung. Einstein wusste es besser: den Dammriss hatte nicht ein Stab verursacht, sondern der Penis ihres Vaters, von dem sie als Kind missbraucht worden war. Die Narben schmerzten beim Verkehr. Wie mein Schlafwagenpartner versuchte, mit dem Mädchen zu schlafen, ohne ihr Schmerzen zu bereiten, rührte mich.

Aus diesen Bildern hatte sich das sympathische Bild eines Mannes ergeben, der sich mehr um die Befriedigung seiner Partnerinnen sorgte als um seine eigene Lust. Es war mir zwar beim Studium dieser Episoden klar geworden, dass er meinem Busen und meinem Po zu wenig Aufmerksamkeit schenken würde, und so war es auch gekommen. Aber diese Fehler würden sich beheben lassen bei einem Liebhaber, der so sehr um das Wohl seiner Partnerin besorgt war. Ich hatte vorher gewusst, dass mich dieser Mann – von Kleinigkeiten abgesehen – nicht enttäuschen würde.

So hatte ich das Entzücken, das er mir dann bereitete, erwartet, ich war offen und gelöst gewesen wie kaum je zuvor, und ich war sicher, dass er dies fühlte. Er war selbstbewusst, sicher im Auftreten und mutig. Dass er mutig war, hatte ich gespürt, als er schon in der zweiten Nacht bei mir aufgetaucht war. Als ich erwachte, war er in meinem Bett und in mir.

Sollte ich missbilligen, dass er seine Frau betrogen hatte? Nicht so oft, wie es mein Ehemann getrieben hatte, aber doch recht häufig? Oder sollte ich eher Alexandre Dumas zustimmen, der gesagt hatte: *La chaîne du mariage est si lourde qu'il faut être deux pour la porter, quelquefois trois. – Die Kette der Ehe ist so schwer zu tragen, dass zwei Personen dazu gehören, manchmal sogar drei.*

War er ein schöner Mann? Eher nicht, musste ich mir eingestehen. Das Gesicht war nicht ganz regelmäßig, mit aufmerksam und interessiert blickenden blauen Augen hinter rahmenlosen Brillengläsern, einer etwas zu großen Nase und einem etwas zu großen Mund, aber mit weichen Lippen, die gut zu küssen wussten. Die Brust war fast unbehaart, der Bauch glatt, die Beine schön und gerade, der Hintern klein und fest. Und das Stück, das den Mann ausmachen soll, groß und schön anzusehen.

Ich beginne bereits, ihn zu vermissen, sagte ich mir. Was macht er heute Abend? Ich goss mir den Rest des Weines ein.

Um elf Uhr abends rief ich Robert an. „Ich fühle mich einsam, Robert", flüsterte ich, „hast du eine schwache Stunde für mich Zeit?"

Eine Viertelstunde später hielt sein Sportwagen vor dem Haus. Maria brachte ihn zu mir ins Schlafzimmer. Las ich einen leichten Vorwurf in ihren Augen?

Robert und ich kennen uns seit einigen Monaten recht gut. Er weiß, was ich will. Wir schliefen miteinander. Danach öffnete ich die Tür zum Spiegelraum.

„Wir hätten uns hier lieben sollen", bemerkte Robert. Ich küsste ihn dankbar und läutete nach Maria, die ihn hinausführte.

Ich ging in den Spiegelraum und sagte zu Einstein: „Bitte zeige mir, was mein Dozent heute gemacht hat."

16 Schwierigkeiten mit Einstein

Mein erster Besuch bei Angela hatte zwar mehr als vier Tage gedauert, hatte sich aber einfach bewerkstelligen lassen. Der zweite Besuch erwies sich dagegen als schwieriger, als ich erwartet hatte. Das versprochene Stipendium benötigte umfangreiche Vorbereitungen.

Aber nach knapp vier Wochen, es war kurz vor Weihnachten, konnte ich Angela wieder besuchen. Am späten Nachmittag kam ich an und wurde von William mit dem Auto abgeholt. Die Fahrt dauerte länger, denn die große Ausfallstraße war vom Berufsverkehr überfüllt. Die Sonne war eine hinter Bäumen versinkende orangerote Kugel, als ich ankam.

Maria begrüßte mich am Eingang, Angela im Esszimmer. Es war schön, aus der winterlichen Kälte in Angelas gut beheiztes Haus zu treten. Ich war bester Laune und eilte, immer zwei Stufen auf einmal nehmend, die Treppe hinauf. Nachdem ich mich in meinem Zimmer eingerichtet hatte, kam ich an die gewohnte lange Tafel, an dessen einem Ende Angela und ich speisten.

Ich brachte meinen Laptop zum Abendessen mit und zeigte Angela zwischen Tomatensuppe und Prime-Rib-Steak, was ich über unsere Treffen und die Begegnungen mit Einstein niedergeschrieben hatte. Angela studierte die Seiten sehr genau.

„Gefällt mir gut", lobte Angela. „Allerdings habe ich meine Zweifel, ob Einstein zufrieden ist, wenn du unser Beisammensein immer nur mit dem Satz ‚Dann schliefen wir miteinander' schilderst."

Ich gab zu, dass ich bei der Schilderung dieser Episoden meine Hemmungen hatte, versprach aber dies zu verbessern.

Angela fuhr fort: „Ich werde sicherlich noch einiges in deinen Aufzeichnungen ergänzen können. Bitte lasse etwa alle zehn Kapitel ein Kapitel für mich frei. Auch ich sollte meine Sicht einbringen können."

Sie überlegte kurz. „Wie soll es heute weitergehen?"

„Wir machen auf der eingeschlagenen Linie weiter", entschied ich. „Es ist wichtig, mehr über Einstein zu erfahren."

„Wir sollten herausfinden, ob ihm eine Religion gefällt", meinte Angela. „Über den Hinduismus haben wir ihn ausführlich befragt. Die Antwort ist klar. Meine Götter sind nur Sagengestalten aus der Frühzeit der Menschheit. Auch vom Buddhismus scheint Einstein nichts zu halten. Aber ist sein Urteil über andere Religionen besser? Warum befragen wir ihn nicht über die jüdische und christliche Religion?"

Ich hatte keine Einwände.

Wir gingen in ihr Zimmer. Ich beobachtete Angela, wie sie ihr Kleid ablegte. Zuletzt war sie nackt bis auf ihre langen schwarzen Strümpfe. Ich küsste sie, wo die Strümpfe endeten. Sie war dankbar für das Spiel meiner Zunge. Wir liebten uns mit derselben Stärke und Leidenschaft wie vor vier Wochen. Es war wieder da, das Knistern beim Fühlen fremder Wärme. Die Trennung hatte uns gut getan. Ich ließ mich von ihren genialen Liebeskünsten verzaubern und kam zusammen mit ihr. Wir waren zwei Menschen, die sich ineinander verloren.

Ich hätte noch gerne ein wenig in Angela geruht, aber dazu war keine Zeit. Wir kleideten uns wieder an und legten uns, gestützt auf die Ellbogen, im Spiegelraum auf das Bett. Einstein erwartete uns schon.

„Angela", sagte Einstein, „dein Freund ist zurückgekehrt. Wie hat er die ersten Stunden mit mir verarbeitet?"

„Er war fleißig", antwortete Angela. „Er hat die Erlebnisse, die er mit dir und mir hatte, aufgeschrieben. Nicht ganz klar war aber, wie ausführlich geschildert werden soll, wenn wir uns lieben."

„Oh", sagte Einstein, „bitte so genau wie möglich. Ich werde euch später erklären, warum."

Es trat eine Pause ein. Dann sagte Einstein: „Ich hatte viele schöne Gespräche mit dir, Angela. Aber nun hast du einen Wissenschaftler mitgebracht. Er muss das Wissen aufschreiben, das ich euch biete. Und er muss es wissenschaftlich erfassen, mit allem, was er zusätzlich finden kann. Als Erstes soll er niederschreiben, was man zur Religion der Juden und Christen sagen kann."

„Ich habe gelesen", erklärte Angela, „dass nach Meinung der Juden und Christen Gott in sieben Tagen Himmel und Erde schuf. Am ersten Tag schuf er das Licht, am zweiten Tag den Himmel über den Wassern, am dritten Tag die Erde mit ihren Pflanzen, am vierten Tag Sonne, Mond und Sterne zur Beleuchtung der Erde, am fünften

Tag die Fische und Vögel, am sechsten Tag die Tiere."

Zum ersten Mal fiel mir auf, dass Gott am ersten Tag das Licht schuf, aber erst am vierten Tag Sonne, Mond und Sterne. Es war erstaunlich, was Angela offensichtlich auswendig gelernt hatte.

Angela fuhr fort: „Gott hat dann aus Lehm nach seinem Bildnis einen Mann namens Adam geschaffen, ihn ins Paradies gesetzt und aus seiner Rippe eine Frau namens Eva entstehen lassen. Dann kam der Sündenfall mit dem Apfel, die Geschichte mit Kain und Abel und die Sintflut."

Angela hörte zu reden auf, weil die Gestalt Einsteins immer schwächer wurde. Dann verschwand er ganz, und wir saßen in totaler Finsternis.

Angela schaltete ihre Taschenlampe ein. Ich blickte in ihr verstörtes Gesicht.

„Du hast Einstein Märchen aus der Bibel erzählt", stellte ich fest.

„Es tut mir leid", sagte Angela. „Aber das ist der Text der Schöpfungsgeschichte, wie er in der Heiligen Schrift der Juden und Christen steht. Ich habe ihn mir genau gemerkt. Als Hindu wollte ich hier mitreden."

„Das war gut gemeint", tröstete ich Angela. „Aber dieser Text beschreibt nicht die Entstehung der Welt, wie sie wirklich stattgefunden hat. Man erklärt dies damit, dass Gott nicht die Absicht hatte, eine wissenschaftliche Erklärung der Schöpfung zu geben. Und dass die Menschen der Urzeit es nicht verstanden hätten, wenn ihnen Gott die tatsächliche Entstehungsgeschichte geschildert hätte."

„Was für ein Unsinn!", fuhr Angela dazwischen. „Auch der primitive Mensch hätte es verstanden, wenn man ihm gesagt hätte, dass die Sterne weit entfernte Sonnen sind, dass die Erde um die Sonne kreist und dass der Mensch das Ergebnis einer langen Entwicklung ist."

Dagegen war nichts zu sagen.

Mich überfiel eine plötzliche Müdigkeit. Ich küsste Angela und ging in mein Zimmer, legte mich auf das Bett und schlief sofort ein.

17 Überraschungen mit Bibel und Tora

In der Nacht heulte der Wind um das Haus. Ich wurde wach, hörte auf den Wind, das Knarren eines Baumes vor den Fenstern und das Schlagen eines Ladens. Ich öffnete das Fenster und atmete tief ein. Die Nachtluft erfrischte mich. Ich schob den Vorhang zwischen mich und die Lichter des Gartens.

Ich lag wach und beobachtete an meiner Uhr, wie die Zeit verrann. Die Balken der Decke über mir streckten und spannten sich mit einem Krachen, das sie wohl am Tag unterdrückt hatten, um nun den Schläfer zu erschrecken. Um wieder einzuschlafen, versuchte ich im Kopf die Zahl der Minuten zu berechnen, die ich wahrscheinlich noch leben würde, und kam auf etwas über 20 Millionen.

Endlich schlief ich ein, so wie man schließlich immer einschläft.

Am Morgen erwachte ich und versuchte, die abgründigen Visionen der Nacht in schillernde Wirklichkeiten zu verwandeln. In meinem Traum hatte man von mir etwas Schwieriges erwartet, etwas, das all meinen Scharfsinn erfordert hätte. Ich hatte kläglich versagt.

Ich lag noch im Bett, als Angela in mein Zimmer kam. Sie hatte ihr Nachthemd an. Das Licht der Morgensonne drang durch den Stoff und beleuchtete die Umrisse ihres Körpers. Sie zog ihr Nachthemd über den Kopf und legte sich nackt zu mir. Maria brachte das Frühstück. Angela wartete, bis sie den Raum verlassen hatte.

„Es war nicht vorauszusehen, dass Einstein so reagieren würde", verteidigte sich Angela. „Aber ich bin besorgt. Einstein hat mich gewarnt. Er würde mich verlassen, wenn Schwierigkeiten auftreten. Er war schon einmal nahe daran, als ich meinem Bruder von ihm erzählte."

„Du hast nur einige der unwahrscheinlichen Geschichten erzählt, die in der Bibel vorkommen", beruhigte ich sie.

„Ja, gewiss", bestätigte Angela. „Aber wie erklären gläubige Christen diese Dinge in einem Werk, das behauptet, Gottes Wort zu sein?"

„Ja, damit haben viele Christen Schwierigkeiten", gab ich zu.

„Viele behaupten, das läge an denjenigen, die Gottes mündliche Offenbarung aufzeichneten. Sie schrieben eben nur das auf, was sie verstehen konnten. Allerdings nehmen viele die Bibel wörtlich und lehnen die Erkenntnisse von Archäologen und Biologen ab."

„Was ich gar nicht erwähnt habe", wandte Angela ein, „ist die Geschichte von Kain und Abel. Nach der Ermordung Abels wurde Kain von Gott markiert, um zu verhindern, dass ihm jemand etwas antut. Aber diese Leute konnten eigentlich nur Kinder von Adam und Eva sein, also seine Geschwister, ebenso wie die Frau, die Kain später heiratete."

Ich seufzte: „Das ist nur eine der zahlreichen Ungereimtheiten der Bibel. Aber ich ahnte gar nicht, dass du so viel aus der Bibel kennst."

„Für unsere Firma musste ich oft in Hotels übernachten", sagte Angela. „Manchmal hatte ich nichts zum Lesen mit, und da gab es nur die Bibel in der Schublade des Nachtkästchens."

Wir brauchten nicht lange, um uns über unsere nächsten Schritte zu verständigen. Das religiöse Wissen eines Durchschnittsmenschen genügte den Ansprüchen nicht, die Einstein an uns stellte. Er hatte uns von Anfang an erklärt, dass wir uns nicht mit den Begegnungen mit ihm begnügen dürften. Er erwartete von uns, dass wir mit Fachbüchern und über das Internet unser Wissen verbesserten.

Nach diesem Beschluss schien alles wieder gut. Ich rasierte mich und duschte lange unter Strömen von heißem Wasser.

Um zehn Uhr trafen wir uns wieder in der Bibliothek.

Wir studierten, was das Internet an Auskünften über das Judentum und zum Teil über Christentum und Islam zu bieten hatte. Denn die schriftlich in der Tora festgehaltenen religiösen Überlieferungen der Juden waren auch die Grundlage von Christentum und Islam.

Wir lernten aus den Büchern, dass nach der Schöpfung der Welt im Jahre 3761 vor Christus und den Episoden mit Adam und Eva, Kain und Abel und der Arche Noah die Geschichte Israels mit dem zwischen Gott und Abraham geschlossenen Bund begonnen hatte. Ich las Angela die wesentlichen Sätze vor:

„Ich schließe meinen Bund zwischen mir und dir samt deinen Nachkommen, Generation um Generation, einen ewigen Bund: Dir und deinen Nachkommen werde ich Gott sein. Dir und deinen Nachkommen gebe ich ganz Kanaan, das Land, in dem du als Fremder weilst, für immer zu eigen und ich will ihnen Gott sein."

Und später:

„Am Fleisch eurer Vorhaut müsst ihr euch beschneiden lassen. Das soll geschehen zum Zeichen des Bundes zwischen mir und euch. Eine männliche Person, die am Fleisch ihrer Vorhaut nicht beschnitten ist, soll aus ihrem Stammesverband ausgemerzt werden. Er hat meinen Bund gebrochen."

„Mohammed hat übrigens die Beschneidung übernommen", ergänzte ich. „Auch Muslime lassen sich beschneiden."

Angela wirkte belustigt. „Muslime und Juden betrachten sich zwar oft als Feinde, aber nackt lässt sich ein jüdischer Mann von einem muslimischen nicht unterscheiden. Aber ist es nicht eine barbarische Behandlung deines besten Stücks?"

„Die Beschneidung soll für Hygiene und Gesundheit von Vorteil sein und weniger empfindlich machen, wodurch der Sex länger wird", sagte ich.

Ich hatte mich in meiner Jugend durch "Ulysses", den berühmten Roman von James Joyce, gekämpft und verstört gelesen, dass eine der Hauptpersonen den Gott der Juden als *collector of prepuces*, als Vorhautsammler verspottete.

„Immerhin", ich versuchte das Komische dieser Vorschrift zu widerlegen, „auch mit dieser Beschneidung schließen die Israeliten einen eigenen Bund mit Gott. Sie werden zum auserwählten Volk Gottes. Und nach dem Auszug aus Ägypten übergibt Gott dem Moses die Tora, das jüdische Gesetz, und erneuert den mit Abraham geschlossenen Bund. Zur Tora kommt später der Talmud, eine Sammlung des jüdischen Rechts. Mit der angeblichen Eroberung von Jericho und zuletzt von ganz Kanaan und dem mit Hilfe Gottes begangenen Massaker an dessen Bevölkerung wird das Reich Israel begründet. Unter den Königen David und Salomo soll dann ein glanzvolles Reich mit Jerusalem als religiösem und politischem Mittelpunkt entstanden sein."

„Wie weit lässt sich das beweisen?", fragte Angela.

Wir gingen zum Mittagessen und kamen am Nachmittag wieder zurück in die Bibliothek.

Wir lasen uns durch mehrere Bücher und die Einträge im Internet. Dabei stellten wir fest, dass die meisten Archäologen ganz anderer Meinung waren als die gläubigen Juden. Nach einigen Wissenschaftlern war die in den Heiligen Schriften geschilderte Frühgeschichte Israels ein in späterer Zeit zusammengefügter Text mehrerer Autoren. Die sprachwissenschaftliche Untersuchung von

Wortschatz, Grammatik, Stil und Aussage hätte drei Hauptquellen ergeben, aus denen man mit ein paar überleitenden Sätzen einen zusammenhängenden Text hergestellt hatte.

Faktisch wurde von den Historikern fast alles bezweifelt, was in den Heiligen Schriften stand – bis hin zu dem Apfel, den Eva dem Adam überreicht hatte. Äpfel seien im Nahen Osten erst spät bekannt geworden. Die erste kultivierte Frucht sei die Feige gewesen, und deshalb hätten auch Adam und Eva nach dem Sündenfall Feigenblätter getragen.

Was den Inhalt selbst betrifft, so findet man nach Auskunft der Wissenschaftler nichts von den geschilderten großartigen Ereignissen in der ausführlichen Geschichtsschreibung der Ägypter, Assyrer und Römer.

Auch moderne Grabungen würden die Berichte nicht unterstützen. Weder die zehn Plagen, die Gott den Ägyptern schickt, noch ein Auszug jüdischer Stämme aus Ägypten seien nachweisbar. Jericho existierte nicht zur Zeit seiner angeblichen Eroberung, und Kanaan wurde durch friedliche Einwanderung besiedelt. Die Königreiche von David und Salomo seien nur unbedeutende Stammlande in Randregionen gewesen. Die Forschungen weckten auch Zweifel an der Ansicht, dass die Juden von Anfang an nur einen Gott verehrt hatten. Tatsächlich hätten sie mehrere Götter und Göttinnen gehabt und selbst Jahwe hätte eine Gefährtin namens Aschera gehabt.

Bei den Nachbarvölkern beteten die Assyrer zu Assur, die Babylonier zu Marduk und die Phönizier zu Baal. Wenn ein Volk von einem anderen unterworfen wurde, nahm es dessen Götter an, weil sie sich als mächtiger erwiesen hatten.

Jahwe blieb trotz der schrecklichen Niederlagen der Israeliten von diesem Schicksal verschont. Joschija, König von Juda, behauptete, im Tempel in Jerusalem jene Tafeln wiedergefunden zu haben, in denen Jahwe seinem auserwählten Volk strenge Gesetze verkündet hatte. Darin versprach Jahwe Reichtum und Macht, solange das Volk diese Gesetze befolgte, aber schreckliche Strafen, wenn es dagegen verstieß. So wurde selbst dieser gottesfürchtige König Joschija 609 v.Chr. von Pharao Necho II. besiegt und getötet.

Wir studierten viele Einzelheiten und staunten über 613 Vorschriften (248 Gebote und 365 Verbote), die gläubige Juden beachten müssen.

18 Nathan der Weise

Als wir die Bibliothek verließen, verkündete Angela, dass wir heute Abend ins Theater gehen würden. „Du sollst hier mehr kennenlernen als mich und mein Schlafzimmer", meinte sie.

Angela erschien in einem hochgeschlossenen schwarzblauen Abendkleid mit einer diamantengeschmückten Halskette. Ich trug einen Abendanzug und eine vornehme seidene Krawatte, die ich für Lesungen immer mit mir führe.

In der Nähe des Theaters fand sich ein Restaurant, das auf Theaterbesucher spezialisiert war, und wir nahmen ein nicht zu üppiges Abendessen zu uns.

Das Theater war ein Juwel des 19. Jahrhunderts. So hatte man früher Theater gebaut, mit viel Plüsch und viel Gold, mit zwei übereinanderliegenden Reihen von kleinen Logen, alles verziert mit vergoldeten, vielfach gewundenen Ranken auf weißem Grund. Ich hatte das Gebäude sofort liebgewonnen.

„Ich liebe Theaterbauten", gestand Angela, „aber sie sind nicht leicht zu entwerfen. Sie müssen ein Gefäß für das sinnliche Erlebnis Theater sein und gleichzeitig eine großartige Akustik bieten und den Außenlärm fernhalten."

Angela und ich saßen allein in einer Loge nahe der Bühne. Sie hatte ein Schauspiel ausgewählt, das zu unserem Abenteuer mit Einstein passte: „*Nathan der Weise*" von Gotthold Ephraim Lessing. Mein Großvater hatte dieses Stück geliebt und mir auch die Geschichte erzählt, die der Entstehung des „*Nathan*" zugrunde lag.

„Lessing veröffentlichte Auszüge aus einem religionskritischen Werk", erklärte ich Angela. „Er geriet dadurch so sehr in Streit mit dem Hamburger Hauptpastor, dass ihm der Herzog von Braunschweig Schreibverbot in religiösen Fragen erteilte. Lessing erklärte darauf, er wolle doch sehen, ob man ihn auf seiner alten Kanzel, dem Theater, noch ungestört werde predigen lassen."

In der Pause gingen wir ans Büfett, und ich wurde einer beachtlichen Zahl von Leuten vorgestellt, die Angela begrüßten. Dazu wechselten wir vom du zum Sie, und ich wurde vom Liebhaber zum Dozenten, dem die

Firma von Angelas Bruder ein Stipendium gegeben hatte. Ich bewunderte das formvollendete Benehmen von Angelas Bekannten, das nur gelegentlich durch eine leise Exzentrik karikiert wurde.

Im Theater herrschte atemlose Stille, als der Sultan den weisen Juden Nathan fragt, welche wohl die wahre Religion sei, und Nathan die Geschichte von dem Vater erzählt, der einem seiner drei Söhne einen magischen Ring vererben soll. Der Vater lässt zwei weitere Ringe herstellen, und nach seinem Tod weiß keiner der Söhne, wer den magischen Ring erhalten hat.

„So wird man also die richtige Religion bei dem in allen Dingen besten Sohn erkennen", meinte Angela, als wir das Theater verließen.

„Es gibt noch eine andere Deutung", ergänzte ich, „dass der echte Ring verloren gegangen ist und jeder der drei vererbten Ringe falsch ist. Falsch, weil es keine Religion gibt, die von Gott stammt."

Neben dem Theater war eine in mattes Rot getauchte Bar, in die mich Angela zum Schlürfen von Austern einlud. „Weißt du, dass Austern Hermaphroditen sind?" fragte mich Angela. „Sie kommen meist als Männchen zur Welt und können später mehrmals ihr Geschlecht wechseln. Bei gutem Nahrungsangebot gibt es mehr Weibchen und mehr Nachwuchs."

Vor der Bar wartete William mit dem Auto.

Während der Fahrt waren wir in Gedanken noch bei dem weisen Nathan. Ich sagte zu Angela: „Einsteins Frage nach der guten Religion lässt sich mit den Schlussfolgerungen Nathans beantworten. Danach hängt der Wert eines Menschen nicht von seiner Religion ab, sondern von seinen von der Vernunft geleiteten Handlungen."

„Damit hätte ich zugegeben, dass Religion nur dann gut ist, wenn man sie mit Vernunft betreibt", entgegnete Angela, „und das glaube ich nicht. Ich liebe unsere vielen Götter mit ihren teils sehr menschlichen Eigenschaften."

In der Eingangshalle von Angelas Haus tranken wir einige Gläser Rotwein. Wir saßen auf interessant geformten kleinen Armstühlen, von denen ich sofort behauptete, sie seien nicht Louis-quinze.

Angela lachte: „Pierre Jeanneret hat sie entworfen, als er zusammen mit seinem Neffen Le Corbusier im Punjab die neue Hauptstadt Chandigarh baute."

Es war ein langer Tag geworden, und wir waren sehr müde. Wir küssten uns und gingen in unsere Zimmer. Es war der erste Tag, an dem wir nicht miteinander geschlafen hatten.

19 Angela entdeckt die Religion der Juden

Als ich aufwachte, war hinter den Fenstern der frühe Schimmer der Morgendämmerung zu sehen. Von draußen erklang der erste vorsichtige Gesang der Vögel. Ich lag in meinem Bett und dachte nach. Etwas Dunkles und Schweres hing über mir. Ein Gefühl von Verwunderung und Furcht beherrschte meine Gedanken.

Maria bat mich zum Frühstück in Angelas Schlafzimmer. Angela saß an dem kleinen Tischchen neben ihrem Bett. Maria hatte unser Frühstück darauf aufgebaut.

Zum ersten Mal nahm ich mir die Zeit, die Bilder in Angelas Schlafzimmer zu betrachten.

„Bei meinen Großeltern war es noch Sitte, im Schlafzimmer ein Heiligenbild aufzuhängen", sagte ich und wies auf die Wand an einer Seite des Bettes. Das Bild zeigte einen liegenden weiblichen Akt, einen Torso ohne Kopf mit einem grünlichen Körper und weit geöffneten Beinen in schwarzen Strümpfen.

Angela lächelte. „Es ist von Egon Schiele, schwarze Kreide und Aquarell."

Links und rechts von Schieles Bild hingen in schlichten Rahmen zwei Tuschebilder. Das eine zeigte einen Herrn mit Zylinder vor drei nackten Frauen, das andere einen Stier mit erigiertem Penis vor einer hingebungsvoll zurückgelehnten nackten Frau.

„Ich habe diese Bilder gekauft", erklärte Angela. „Das eine nennt sich *Das moderne Urteil des Paris'* und ist von Toulouse-Lautrec. Das andere ist von Picasso und zeigt ein beliebtes Motiv von ihm, hier nennt er es *Minotaurus und Marie Thérèse'.*"

Sie blickte mich an. „Hast du gewusst, dass Picasso fast keine Landschaften gemalt hat?", fragte sie. „Seine Landschaft war der weibliche Körper. Im Alter war er verrückt nach jenen Teilen dieses Körpers, die ihm Lust verschafften."

„Darf ich nach denselben Teilen deines Körpers verrückt sein?", fragte ich. Wir liebten uns. Das Eintauchen ineinander war reine Lust. Sie ritt auf mir und massierte mein Glied mit den Muskeln ihrer Scheide. Zuletzt brachte sie mich dazu, dass ich in ihrem Mund kam.

Danach wuschen wir uns und gingen in den Spiegelraum. Einstein wartete bereits auf uns.

„Ich muss mich entschuldigen", begann Angela. „Es war falsch, dich mit dem Wortlaut der Schöpfungsgeschichte zu belästigen. Gebildete Menschen wissen, dass sie so nicht geschehen ist."

Einstein lächelte. „Die Religionen sind die großartigen Erfindungen unbekannter Autoren, großartig weil sie die Dichtungen der ganzen Weltliteratur an Wirkung weit überboten haben. Sie enthalten, worüber der Mensch nicht bestimmen kann, so die Gewissheit, demnächst tot zu sein."

„Aber", Einstein wurde ernst, „die Schriften der Religionen enthalten das Wissen zur Zeit ihrer Entstehung. Nach dem, was die Menschen heute wissen, sind diese Aussagen oft falsch."

Einstein blickte uns an. „Ihr dürft Fragen stellen", sagte er.

„Wir kennen vieles, was auch der Laie als falsch erkennt", bestätigte ich. „Haben jene Archäologen wirklich recht, die den Inhalt der Heiligen Schriften von Juden und Christen für weitgehend erfunden erklären?"

„Ja", antwortete Einstein, „es handelt sich um Mythen und Legenden, die später zu einer einzigen Erzählung zusammengefasst wurden. Diese wurde so umgestaltet und ergänzt, dass die Könige und Priester daraus den Anspruch auf ihre herrschende Stellung ableiten konnten."

„Aber diese Idee von einem einzigen unsichtbaren Gott?", wandte ich ein.

„Es war nicht einfach, Fremdherrschaft und Unheil, wie sie so oft über die Juden gekommen waren, zu erklären", antwortete Einstein. „Man musste dem Volk Mut machen und seine Zusammengehörigkeit stärken. So erfand man eine glorreiche Vergangenheit mit einem Gott, der für die Fremden unsichtbar war, aber mit seinem Volk in grauer Vorzeit einen Bund geschlossen hatte. Auch Rückschläge konnte man so erklären. Gott hatte dieses Volk zwar auserwählt, aber wenn es sündigte, musste er es strafen. Aber es blieb sein auserwähltes Volk, das am Ende der Zeit der Messias in den Himmel führen würde."

Einstein blickte uns an. Es war eine Aufforderung, etwas zu sagen.

„Und dann kam Jesus und verursachte eine neue Religion, die von den Schriften der Juden ausging", fuhr ich fort. „Die Juden aber wurden eine Minderheit, in Ghettos verbannt und ständig an Leib und Leben bedroht. Und überlebten doch und behaupteten sich."

„Die Juden, die Jesus erlebt hatten", sagte Einstein, „wussten es besser. Jesus war nicht der erwartete Messias. Aber sie, die Juden, waren das auserwählte Volk, und sie würden es bis ans Ende der Zeit bleiben."

Die Stille war unerträglich.

„Ihr solltet ein wenig in der Tora und im Alten Testament lesen", sagte Einstein und verschwand.

Nach dem Mittagessen gingen Angela und ich in die Bibliothek.

Aus wissenschaftlichen Werken wussten wir, dass die Bücher Mose sowohl in der jüdischen Tora wie im christlichen Alten Testament vorkommen. Wir kämpften uns daher durch den Text dieser Schriften. Vieles, was wir bereits am Tag vorher gelesen hatten, tauchte wieder auf. Wir lernten, dass Gott auf dem Berg Sinai dem Moses die 5 Bücher Mose diktiert hatte und dieser sie als erster Tora-Schreiber notierte. Der Tora-Text sei die einzige Spur in die antike Vergangenheit der Juden. Die Tora zu schreiben, sei eine anstrengende Arbeit. Jeder der 304.805 Buchstaben müsse mit Tinte und Feder in einer speziellen Schönschrift geschrieben werden.

Nach einer Stunde war Angela bei Mose 5 angelangt. Sie war entsetzt über Kapitel 28. „Wenn du die Gebote Gottes nicht befolgst", sagte sie, „wird er dich mit Pest, Fieber, Wahnsinn, Blindheit, Seuchen und Plagen schlagen, ein anderer wird mit deiner Frau schlafen, du wirst deine Söhne und Töchter essen, die Frau wird ihrem Mann und Kindern nicht die Nachgeburt zum Essen gönnen und so weiter, mit ausführlich geschilderten Strafen aus dem Horrorkabinett eines kranken Hirns, und ausdrücklich betont alle Krankheiten und alle Plagen, die nicht genannt werden." Die Liste enthielt auch die Drohung, dass Gott die ungehorsamen Juden unter alle Völker zerstreuen würde, und dass sie ein Ärgernis, ein Fluch und eine Schande sein würden. Dies beweise, so ein Kommentar, dass die Drohungen von Gott stammen, denn diese Strafen seien später tatsächlich eingetroffen.

„Für mich sind die jüdische Tora und das christliche Alte Testament schwierig zu verstehen", sagte Angela. „Dieser Gott Jahwe, der seinen Zorn an den Menschen auslässt und grausige Massaker anrichtet oder ausführen lässt." Angela klickte auf eine Taste ihres Computers. „Schau, was ich eben gefunden habe."

Im Internet waren auf mehreren Seiten die im Alten Testament beschriebenen Massaker aufgelistet. Der von Gott dem Moses gebotene Vernichtungskrieg gegen die Midianiter, wo man alle Männer, Kinder und Frauen tötete, ausgenommen die Jungfrauen. Die Vernichtung von Sodom und Gomorra. Gottes Befehl, Bruder, Freund und Nächsten zu erschlagen – insgesamt dreitausend Mann –, weil man das Goldene Kalb angebetet hatte. Die von Gott befohlene Steinigung eines Mannes, der am Sabbat Holz sammelte. Die ebenfalls von Gott befohlene Tötung von vierundzwanzigtausend Menschen, die Baal Peor verehrt hatten – die Liste ging noch weiter. Im Krieg gegen die Amoriter hatte Gott Sonne und Mond angehalten, damit die Israeliten bei gutem Licht den Feind niedermetzeln konnten.

Angela brachte mich in Verlegenheit, als sie von mir wissen wollte, warum das Christentum zusätzlich zum Neuen Testament mit dem Guten Gott der Liebe auch das Alte Testament mit dem Bösen Gott der Gesetze und Strafen übernommen habe. Tatsächlich stießen wir bei unserem Studium auf einen Mann namens Markion, der um das Jahr 140 versucht hatte, das Alte Testament von den für den christlichen Glauben wesentlichen Schriften zu trennen. Seine Lehre, der Markionismus, war grausam unterdrückt worden.

Ich hielt Angelas Hand. „Diese Geschichten aus dem Alten Testament klingen schrecklich", gab ich zu. „Aber es sind nur Fantasien dieser Schreiber, um dem Volk Israel Mut zu machen und Gehorsam zu lehren. Das Neue Testament mit Jesus ist da viel freundlicher."

„Nur zum Teil", entgegnete Angela. „Die Evangelisten zitieren einige sehr böse Worte von Jesus. Lies zum Beispiel Lukas 19,27, wo Jesus seine Jünger auffordert, seine Feinde vor seinen Augen niederzumachen. Oder Matthäus 10,16, wo er die Ungläubigen als Wölfe bezeichnet."

Ich ging nicht darauf ein. Offensichtlich hatte da Angela einige unpassende Stellen herausgefischt.

„Angela, das mag ja wahr sein, dass Tora und Altes Testament einen fürchterlichen Gott beschreiben", versuchte ich sie zu bremsen. „Aber es geht hier nicht um die Eigenschaften eines möglichen Gottes. Einstein behauptet, dass diese Heiligen Schriften nur Erzählungen sind, ohne göttlichen Ursprung. Wenn dies so ist, müssten sich Teile des Textes als falsch erweisen, denn Gott kann nichts Falsches verkünden."

„Was sind historisch wichtige Teile?", fragte Angela.

„Bei den Juden und im Alten Testament zunächst die Schöpfungsgeschichte."

„Dazu ist schon alles gesagt", entschied Angela. „Die Schöpfung innerhalb von sieben Tagen ist eine Fabel, die ich dummerweise Einstein erzählt habe. Korrekt hätte es heißen können: Vor Milliarden von Jahren entstand das Universum und dank bestimmter Parameter und Gesetze wurden die Erde und zuletzt auch der Mensch und andere Lebewesen gebildet. Dagegen behauptet Genesis 1, 2, Angela begann vorzulesen: *Am Anfang schuf Gott Himmel und Erde. Und die Erde war wüst und leer, und es war finster auf der Tiefe; und der Geist Gottes schwebte auf dem Wasser.* falsch, denn am Anfang gab es noch kein Wasser, in 1, 3 heißt es *Und Gott sprach: Es werde Licht! Und es ward Licht.* unlogisch, denn die Lichtquellen Sonne und Sterne wurden erst drei Tage später geschaffen, nämlich in 1, 16-17: *Und Gott machte zwei große Lichter: ein großes Licht, das den Tag regiere, und ein kleines Licht, das die Nacht regiere, dazu auch die Sterne. Und Gott setzte sie an die Feste des Himmels, dass sie schienen auf die Erde*, falsch, denn die Sterne und die Sonne entstanden deutlich vor der Erde."

Es war klar, dass dieser für Juden und Christen wichtige Text nicht von Gott stammen konnte.

„Dann als Nächstes die Sintflut, die es bei vielen Religionen gibt", setzte sie fort. „Hier soll sie alles Leben auf der Erde ausgelöscht haben, einschließlich der an den Sünden der Menschen schuldlosen Tiere. Auch diese Erzählung wird von der existierenden Tierwelt widerlegt, gar nicht zu reden von unzähligen Fossilienfunden."

„Dann: die über die Ägypter verhängten Plagen bis hin zur Tötung der Erstgeborenen bei Mensch und Tier und der Auszug aus Ägypten. In den erhaltenen umfangreichen Schriften von Ägyptern, Assyrern, Griechen und Römern aus dieser Zeit findet sich keine Erwähnung der angeblichen Plagen. Auch Ausgrabungen liefern keinen Beweis für den Wahrheitsgehalt der israelitischen Berichte."

Es war eine Diskussion zwischen Menschen, die nicht an die Lehren des Judentums glaubten. Angela war Hindu, ich war Christ. Glücklich über das Ergebnis unserer Diskussion war ich aber nicht. „Angela", sagte ich, „glaubst du, dass die Widerlegung dieser historischen Berichte ausreicht, um einen Juden an seinem Glauben zweifeln zu lassen?"

Angela schüttelte den Kopf. „Wahrscheinlich nicht. Aber wenn wir den von Abraham und Moses verkündeten Bund zwischen Gott und seinem auserwählten Volk für wahr halten – das Schicksal der Juden bis heute spricht nicht dafür, dass sie ein von Gott auserwähltes Volk sind. In Ägypten werden sie vom Pharao versklavt. Mit der Eroberung Jerusalems durch die Babylonier beginnt das Babylonische Exil. Nach der Zerstörung Jerusalems und des jüdischen Staates durch die Römer im 1. Jahrhundert mit über einer Million toten Juden zerstreuen sich die Juden und siedeln später in vielen Gebieten Europas. Dort werden sie verfolgt, in Ghettos abgesondert oder vertrieben. Die folgenden Jahrhunderte sehen zahlreiche Pogrome. Zuletzt folgt der Versuch ihrer Ausrottung durch das nationalsozialistische Deutschland."

„Die Juden haben in den dreitausend Jahren seit dem angeblichen Abschluss des Bundes mit Gott ein schreckliches Schicksal erlitten", sagte ich. „Das spricht nicht dafür, dass Gott seine schützende Hand über dieses Volk hält. Es sei denn, dieses Schicksal ist eine Bestrafung, die Gott wegen ihrer Sünden verhängt. Dann stellt sich aber die Frage, warum nur das auserwählte Volk bestraft wird, die sündigen Völker der Ungläubigen aber nicht."

„Wahrscheinlich lohnt es sich nicht, die Ungläubigen zu bestrafen, denn sie sind ohnehin verdammt. Dagegen führt Gott sein auserwähltes Volk durch Bestrafung zum Guten", sagte Angela, und es war nicht zu erkennen, ob sie es ironisch meinte.

Wir diskutierten das Gelesene ausführlich. Weder bei der Tora der Juden noch beim Alten Testament der Christen war zu erkennen, dass es sich um die Botschaft Gottes handelte. Fast alle Aussagen waren weit von der historischen Wirklichkeit entfernt. Warum? Natürlich musste bei einer Religion die Verkündigung des Glaubens an erster Stelle stehen. Aber was konnte einen Gott daran hindern, anstelle offensichtlicher Falschaussagen den Gläubigen mitzuteilen, dass sich die Erde um die Sonne dreht? Und dieser entsetzliche Gott, der seinen Gläubigen die widerwärtigsten Strafen androht, wenn sie neben ihm andere Götter anbeten?

Als Hindu hatte Angela keine Mühe, Tora und Altes Testament in das Reich der Märchen und Mythen abzuschieben. Ich war dagegen christlich erzogen worden und damit angehalten, an die Aussagen im Alten Testament zu glauben. Eine Hoffnung blieb mir noch – im Gegensatz zu den Juden hatte ich noch das Neue Testament mit Jesus.

Viele Stunden später gingen wir zum Abendessen. Der große Raum im Erdgeschoss mit seinem langen Esstisch lag im Halbdunkel des einbrechenden Abends. In zwei silbernen Leuchtern brannten Kerzen. Ein Kaminfeuer sorgte für wohlige Wärme. Von der Seite erklang leise Musik, ein klassisches Stück, das ich kannte, aber nicht benennen konnte.

Angela trug ein langes weißes Kleid, das durchsichtig war und deshalb mehr zeigte, als es verbarg – einen weißen, knapp geschnittenen BH, ein spitzenbesetztes Höschen über einem Strumpfhalter, der an Strapsen lange weiße Seidenstrümpfe festhielt. Schultern und Bauch waren nackt. Angela wusste Bescheid über Männerfantasien. Sie tat alles, um meine Ekstase vorzubereiten.

Als wir mit dem Essen fertig waren, legte sie noch am Tisch ihr Kleid ab. Ich folgte ihr nach oben.

Sie setzte sich auf das Bett. „Heute habe ich etwas Besonderes mit dir vor", lächelte sie. Aus der Schublade ihres Nachtkästchens holte sie ein Paar Handschellen und reichte sie mir. Ich betrachtete sie verblüfft. Sie sahen aus wie die Handschellen, die man in Polizeifilmen sieht, zwei mit einer Kette verbundene Metallringe. Sie besaßen aber eine Besonderheit: Zum Schutz der Handgelenke waren sie innen gefüttert.

„Du darfst jede meiner Hände an mein Bett fesseln", erklärte Angela und wies auf die beiden Pfosten, die am oberen Ende ihres Bettes den Baldachin hielten. Sie legte sich auf ihr Bett und spreizte ihre Arme.

Es war einfach, Angelas Wunsch zu erfüllen. Nach dem vierfachen Klicken der Handschellen lag sie wehrlos auf dem Bett. Sie war bisher oft die Aktive und Dominante bei unseren Begegnungen gewesen. Dies war nun anders. Daher war es für mich unerhört erregend, wie sie sich hilflos meinen Liebkosungen hingeben musste.

20 Unerwartete Begegnung mit Jesus

Wir gingen in den Spiegelraum. Einstein saß auf seinem Lehnstuhl. „Was wollt ihr wissen?", fragte er.
Die Frage nach dem Christentum war nicht leicht zu formulieren.
„Wer war Jesus?", fragte ich.
In den Spiegeln um uns begann ein Film abzulaufen. Eine orientalische Landschaft tauchte auf. Dann kam ein Bild, von dem ich sofort wusste, was es zeigte. Das Kind, das hier von einer jungen Frau geboren wurde, war Jesus. Aber wir sahen keinen Stall, keine Weisen aus dem Morgenland, keinen Stern, es war eine Lagerstatt, wie es in diesem Teil der Welt viele gegeben hatte. Und es war eine Geburt, wie viele andere auch, ohne jede Besonderheit.
Wie in einem Zeitraffer sahen wir das Kind heranwachsen, unauffällig, etwas störrischer vielleicht als seine zahlreichen Geschwister, die es beaufsichtigen musste.
Prediger und Aufrührer treten auf. Jesus wird einer von ihnen. Er macht seinen Eltern Sorgen, oft hören sie wochenlang nichts von ihm. Sie sind bald froh, vier weitere Söhne zu haben, die rechtschaffen bleiben.
Der aufsässige Sohn entfremdet sich seiner Familie immer mehr. Jesus sammelt Schüler um sich. Er wandert durch das Land, predigt, beschimpft die Reichen, prophezeit den baldigen Weltuntergang. Ein asketischer Prophet namens Johannes tritt auf; wir sehen, wie er Jesus tauft.
Die Bilder laufen wie ein zu rasch gedrehter Film. Jesus gerät in Konflikt mit der Obrigkeit, die Priester hassen ihn, die Römer halten ihn für einen Aufrührer, der sich gegen den Kaiser in Rom zum König ausrufen will. Als sich Jesus unangreifbar fühlt, zieht er nach Jerusalem. Vor dem Tempel kommt es zu Ausschreitungen. Er wird wegen Gotteslästerung festgenommen. Man verurteilt ihn unter dem Jubel des Volkes zum Tode.
Das Ende sah anders aus, als ich es von vielen Bildern kannte. Eine eher kleine Menge von Gaffern weidet sich am Tod einiger an Kreuzen hängender Verbrecher. Die Schüler Jesu zerstreuen sich

ohne Aufsehen. Das Volk geht zur Tagesordnung über. Ein unbedeutender Aufrührer ist tot.

Hier brach der Film ab. Einstein war wieder da.

Der Film hatte verblüffend echt gewirkt, er hatte wichtige Dinge ausführlicher gezeigt und war auf vieles, was ich erwartet hatte, nicht eingegangen. Wahrscheinlich würden Atheisten das Leben Jesu auf diese Art darstellen.

„Diesen angeblichen Aufrührer haben Milliarden Menschen als Gott verehrt, und Milliarden verehren ihn noch", sagte ich. „Unsere Zeitrechnung beginnt mit seiner Geburt."

Ich sprach es aus wie eine beiläufige Feststellung. Ich durfte den Film nicht als Humbug erklären, aber dafür hielt ich ihn. Einstein schien meine Gedanken zu ahnen.

„Warum unterhältst du dich nicht mit Jesus selbst?", sagte er.

Vor uns am Ende des Raumes saß eine Gestalt in einfacher Kleidung. Ich hatte das beängstigende Gefühl, ich sei wie in einem Science-Fiction-Film auf einem fremden Planeten gelandet. Ich ahnte, nein, wusste, wer dies sein sollte.

„Du bist Jesus", sagte ich zu der Gestalt. Der Mann hatte kurze schwarze Haare, ein bartloses orientalisch wirkendes Gesicht von dunkler Hautfarbe, eine eher breite Nase und dunkelbraune Augen. Er schien etwas jünger zu sein als ich.

„Ja, ich bin der, den ihr Jesus nennt, obwohl mein Name einst ein wenig anders lautete", erwiderte die Gestalt. Er sprach eine mir fremde Sprache, die Angela und ich aber verstanden, weil sie übersetzt wurde – ob gesprochen oder nur in unserem Kopf, das konnte ich nicht feststellen.

„Sprichst du Arabisch?", fragte Angela.

„Es ist Aramäisch", erklärte der angebliche Jesus.

„Nach dem Film, den wir gesehen haben, bist du nicht der Sohn Gottes", sagte Angela.

„Ihr solltet mich nicht dafür verantwortlich machen, was nach meinem Tode mit mir getrieben wurde", antwortete der Mann. Es klang so, als hätte er dies schon Tausende Male gesagt. „Ich war ein Schüler Johannes des Täufers und predigte wie dieser gegen die Unmoral meines Volkes und die Verderbtheit unserer Priester. Ich glaubte an das bevorstehende Ende der Welt. Ich versuchte, die Menschen um mich zu sammeln und für das Himmelreich vorzubereiten. Mehr war es nicht, und zu mehr war ich auch nicht fähig."

Dieser Jesus-Darsteller schien sich konsequent auf der Linie des gezeigten Films bewegen zu wollen, war vielleicht sogar der Schauspieler darin gewesen. Das würde bedeuten, dass ich ihn vielleicht bei einem historischen Fehler ertappen konnte; als bloßer Darsteller war von ihm kaum verlangt worden, dass er alles über Jesus wusste.

„Deine Eltern hatten kaum Freude an deinem Lebenswandel", stellte ich fest.

„Meine Eltern Maria und Josef hatten nach mir noch mehrere Kinder. So konnten sie den Ältesten leicht vergessen. Nur mein Bruder Josef versuchte einige Zeit, mich zu einem der Obrigkeit genehmeren Leben zu bewegen."

„Dein Bruder?", sagte ich. „Hieß nicht dein Vater Josef?"

„Richtig. Nach ihm erhielt einer meiner Brüder den Namen", antwortete der Mann.

Ich lenkte auf seine Lehre über: „Aber wenn du Jesus bist: Deine Bergpredigt, die wunderbare Lehre, man solle den Nächsten lieben wie sich selbst, das hat zwei Jahrtausende überdauert."

„Die Bergpredigt ist ein sehr schöner, wenn auch recht wirkungsloser Text", sagte der Mann, „aber sie ist in dieser Form nicht von mir. Sie wurde Jahrzehnte nach meinem Tod für eine Schrift zusammengestellt, die fälschlich meinem Jünger Matthäus zugeschrieben wird. Allerdings habe ich tatsächlich Ähnliches gesagt – als Richtlinie für die letzten Wochen vor dem Weltende, von dem ich annahm, es stehe unmittelbar bevor."

„Dein Aufruf, man müsse seine Feinde lieben, ist bis heute eine Ungeheuerlichkeit geblieben", sagte ich.

„Gewiss", antwortete der Mann, „und so war es auch gedacht. Es geht über alle menschlichen Kräfte. Ich predige Unmögliches."

„Aber wie kam es", musste ich nun doch fragen, „dass aus deiner kleinen jüdischen Splittergruppe eine Weltreligion geworden ist?"

„Es blieb nicht bei der Lehre des Propheten Jesus, der wegen Ungehorsams gegen Staat und Priesterschaft gekreuzigt wurde. Es kam später etwas hinzu, das meine Lehre aus dem Judentum herauslöste und mich ins Göttliche überhöhte. Ich wurde der ans Kreuz geschlagene Sohn Gottes, geopfert von Gott, um den Menschen von seinen Sünden zu erlösen."

Ich wusste, dass dies eine der wesentlichen Lehren des Christentums ist – Gott hat die Welt so sehr geliebt, dass er seinen eingeborenen Sohn für sie dahingegeben hat. Jesus habe den Widerspruch zwischen dem unnahbaren göttlichen Gott und dem für den Menschen greifbaren Gott aufgehoben.

Die Gestalt verschwand. Wir waren allein im Spiegelraum.

Angela als Hindu war ohne Verständnis. „Was ist das für ein Gott", fragte sie, „der wegen einer Schuld, für die ich mich nicht verantwortlich fühle, seinen einzigen Sohn ans Kreuz schlagen lässt? Ich halte das für eine abwegige Konstruktion."

Wir verließen den Spiegelraum.

„Eine sehr interessante Begegnung", bemerkte Angela. „Das Urteil über Jesus und deine Religion war allerdings vernichtend."

Ich fand, dass sie das nicht hätte sagen sollen, blieb aber still.

Wir waren müde. Wir umarmten uns und gingen in unsere Schlafzimmer.

21 Weihnachten

Ich erwachte aus einem tiefen, traumlosen Schlaf und trat ans Fenster. Der Rahmen war kalt wie Schnee. Mir fröstelte, als meine Füße den Boden neben dem Teppich berührten. Über Nacht hatte es geschneit, und eine Schneedecke lag über dem Land. Der Himmel hatte aufgeklart. Es war Sonntagmorgen. In den umliegenden Dörfern läuteten die Kirchenglocken.

Unser Frühstück verlief schweigend. Ich wartete darauf, dass Angela etwas sagte. Sie merkte, dass ich zwar das Urteil von Einstein über Hinduismus und Buddhismus als ganz selbstverständlich hingenommen hatte, dass mir aber dasselbe Urteil über das Christentum zu schaffen machte.

„Sollen wir uns bei deinem nächsten Besuch weiter mit Jesus beschäftigen?", fragte mich Angela.

Ich hatte darüber nachgedacht und beschlossen, sie um etwas zu bitten.

„Angela", sagte ich, „diese Aufklärung über meinen Glauben ist für mich schwieriger, um nicht zu sagen schrecklicher, als ich angenommen habe. Du bist Hindu, du tust dich leichter damit. Könntest du in den Wochen, da ich weg bin, die von Einstein verlangten Studien machen und das aufschreiben, was Einstein und die Historiker von Jesus halten?"

Angela runzelte die Stirn. „Ich will es versuchen", antwortete sie und wirkte nicht glücklich über meinen Wunsch.

Ich verabschiedete mich von Angela und Maria und ging zum Gartentor. Links und rechts des Weges liefen die Spuren kleiner Tiere in Perlenschnüren durch den Schnee. Am Gartentor erwarteten mich William und das Auto.

Der Wald war verschneit mit weiß bepuderten Bäumen. Die Luft war kristallen rein, noch nicht zur Kälte verhärtet. Leichter Schneefall hatte wieder eingesetzt. Der Winter war früh gekommen in diesem Jahr. Es konnte eine weiße Weihnacht werden.

Der Verkehr stadtauswärts stand still, stadteinwärts floss er aber ohne Probleme. So ging die Rückfahrt etwas schneller als vor drei

Tagen die Fahrt aus der Stadt heraus.

Ich dachte kurz an Sylvia und unser Abenteuer vor einem Monat in dieser Stadt, aber wir hatten kein Wiedersehen verabredet.

Ich war etwas zu früh dran und konnte dem Drang nicht widerstehen, wie einige hundert Menschen um mich, ebenfalls Weihnachtseinkäufe zu tätigen. Ich erwarb – zur möglichen Freude meiner beiden Kinder – Figuren der Heiligen Drei Könige, die gut zur Krippe unter dem Weihnachtsbaum passen würden.

Ich blickte aus dem Zug. Die Wintersonne schien auf verschneite Dächer. In einigen Orten brannten bereits auf einzelnen Plätzen die Lichter auf großen Weihnachtsbäumen, teils als Schmuck, teils als Reklame vor Kaufhäusern. Ja, das Fest der Geburt jenes Jesus Christus stand kurz bevor.

Ich fühlte mich sonderbar fremd, als ich nach Hause zurückkehrte. Meine Frau, mein Töchterchen und mein kleiner Sohn begrüßten mich wie immer.

In den folgenden Tagen schien nach außen alles wie bei den früheren Weihnachten. Ich lief umher und versuchte zu verbergen, dass ich mit meinen Gedanken ganz woanders war. Ich wusste, dass etwas geschehen war – mein Glaube an das Christentum war zerbrochen, und eine fremde Frau bedrohte meine Ehe.

Meiner Frau zu erzählen, was mir zugestoßen war, durfte ich nicht einmal erwägen. Schon das Verbot, einer anderen Person über Einstein zu berichten, verurteilte mich zum Schweigen.

Ich war in einer sonderbaren Stimmung. Bisher war mein Leben in wohlgeordneten Bahnen abgelaufen. Ich hatte ausreichend Geld, meine Arbeit, eine Beziehung, aus der eine Ehe wurde. Kinder hatten sich als nächster Schritt auf der Leiter meines Lebens eingestellt. Wie konnte es passieren, dass ein unverhoffter Seitensprung mein Leben total verändert hatte?

Andererseits: Die Sache, in die ich da hineingeraten war, hatte nichts mit meinem normalen Leben zu tun. Es war auch nicht nur ein banaler Ehebruch, dazu war alles zu groß, zu stark und durch das Auftauchen von Einstein auch ganz anders.

Und nun hatte alles eine Wendung genommen, die mich verstörte. Ich hatte meine eigene Meinung zum Christentum gehabt, wohlwollend wegen der Lehre der Nächstenliebe, reserviert wegen des zweifelhaften Ursprungs dieser Religion. Ich war einer der Christen, die sich an hohen Feiertagen in den Gottesdienst verirrten und gar nichts dagegen gehabt hätten, wenn ein Wunder das Christentum zur wahren und einzigen Religion erklärt hätte. So wie es der wunderbare Glaube meiner Kindheit zu versprechen schien. Aber nun hatte ich nicht nur über Jesus gelesen, ich hatte einen möglichen Jesus in Person kennengelernt, hatte mit ihm gesprochen und nicht nur von ihm gelesen. Wenn ich mir Illusionen gemacht hatte, hatte sie dieser Jesus selbst zerstört.

Es war ein Schock. Das Christentum – ein zu unverständlicher Größe und Bedeutung aufgewertetes Versehen? Mit Milliarden Menschen im Glauben an einen Gott, den es so gar nicht gab? Und die vielen Millionen, die diesen Glauben mit dem Leben bezahlt hatten – bei den Kreuzzügen zur Befreiung des angeblich Heiligen Landes, bei den Glaubenskriegen zwischen den christlichen Religionsgemeinschaften, bei der Inquisition zur Vernichtung von Ketzern, bei den Hexenverbrennungen? All dies wegen eines Ereignisses, das so nie stattgefunden hatte?

Es waren furchtbare Gedanken. Gewiss, ich hatte schon bisher meine Zweifel an bestimmten religiösen Bräuchen gehabt, hatte Entscheidungen des Papstes belächelt, war für die Zulassung von Frauen als Priester und die Aufhebung des Zölibats. Aber dies waren Kleinigkeiten gegenüber der von mir nun geforderten Entscheidung, nicht mehr daran zu glauben, dass eine göttliche Offenbarung die Grundlage der christlichen Religion war.

Auf dem Heimweg von der Universität machte ich am nächsten Tag einen Umweg. Solange ich zurückdenken konnte, hatte ich die gotischen Kathedralen geliebt, ihre Erhabenheit, ihre himmelwärts strebenden Pfeiler, die herbe Kühle ihrer Gewölbe, die leuchtenden Farben ihrer Fenster, die Atmosphäre der Andacht. Nun trat ich in die Kathedrale meiner Stadt. Der Geruch von Weihrauch lag in der Luft. Es war schon dämmrig, auf den Altären brannten Kerzen. In ihrem Licht verdämmerten die Netzgewölbe in einer fernen Höhe. Die erhabene Stille, die ich erwartet hatte, verdrängte der überirdische Klang der Orgel. Ein Organist übte für einen gregorianischen Choral.

Diese wunderbaren Kathedralen, die man zu Ehren des christlichen Glaubens gebaut hatte, waren sie nicht ein Beweis für die Richtigkeit dieses Glaubens? Aber ich musste mir eingestehen, dass man dasselbe auch von den Tempeln der Hindus und den Moscheen des Islam behaupten konnte. Und bei den Griechen vom Parthenon-Tempel für die Göttin Pallas Athena.

Ich saß einige Minuten in einer der Kirchenbänke und ließ den Raum und die Musik auf mich wirken. Diese Kathedrale, dieser Choral, waren sie nicht eine wunderbare Weise, Gott zu verehren? Welchen Gott? dachte ich. War das wichtig?

Nachdenklich kam ich nach Hause. Meine Frau war dabei, den Christbaum zu schmücken. Ich half ihr dabei. Vor dem Christbaum war alles anders. Dieses durch viele Wiederholungen vertraute und liebenswerte Fest – alles nur schöne Folklore?

Dann kam der Weihnachtsabend.

Ich stand vor unserem Christbaum, die Kerzen brannten, die bunten Kugeln und das goldene Lametta glänzten. Auf der Baumspitze der altmodische Stern aus Stoff, den schon meine Eltern verwendet hatten. Es roch nach Tannennadeln und Weihnachtsessen. Ich nahm den Zweijährigen auf den Arm, der vor Freude krähte und nach den Lichtern griff. Meiner Frau hatte ich ein wertvolles Armband unter den Baum gelegt, das sie mehr zu überraschen als zu freuen schien. Zusammen mit unseren beiden Kindern sangen wir Weihnachtslieder.

Vor dem Schlafengehen versuchte ich mich an jene weißen Weihnachten zu erinnern, die ich einst auf dem Land verbracht hatte. Meiner Großmutter ging es damals schlecht, und meine Eltern und ich waren zu ihr gefahren. Als wir ankamen, war das Gebirgsdorf, in dem die Großmutter lebte, tief verschneit. Aus den Fenstern fiel warmer Kerzenschein auf den Dorfplatz. Die Leute standen in den Stuben vor dem Christbaum zusammen. Von den Bergen wanderten schwebende Lichter ins Tal, die Bauern mit ihren Laternen auf dem Weg zur Christmette. Dann läuteten die Glocken, die Kirche erstrahlte im Glanz der Lichter, und viele Stimmen sangen das reine, einfache Lied von der Stillen Nacht, Heiligen Nacht. Für den Städter, der ich war, wurde es ein eindrückliches Erlebnis. Der tiefe Glaube an Jesus Christus, gepaart mit einer echten Freude über seine Geburt, sprach aus den Gesichtern der Dorfbewohner.

Diese märchenhafte Geschichte von Weihnachten, mit einem Engel, einer Jungfrau, einem göttlichen Kind und einem Stall in Bethlehem. Wir sollten Weihnachten als Geheimnis bestehen lassen, dachte ich, unerklärlich, unberührbar und schön.

Ich saß vor dem leeren, eisblauen Bildschirm meines Computers und dachte nach. Ich hätte viel darum gegeben, zum Kinderglauben meiner Jugend zurückfinden zu können.

22A *[Angela]* Angela erkundet das Christentum

Ich – Angela – finde es nach der Abreise meines Herrn Dozenten wieder einmal an der Zeit, ein Kapitel zu diesem Bericht zu schreiben. Mein Partner war sehr verstört abgereist. Denn Einstein hatte seinen Glauben zerstört, ähnlich wie er vorher meinen Glauben, den Hinduismus, zu Mythen und Legenden degradiert hatte. Das hatte mich sehr getroffen, aber bei meinem Partner nicht die geringste Überraschung oder gar Bestürzung ausgelöst. Er als Christ glaubte ja zu wissen, dass meine Götter nur Humbug seien. Nun war ihm dasselbe mit seinem Glauben geschehen, und er war bestürzt. Das war deutlich zu erkennen.

Diese Bestürzung hatte mich überrascht. Wenn ich das richtig verstand, war Jesus Jude und baute mit seiner Lehre vollständig auf den Lehren des Judentums auf. Da Einstein diese aber für nicht göttlich erklärt hatte, war das Urteil über Jesus und das Christentum zu erwarten gewesen. Hatte dies mein Partner nicht vorausgesehen? Sehr überraschend kam für mich seine Bitte, ich möge in seiner Abwesenheit die von Einstein verlangten Studien machen und das aufschreiben, was die Historiker von Jesus halten.

So machte ich mich mit einigem Unmut daran, diesen Wunsch zu erfüllen. Als Hindu war mir dieser Jesus ohnehin nicht ganz geheuer, er war wohl einer der vielen Wanderprediger, aber doch sicher kein Gott oder Sohn eines Gottes. Ich fand in der Bibliothek mehrere Bücher über Jesus.

Für mich als Hindu kam die erste Überraschung, als die Autoren dieser Bücher einhellig auf die ungemein spärlichen historischen Quellen hinwiesen. Obwohl Palästina ein Teil des römischen Weltreiches war, hatte es kein Römer der Mühe wert gefunden, das angeblich wichtigste Ereignis der Menschheitsgeschichte auch nur zu erwähnen. Ähnlich war es bei den direkt Betroffenen, den Juden, die in großer Mehrheit von Jesus offenbar kaum Notiz genommen hatten. Dass dieser Jesus, den man als Aufrührer durch Kreuzigung hingerichtet hatte, der erwartete Messias sein könnte, war für die Juden Unsinn und Blasphemie.

Nun lernte ich aus verschiedenen Büchern meines Vaters und aus Eintragungen im Internet, dass der jüdische Geschichtsschreiber Flavius Josephus in den Jahren 93 bis 94 in Rom eine 20-bändige jüdische Geschichte veröffentlicht hatte. Darin werden Johannes der Täufer und verschiedene Sekten wie die Essener beschrieben. Jesus wird nur erwähnt bei der Steinigung des Jakobus, eines Bruders von Jesus. Eine weitere Erwähnung, so die Meinung der großen Mehrheit der Wissenschaftler, sei eine christliche Einfügung aus dem 3. oder 4. Jahrhundert. Tacitus, der berühmte römische Historiker, erwähnt das Christentum in seinen Annalen aus den Jahren 110 bis 120. Es sei ein Aberglaube, der auch nach Rom gekommen sei, wo alle Gräuel und Abscheulichkeiten der ganzen Welt zusammenströmen und gefeiert würden.

In mehreren Büchern, die ich in der Bibliothek meines Vaters fand, wurden die Schriften der vier Evangelisten, Markus, Matthäus, Lukas und Johannes, als unzuverlässig geschildert, denn diese hätten Jesus persönlich gar nicht gekannt. Das Markus-Evangelium sei mehr als dreißig Jahre nach Jesu Tod geschrieben worden, und der Verfasser sei wahrscheinlich nicht der aus Jerusalem stammende Markus. Ebenso sei das Matthäus-Evangelium keineswegs das Werk von Matthäus, dem Jünger Jesu, sondern nach dem Markus-Evangelium entstanden. Das Johannes-Evangelium sei bis zu neunzig Jahre nach Jesu Tod geschrieben worden und stamme sicher nicht von dem Apostel Johannes und keinesfalls von einem Augenzeugen der beschriebenen Geschehnisse.

Natürlich interessierte mich, was Jesus von mir, der Hindu, und meinem Ehebruch mit einem Christen gehalten hätte. Im Matthäus-Evangelium wurde nicht nur die Hölle angedroht, es wurde auch für den Mann der Ehebruch ergänzt. Wer eine Frau auch nur lüstern ansieht, hätte in seinem Herzen schon Ehebruch mit ihr begangen.

Mehrere Bücher betonten, dass Jesus keine neue Religion gründen wollte und man ihn am ehesten als radikalen jüdischen Propheten des nach seiner Meinung nahen Gottesreiches bezeichnen kann. Ein Ausspruch von Jesus im Markus-Evangelium belehrte mich, dass er das Ende der Welt noch zu Lebzeiten einiger seiner Zuhörer erwartete.

Aber es kamen nicht das Ende der Welt und das Reich Gottes, sondern die christliche Kirche. Offensichtlich hatte sich das Christentum erst durch das Wirken einiger Missionare ausgebreitet, darunter Paulus, der dem Christentum seinen ganz eigenen Stempel aufgedrückt hatte. Ich las in der Apostelgeschichte das Damaskus-Erlebnis des Paulus nach, das für das Christentum von Bedeutung werden sollte:

„Unterwegs aber, als er sich bereits Damaskus näherte, geschah es, dass ihn plötzlich ein Licht vom Himmel umstrahlte. Er stürzte zu Boden und hörte, wie eine Stimme zu ihm sagte: Saul, Saul, warum verfolgst du mich? Er antwortete: Wer bist du, Herr? Dieser sagte: Ich bin Jesus, den du verfolgst. Steh auf und geh in die Stadt; dort wird dir gesagt werden, was du tun sollst. Seine Begleiter standen sprachlos da; sie hörten zwar die Stimme, sahen aber niemand. Saulus erhob sich vom Boden. Als er aber die Augen öffnete, sah er nichts. Sie nahmen ihn bei der Hand und führten ihn nach Damaskus hinein. Und er war drei Tage blind, und er aß nicht und trank nicht."

Nach dieser Erscheinung begann er unter dem Namen Paulus die von ihm vorher verfolgte Religion zu predigen. Er bekam sofort Krach mit den Korinthern, die ihn – wahrscheinlich zu Recht – beschuldigten, eine ganz andere Religion zu vertreten. Paulus sprach Griechisch, und dies ermöglichte die Missionierung, in deren Folge das Christentum viele Anhänger fand. Bei meinem Studium erfuhr ich, dass es immerhin drei Jahrhunderte gedauert hatte, bis man das Christentum in Byzanz zur Staatsreligion erklärt hatte, und erst um 500 war mit der Taufe des fränkischen Königs Chlodwig die endgültige Wende eingetreten. Zuletzt war der Streit um die Gottessohnschaft von Jesus so sehr eskaliert, dass es mehrerer Konzile bedurfte, um diese Frage zu entscheiden.

Die Bücher schilderten, wie sich nach vielen Wirren die heutige Form der christlichen Kirche gebildet hatte. Soweit die vertretenen Lehren von den Naturwissenschaften überprüft worden waren, gab es auffallende Differenzen. Am bekanntesten wurde der von der katholischen Kirche lange verteidigte Irrtum, dass sich die Sonne um die Erde dreht.

Das interessierte mich nicht, denn für uns war nur der Religionsstifter, also Jesus, wichtig. Nach mehreren Stunden hatte ich genug gelesen. Als Hindu war ich verblüfft, auf welchen schwachen Grundlagen die christliche Religion ruht. Wie konnte ein jüdischer Wanderprediger zur Leitfigur einer Weltreligion werden?

Meinem Liebhaber sandte ich per E-Mail die von mir niedergeschriebenen Erkenntnisse über Jesus. Er bedankte sich dafür, ging aber nicht auf den Inhalt meiner Mail ein.

Ich beschloss, mich noch bei einem Praktiker des Christentums zu vergewissern. Als ich in das Haus meines Vaters gezogen war, hatte ich mich beeilt, auch mit der Geistlichkeit des Dorfes in Kontakt zu kommen und, wenn möglich, etwas vom Leben vor Ort zu erfahren. So hatte ich einmal den Priester zum Essen eingeladen. Als möglicher Partner für Einstein kam er allerdings nicht in Frage. Ich hatte bald gemerkt, dass er für sexuelle Ekstasen nicht geeignet war, denn Frauen interessierten ihn nicht.

Auf mein Telefon lud er mich ein, ihn nach der Messe zu besuchen. Ich kam etwas zu früh. Die Gemeinde in der Kirche sang.

Großer Gott, wir loben dich, Herr, wir preisen deine Stärke.
Vor dir neigt die Erde sich und bewundert deine Werke.
Wie du warst vor aller Zeit, so bleibst du in Ewigkeit.

Es war ein auch für mich als Hindu sehr beeindruckendes Lied, das eine Stimmung von Erhabenheit, Verehrung und Freude verströmte. Nachdem die Menschen die Kirche verlassen hatten, begrüßte mich der Priester. Ich fragte ihn über seinen Alltag aus.

„Es ist nicht immer leicht", beteuerte er, „das Alter meiner Kirchgänger nimmt ständig zu und ihre Zahl nimmt ständig ab."

Ich lächelte. „Sie wissen ja, dass ich Hindu geblieben bin, trotz Ihrer Bekehrungsversuche."

„Was ich, ehrlich gesagt, nie verstanden habe", erwiderte er traurig.

„Man bleibt eben meist der Religion seiner Jugend treu", erklärte ich. „Und manchmal mehr als das. Was hat Sie dazu bewogen, Priester zu werden?"

„Priester will man nicht werden", antwortete er bestimmt. „Priester wird man, weil man muss. Für mich war es ein Jugendtraum, Priester zu werden. Sobald ich fest daran glaubte, dass es einen Gott gibt, war mir auch klar, dass ich nichts anderes tun konnte, als nur für ihn zu leben. In meinem Dorf war es selbstverständlich, in der Kirche mitzuwirken und Ministrant zu werden. Als ich älter wurde, wurde dies für mich weniger wichtig. Aber dann begann das Kloster unserer Stadt Abendgottesdienste abzuhalten, mit Gebeten und Gesang. Eines Abends spürte ich, dass mich ein tiefes Glücksgefühl überkam. Da wusste ich: Hierher gehöre ich, das ist meine Berufung."

„Eine Art Erweckungserlebnis?", fragte ich.

„Das kann man so sagen", bestätigte er, „es lief mir wie ein

Schauder über den Rücken. Ich spüre es noch heute, als wäre es gerade geschehen."

„Aber Mönch sind Sie nicht geworden", stellte ich fest.

„Nein, das nicht", war die Antwort, „ich wollte intensiv mit Menschen zusammen sein, die Jugend hin zu Christus führen."

„Sind Sie glücklich als Priester?", fragte ich.

„Oh ja", strahlte er mich an. „Als Priester kann man mit der Verkündung des Evangeliums und in der persönlichen Begegnung für den Menschen da sein, ihm die Liebe Gottes vermitteln."

Er blickte mich forschend an, vielleicht um zu sehen, ob ich seinen Worten folgen konnte.

„Gott hat uns nach seinem Bild und Gleichnis geschaffen, und wir sind auf ihn hin angelegt. Jesus Christus gab uns durch das Evangelium, durch seine Kirche, die er gestiftet hat, durch die Sakramente, die er der Kirche hinterlassen hat, alle Möglichkeiten."

Er wurde mitgerissen von seinen Worten.

„Am Abend stehe ich vor dem Altar meiner Kirche und spreche mit Christus. Ich versuche ihm meine Freuden und Nöte mitzuteilen. Ich danke ihm, dass er mich geführt hat und dass er mir geholfen hat. Manchmal versuche ich die für mich unbegreiflichen Dinge vor ihm auszubreiten. Ich weiß, dass er mir zuhört. Und manchmal sendet er mir eine Botschaft. In der Bibel steht, dass der Mensch nach Gottes Ebenbild geschaffen wurde."

Seine Verzückung war mir peinlich, als Hindu und nach den Belehrungen durch Einstein. Außerdem hatten wir erst vor wenigen Tagen in einem unserer Bücher über Xenophanes, einen griechischen Philosophen, gelesen. Dieser hatte geschrieben, dass, wenn die Tiere malen könnten, sie ihre Götter nach ihrem eigenen Bilde darstellen würden. Soweit also zum Ebenbild Gottes.

„Gelingt es Ihnen, den christlichen Glauben der Jugend zu vermitteln?", versuchte ich ihn abzulenken.

Er schien bekümmert.

„Ich bin nur ein bescheidener Arbeiter im Weinberg des Herrn", bekannte er. „Es ist schwer, die Jugend zu erreichen. Sie sind sehr von materialistischen und weltlichen Dingen abgelenkt. Manche Lehren unserer Kirche können sie nicht begreifen. Ich denke mir manchmal: Die Mädchen, die dem Papst zujubeln, haben wohl trotzdem die Anti-Baby-Pille in der Tasche."

Ich wollte lieber zu fundamentaleren Fragen zurück: „Hatten Sie jemals Schwierigkeiten mit Ihrem Glauben?"

„In meiner frühen Jugend trieb mich schon die Frage um, ob man an Gott glauben kann, ob Gott wirklich existiert. In der Religionsstunde in der Schule wurde dies behandelt und auch entschieden. Unsere Welt wurde aus dem Nichts geschaffen, und das konnte nur einer vollbringen: Gott."

„Und das war für Sie nicht nur ein Beweis für die Existenz Gottes, sondern ebenso dafür, dass sich Gott in Jesus Christus offenbart hat", stellte ich fest.

Er warf mir einen misstrauischen Blick zu. Er vermutete wohl – zu Recht – dass ich anstelle von Jesus die Götter der Hindus gewählt hätte.

„So war es", bestätigte er. „Diese wunderbare Lehre von dem gütigen Gott, der seinen Sohn am Kreuze sterben lässt, um die Sünden der Menschen zu sühnen! Das gibt es in keiner anderen Religion."

Als ich mich verabschiedet hatte, dachte ich darüber nach, was er gesagt hatte. Gott erlöst die Welt, indem er einen Teil von sich aussendet, der geboren und in einer entlegenen Region des Römischen Reiches hingerichtet wird und dadurch ist dann plötzlich alles gut. Aber noch schlimmer: Was war gütig an einem Vater, der für die Menschen seinen Sohn kreuzigen ließ?

Wieso konnte ich die Faszination nicht verstehen, die ein Christ bei diesem Kreuzestod empfindet? Was wäre gewesen, wenn die Römer diesen Jesus gehängt hätten? Zuletzt kam mir ein Gedanke, der in seiner Abwegigkeit nur einer Nicht-Christin wie mir einfallen konnte: Was wäre geschehen, wenn die Römer als zivilisiertes Volk die Todesstrafe abgeschafft hätten? Ich schüttelte den Kopf und sagte zu mir: Genug für diesmal, Angela.

23 Angelas Bruder

Ich war bestürzt über Angelas E-Mail und die geschichtlichen Tatsachen, die sie über das Christentum zusammengetragen hatte. Auf der anderen Seite musste ich mir eingestehen, dass die sonderbare Einstein-Erscheinung einen Ersatz für den verloren gegangenen Christenglauben anbot. War unser Pseudo-Einstein ein Beweis für ein Leben nach dem Tod?

Ich telefonierte mit Angela eine Woche nach Neujahr, und fragte sie, ob sie in der Zwischenzeit Begegnungen mit Einstein gehabt habe. Sie versicherte mir, dass sie ihn sprechen konnte, „wie immer."

Ich sagte Angela, dass ich in einer Woche zu ihr kommen könnte. Sie war mit dem Termin einverstanden.

Am Nachmittag des gleichen Tages erhielt ich einen Besuch, der alles verändern sollte. Meine Sekretärin kündigte mir einen nicht angemeldeten Besucher an, auf dessen Visitenkarte mit geprägten Lettern ein Name stand, der mir bekannt vorkam. Der Eintretende erwies sich als leicht orientalisch wirkender, untersetzter Mann mit pechschwarzem glattem Haar und scharf geschnittenen Gesichtszügen. Seine Kleidung strömte eine fremdländische, altmodische Eleganz aus. Er trug eine goldene Armbanduhr, goldene Manschettenknöpfe und eine vornehme Krawatte. Ein Geruch von Geld umgab ihn.

Er blickte mich prüfend an. Wir stellten einander vor, und er nahm auf dem angebotenen Stuhl Platz.

„Ich bin Angelas Bruder", sagte er.

Nun wusste ich, woher ich seinen Namen kannte.

„Sehr erfreut", sagte ich und blickte ihn höflich an. „Sie wollen wohl erfahren, wem Sie ein Stipendium gegeben haben."

„Ja und nein", war die Antwort. „Das Stipendium war bereits bewilligt, als mir Angela über Sie reinen Wein eingeschenkt hat."

Ich war überrascht. Angela hatte mir nicht gesagt, dass sie ihrem Bruder mehr über mich erzählt hatte, als wir vereinbart hatten.

„Wie soll ich das verstehen?", fragte ich vorsichtig.

Die Antwort war von einer groben Direktheit: „Dass Sie nicht nur mit meiner Schwester schlafen, sondern dass Sie auch das sehen, was Angela Einstein nennt", antwortete mein Besucher, dessen Miene sich verfinstert hatte.

„Hat Ihnen das Angela gesagt?", fragte ich, mich verwundert stellend.

„Angela hat mir erzählt", sagte er, „sie habe zum ersten Mal einen Mann kennengelernt, der wie sie ihre Erscheinungen sieht. Dann wurde mir berichtet, dass zum ersten Mal ein Mann mehrere Tage bei ihr gewohnt habe, und das im Abstand von vier Wochen sogar zweimal. Außerdem kam das Ansuchen um ein Stipendium an diesen Mann. Das waren Sie."

Ließ er Angela beobachten? Mir fiel der Sportwagen ein, der bei meinem ersten Besuch in der Stadt unserem Auto gefolgt war. Dann das Mädchen Sylvia in der Buchhandlung, und nochmals Sylvia, die einen Monat später mit mir geschlafen hatte, sehr plötzlich und sehr überraschend, oder doch nicht überraschend, wenn es im Auftrag von Angelas Bruder geschah?

„Sie lassen Angela beobachten", stellte ich fest.

„Ja", gab er zu. „Das ist auch nötig. Angela ist sehr leichtgläubig und könnte schnell auf einen Scharlatan hereinfallen."

„Und nun halten Sie mich für einen Scharlatan, weil ich Einstein sehe", stellte ich fest und versuchte, ruhig zu bleiben.

„Lassen Sie mich ein wenig über meine Schwester erzählen", begann Angelas Bruder nach einer Pause. „Anjali" – er nannte Angelas indischen Namen – „war immer eine sehr schöne Frau und hatte in ihrer Jugend viele Verehrer. Sie war eine verführerische Schönheit, die das Leben eines Mannes auf den Kopf stellen konnte."

Sie ist es noch immer, dachte ich, sagte aber nichts.

Angelas Bruder fuhr fort: „Mit vierundzwanzig heiratete sie mit dem Einverständnis ihrer Familie. Ihr Ehemann betrog sie. Er starb vor drei Jahren. Angela geriet dann an einen Mann, der sie sexuell missbrauchte. Wenn sie mit diesem Mann schlief, hatte sie Halluzinationen."

Der Gesichtsausdruck von Angelas Bruder schwankte zwischen Ekel und Ärger.

„Ich nahm mir diesen Mann vor. Er verstand nicht, warum Angela sonderbare Dinge sah. Ich ließ mir genau berichten, wie Angelas Halluzinationen abliefen. Als ich von diesem Mann alles über Angelas Erscheinungen erfahren hatte, bot ich ihm eine sehr beachtliche Geldsumme, wenn er Angela verließ. Dies geschah auch, und Angela blieb ohne ihre Erscheinungen zurück." Er nannte die Summe, die er Angelas Liebhaber gezahlt hatte.

Angela hatte mir erzählt, was dann geschehen war. Nach einigen Wochen hatte sie sich selbst befriedigt, und Einstein war wieder erschienen.

„Leider half die Ausschaltung dieses Mannes nur kurze Zeit", fuhr mein Besucher fort. „Die Erscheinungen begannen erneut."

„Und jetzt wurden Sie auf mich aufmerksam", warf ich verärgert ein.

„Ja", bestätigte Angelas Bruder. „Sie haben die Summe gehört, die ich jenem Mann gezahlt habe, bei dem Angelas Halluzinationen zum ersten Mal auftraten. Er war klug genug, mein Angebot anzunehmen. Ich biete Ihnen das Zehnfache, wenn Sie Angela nicht mehr wiedersehen."

So beleidigend das Angebot war, ich musste mir gestehen, dass es sich bei der genannten Geldsumme um ein Mehrfaches meines Jahresgehalts handelte.

„Sie halten mich also für einen Scharlatan?", fragte ich.

„Nicht unbedingt", antwortete er. „Sie haben an Angela Gefallen gefunden und machen ihre Halluzinationen irgendwie mit, um sie nicht zu verlieren."

„Dass diese Halluzinationen, wie Sie sie nennen, real sein könnten, daran denken Sie wohl nicht?", fragte ich.

„Sie sind doch Wissenschaftler", bemerkte mein Gegenüber ironisch. „Sie glauben doch nicht wirklich an Überirdisches. Versuchen Sie mir doch nicht Dinge einzureden, von denen Sie selbst nicht überzeugt sind."

Ich wusste, dass ein Beweis für die Wirklichkeit unseres Einsteins nicht zu erbringen war. Natürlich wusste ich das. Aber es war doch ganz anders. Als ich erneut zum Sprechen ansetzen wollte, wehrte er mit einer Handbewegung ab.

„Wir wollen hier nicht weiter diskutieren, und ich will Sie im Augenblick nicht weiter drängen, mein Angebot anzunehmen", sagte mein Besucher bestimmt. „Sie haben mein Angebot gehört. Ich gebe Ihnen zwei Wochen Zeit, es anzunehmen. Aber lehnen Sie es nicht zu leichtfertig ab. Ich habe andere Möglichkeiten, mein Ziel zu erreichen."

„Soll das eine Drohung sein?", fragte ich nun doch sehr überrascht.

„Sie können es so auffassen. Das Schicksal meiner Schwester ist mir außerordentlich wichtig."

Wir sahen uns an. Seine Augen blickten feindselig.

Er wiederholte die Geldsumme, die er mir geboten hatte. Dann nickte er kurz mit dem Kopf und verließ mein Zimmer, ohne mir die Hand zu geben.

Ich telefonierte sofort mit Angela. Sie war bestürzt, als sie vom Besuch ihres Bruders und seinen Drohungen erfuhr.

„Mein Bruder war immer sehr um mich besorgt", erklärte sie. „Er hat mich auch wegen meiner angeblichen Halluzinationen zu verschiedenen Ärzten geschickt. Aber dass er so weit gehen würde, habe ich nicht gedacht."

„Willst du mit ihm reden?", fragte ich sie.

„Das ist sinnlos", befand Angela. „Als ich ihm erklärte, dass Einstein wirklich existiert, hat er nur ganz schroff reagiert. Er ließ mich gar nicht ausreden. Eine derartige Erscheinung liegt völlig außerhalb der Dinge, die er verstehen kann. Erinnere dich – auch du warst davon überzeugt, dass irgendein Schwindel dahintersteckt."

Das musste ich zugeben. Außerdem kannte Angela ihren Bruder wohl gut genug, um zu wissen, wie aussichtslos ein Versuch war, ihn umzustimmen.

„Lass mich nachdenken", sagte Angela nach einiger Zeit. „Ruf mich noch einmal an, bevor du nach Hause gehst."

Gegen sechs Uhr abends kam ich ihrer Bitte nach.

Angela war zu einem Entschluss gekommen: „Wir müssen uns an einem anderen Ort treffen, nicht mehr bei mir daheim. Ich komme zu dir, und wir treffen uns in einem Hotel."

„Meinst du, dass Einstein dabei mitkommt?", fragte ich erstaunt.

„Einstein erscheint nicht nur im Spiegelraum", erwiderte Angela. „Ich weiß aus drei weiteren Begebenheiten, dass er auch an anderen Orten erscheinen kann."

Ich hatte noch einen Vorschlag: „Du weißt, wie uns Einstein behandelt hat, als wir ihm die biblische Schöpfungsgeschichte erzählten. Nach Hinduismus, Buddhismus, Judentum und Christentum wird Einstein mit uns wohl den Islam diskutieren. Könntest du daher in deinem Köfferchen den Koran und einige einschlägige Bücher über den Islam mitnehmen?"

„Gut, das werde ich tun", sagte Angela. „Aber willst du nicht nochmals das Christentum mit Einstein diskutieren?"

„Nein", wehrte ich ab, „vielleicht später." Die Begegnung mit Jesus erschütterte mich noch immer, aber ich glaubte, genug zu wissen.

„Du denkst da an meinen Bruder", sagte Angela.

„Das hätte ich fast verdrängt", antwortete ich.

„Wir dürfen ihn nicht unterschätzen", betonte Angela. „Wann musst du auf sein Angebot antworten?"

„In etwa zehn Tagen dürfte er bei mir auftauchen, aber die Antwort wird natürlich nein sein."

„Oh", meinte Angela, „findest du nicht, dass ich sein Angebot überbieten sollte? Ich bin auch nicht gerade arm."

Sie merkte an meinem Schweigen, dass ich diesen Vorschlag nicht lustig fand. „Verzeih", sagte sie.

„Wie willst du verhindern, dass deine Beschatter dir hierher folgen?", fragte ich.

Angela hatte darüber nachgedacht: „Ich komme nicht mit dem Zug, sondern fliege an einen passenden Ort, wo ich in einen weiteren Flieger zu dir wechseln kann."

„Meinst du nicht, dass auch ich beobachtet werde?"

„Dann musst du dich so benehmen, wie man es aus Filmen kennt", lachte Angela. „U-Bahn-Züge, bei denen du erst kurz vor Abfahrt aus- oder einsteigst, finstere Hausdurchgänge, unübersichtliche Geschäftspassagen, Supermärkte – du wirst das schon hinkriegen." Angela hatte ihren Humor wiedergefunden.

Ich war beunruhigt und schlief sehr schlecht in der folgenden Nacht. Im Traum saß ich an einem Tisch und spielte Karten mit drei Personen: Einstein, Angela und Angelas Bruder. Ich wusste nur, dass der Ausgang des Kartenspiels über mich und meine Zukunft entscheiden sollte. Ich erwachte, als ich mein Blatt betrachtete und feststellte, dass man mir ungewöhnlich schlechte Karten ausgeteilt hatte.

Am nächsten Morgen rief Angela an. Wir verabredeten, uns in der kommenden Woche zu treffen. Das Grand Hotel in meiner Stadt, das sie ausgewählt hatte, war die beste und teuerste Unterkunft, die es gab.

Nachdem wir alles vereinbart hatten, dachte ich über Angelas Beziehung zu ihrem Bruder nach. Angela war sexuell ungemein aktiv. Wie weit ging die Liebe zwischen Bruder und Schwester? Ich musste mir gestehen, dass mir die sehr deutliche Drohung von Angelas Bruder Angst bereitete.

24 Begegnung mit Mohammed

Das Treffen begann wie geplant. Angela rief mich sofort nach ihrer Ankunft in meiner Stadt an.

„Es war keine gute Idee, bei einem Sturmtief diesen Flug zu nehmen", berichtete sie. „Das Flugzeug wurde kräftig durchgeschüttelt. Die Frau auf dem Sitz hinter mir begann laut zu beten."

„Unser Einstein hätte dich sicherlich nicht abstürzen lassen", war meine Meinung.

„Ich habe daran gedacht", bestätigte Angela. „Aber so sicher war ich mir da nicht. Und mein Sicherheitsgurt beruhigte mich auch nicht. Oder hast du jemals in den Zeitungen gelesen: ‚Es überlebten alle Flugpassagiere, die ihre Sicherheitsgurte geschlossen hatten'?"

Sie gab mir ihre Zimmernummer. Mit den von mir sorgfältig geplanten Umwegen erreichte ich ihr Hotel.

Das Grand Hotel war noch größer, als sein Name bereits verkündete. Es besaß eine gewaltige, mit Marmor, Kronleuchtern und breiten Ledersesseln ausgestattete Empfangshalle. Deren Größe ließ mich unbehindert den Lift erreichen. Ich fuhr nach oben und stieg im Stockwerk unter Angelas Zimmer aus. Das Treppenhaus glänzte von Gold und Marmor. Ich ging über die Treppe nach oben. Ein wenig außer Atem klopfte ich an ihre Zimmertür, an deren Klinke bereits das Schild "Do not disturb" baumelte.

Die Suite, die Angela gemietet hatte, war von einer unaufdringlichen, aber beeindruckenden Pracht. Aber das Schönste und Bezauberndste in dieser Suite war doch Angela. Sie kam nackt auf mich zu. Sie lächelte mich an und es war ein Lächeln voll Energie.

„Ich habe dich vermisst", sagte Angela.

Ich umarmte sie. Etwas fehlte.

„Du trägst kein Parfum", stellte ich fest.

„Willst du, dass deine Frau etwas merkt?", fragte Angela. Natürlich hatte sie recht.

Wir fühlten, dass wir sofort miteinander schlafen mussten. Obwohl das bedeutete, dass wir gleich danach Einstein sehen würden. Weil wir jedoch beschlossen hatten, als nächstes Thema den Islam vorzuschlagen, wollten wir es wagen. Einstein würde darüber bei uns wohl kein sehr fundiertes Wissen voraussetzen.

Angela führte mich zum Bett. Ich kniete auf dem Bettvorleger mit dem eingestickten Hotelnamen und blickte zu ihr auf.

Ich öffnete ihre Schenkel und sagte: „Ich falte deine Schenkel auseinander und lese zwischen ihnen, was mich tötet." Es war ein Satz des französischen Philosophen Georges Bataille. Angela flüsterte: „Du übertreibst. Fick mich."

Wir liebten uns mit einer Leidenschaft, die in den zehn Tagen, die wir uns nicht gesehen hatten, sehr gewachsen war. Dabei wirkte auch die Gewissheit mit, dass unsere Treffen bedroht und nicht mehr selbstverständlich waren.

Wir zogen uns wieder an. Als wir aufblickten, saß Einstein neben uns an der Wand. Wir blieben, gestützt auf unsere Ellbogen, auf dem Bett liegen.

„Angela", sagte Einstein, „dein Freund und du sind wieder zusammen. Welche Fragen habt ihr heute?"

„Wenn du uns über Religionen belehren willst, dann wollen wir heute deine Meinung über den Islam und seinen Propheten Mohammed hören", begann ich.

„Es ist nicht meine Meinung", antwortete Einstein. „Es ist, wie es ist. Aber unterhaltet euch doch mit Mohammed selbst."

Im Hintergrund des Hotelzimmers wurde eine Gestalt sichtbar: ein massiger Kopf mit leicht gekräuseltem schwarzem Haar, ruhelosen schwarzbraunen Augen unter langen schweren Lidern und einer Adlernase in einem hellbraunen, von einem starken Vollbart umrahmten Gesicht. Er mochte etwa fünfundzwanzig Jahre alt sein. Er nickte uns leutselig zu und richtete den Blick auf Angela.

„Wir haben keinen so jungen Mann erwartet", sagte Angela freundlich.

„Für uns gibt es keine Zeit", antwortete der Mann, den Einstein als den Propheten Mohammed vorgestellt hatte. „Ich wurde über sechzig Jahre alt, zeige mich aber gern als 25-Jähriger. In diesem Alter hat mir meine Arbeitgeberin Chadidscha ihre Hand angeboten. Wir hatten sechs Kinder, vier Töchter und zwei Knaben, von denen die Knaben sehr jung starben. Ich habe Chadidscha sehr geliebt. Leider starb sie früh."

„Warst du ein großer Freund der Frauen?", fragte Angela.

Der Mann lächelte. „Nach Chadidschas Tod heiratete ich die Witwe eines Gläubigen und verlobte mich mit Aischa, die ich heiratete, als sie neun Jahre alt war. Sie hatte von allen meinen Frauen den größten Einfluss auf mich."

„Hattest du viele Frauen?", wollte Angela wissen.

„Ja, es waren viele. Ein großer Harem gehörte zu meiner Stellung. Viele Frauen wurden mir als Kriegsbeute zugeführt. Ich habe dreizehn Frauen geheiratet, neun Witwen standen an meinem Grab. Manche Heiraten waren politische Ehen. Ich wollte über die Töchter angesehener Männer meinen Einfluss vergrößern."

„Du hast also die Frauen geliebt", warf Angela ein, „und sie trotzdem gezwungen, sich zu verhüllen."

„Ja, aber zu ihrem eigenen Schutz."

Es lag mir nicht daran, die Stellung der Frau im Islam zu diskutieren. Die Frage, die ich stellen wollte und musste, lautete ganz anders:

„Du hast eine große Religion geschaffen und warst ein erfolgreicher Kriegsherr, der die Völker Arabiens vereinigt hat. Wie kam es zu diesem großartigen Leben und Wirken?"

Der Mann nickte: „Als ich vierzig Jahre alt war, hatte ich eine Erscheinung, die ich für den Engel Gabriel hielt. Es folgten weitere Erscheinungen, die ich dann für mich deutete. Als ich zum großen Führer aufstieg, gab ich praktische Anweisungen für ein gottgefälliges Leben."

„Daraus entstand eine große Religion, an die viele hundert Millionen Menschen glaubten und glauben", sagte ich.

„Das war nicht mein Ziel. Meine Lehren setzten den Glauben an die Bibel voraus. Abraham war für mich der gemeinsame Stammvater von Juden, Christen und meinen Anhängern. Von seinem Sohn Ismael leite ich meine Herkunft ab. Die Aussagen Gottes an mich kamen nach meiner Meinung durch den Erzengel Gabriel, denselben Engel, der Maria die Geburt Jesu ankündigte. Dann war es mein Ziel, die Völker Arabiens zu einigen. Nicht die Zugehörigkeit zu einem Stamm, sondern zu einem Glauben sollte verbinden."

„Du hast in deiner Lehre bedeutende Teile der jüdischen und christlichen Religion übernommen", sagte ich.

„Ich habe alles Frühere bestehen lassen", antwortete der Mann, „mit einer wichtigen Ausnahme: Die 19. Sure wendet sich gegen die Behauptung, dass Jesus der Sohn Gottes sei. Maria und Josef hatten neben Jesus noch viele Kinder."

„Wie standst du zu Juden und Christen?", fragte ich.

„Ich versuchte, sie für mich zu gewinnen. Deshalb ließ ich meine Anhänger zunächst in der Richtung von Jerusalem beten und nahm das jüdische Fasten am Versöhnungsfest an. Aber die Juden wollten mich nicht als Propheten anerkennen, und die Christen beharrten auf ihrem Jesus als Sohn Gottes. So habe ich viele mit dem Schwert aus meinem Reich vertrieben."

Ich bereute nun, mich vorher nicht über den Islam und seinen Propheten informiert zu haben. „Hattest du viele Kämpfe auszufechten?", fragte ich, um meine Verlegenheit zu verbergen.

„Sehr viele", bestätigte der Mann. „Man wollte mich nicht als Propheten anerkennen, und ich musste nach Medina fliehen. Hier wurde ich wiederholt von Kämpfern aus Mekka angegriffen, bis es mir gelang, diese zu schlagen und siegreich in Mekka einzuziehen. Aber am Ende huldigten mir alle Beduinenstämme und nahmen den Islam als Religion an. Wir mussten tapfer sein in unseren Kriegen und erbarmungslos gegen unsere Feinde."

„Bis heute nehmen manche deiner Gläubigen diese Anweisungen wörtlich", warf ich ein.

„Viele dieser Verse haben mit der Gegenwart nichts zu tun. Sie stammen aus der Zeit, als ich Kriege führte, um den Islam zu verbreiten. Und meine Leute waren darin sehr erfolgreich."

„Die Herrschaft deiner Nachfolger reichte von den Pyrenäen bis Indien", sagte ich.

„Ja, und sie hatten die Chance, Europa zu erobern. Das wurde leichtsinnig vertan. Heute müssen wir gegen einen jüdischen Staat kämpfen, der auf unserem Boden errichtet wurde."

Das Gespräch hatte eine Wendung genommen, die ich nicht wünschte.

Wir schwiegen. Die Gestalt verschwand. Wir waren allein in der Hotelsuite.

Zum Abendessen gingen wir in den großen Speisesaal des Grand Hotels.

Angela hatten zwei Aussagen Mohammeds besonders überrascht. Beim Essen fragte sie mich: „Hat Mohammed seine Aischa wirklich geheiratet, als sie erst neun Jahre alt war? Und hatten Maria und Josef wirklich viele Kinder?"

„Auf beide Fragen lautet die Antwort Ja", erwiderte ich. „Mohammed lernte Aischa mit sechs Jahren kennen, mit neun Jahren zog sie zu ihm. Und zu den Kindern von Maria und Josef: In seinem Evangelium nennt Markus die vier Brüder von Jesus sogar einzeln mit Namen und erwähnt Schwestern."

Dies hatte bereits die Jesus-Erscheinung im Spiegelraum gesagt. Ich hatte es nachgelesen, als ich zu Weihnachten daheim war. Ich hatte weitere Stellen in anderen Evangelien gefunden und mir einige notiert: Markus 6,3, Matthäus 13,55, Johannes 7,3.5.

Angela hatte die kindergebärende Jungfrau Maria sehr sonderbar gefunden. „Die Mütter meiner Götter sind keine Jungfrauen", hatte sie gesagt. „Und unsere Göttinnen stellen stolz ihre Brüste zur Schau."

Ich hatte meiner Frau gesagt, dass ich Besuch bekäme und mit diesem zum Essen ginge. Es war klar, dass ich nach dem Essen nach Hause musste.

Wir beschlossen, uns am frühen Nachmittag des nächsten Tages in Angelas Suite zu treffen. Angela wollte den Vormittag zu Einkäufen in der Stadt nützen.

25 Erstaunliches im Islam

Am Nachmittag des nächsten Tages gelangte ich auf Wegen, die wegen meiner möglichen Beschatter reichlich verschlungen waren, zu Angela ins Hotel. Sie hatte einen vergnügten Einkaufsbummel hinter sich und war bester Laune. Trotzdem beschlossen wir, nicht sofort miteinander zu schlafen, sondern den Wunsch von Einstein zu befolgen und den Koran zu studieren. Angela hatte bis zu meinem Eintreffen schon etwas in den Büchern gelesen, die sie mitgebracht hatte.

„Man weiß", fasste sie zusammen, „dass Mohammed um 570 geboren wurde. Und was der Mann von gestern Nachmittag erzählt hat, steht auch in den Büchern und im Internet. Danach wurde er von einer Beduinenamme aufgezogen, aber bald seiner Mutter zurückgebracht, weil er an nervösen Anfällen mit Halluzinationen litt. Dies deutete man auf Besessenheit durch böse Geister. In seiner Jugend soll er von einem christlichen Mönch und einem jüdischen Rabbi unterrichtet worden sein. Mohammeds Eltern starben früh. Er wurde Karawanenführer und heiratete im Jahr 594 Chadidscha, eine reiche, fast fünfzehn Jahre ältere Witwe."

„Er führte also ein relativ normales Leben – ein Karawanenführer, der durch eine gute Heirat sein Glück macht", stellte ich fest. „Aber wie kommt ein solcher Mann dazu, eine neue Religion zu gründen?"

Wir begannen zu lesen und tauschten uns gegenseitig über das Gelesene aus.

„Zunächst ist er ein Mensch wie jeder andere", meinte Angela, „und die Gottheiten, die von den Stämmen um Mekka verehrt werden, sind auch seine Götter."

Ein anderes Buch vermerkte, dass zu Mohammeds Zeiten heilige Steine verehrt wurden. Besonders galt dies für einen Meteoriten, den angeblich die Engel dem Abraham aus dem Paradies gebracht hatten und der in der Kaaba, einem würfelförmigen Tempel in Mekka, verwahrt wird. Schon vor Mohammed gab es Pilgerfahrten zur Kaaba. Nach einer Aussage in Sure 3:96 war die Kaaba das erste Haus, das für die Menschen errichtet wurde.

Mit vierzig Jahren, im Jahr 610, hatte Mohammed seine erste Erscheinung, die er als Engel Gabriel deutete. Ich las Angela die Passage vor, die dieses Ereignis schildert:
Jedes Jahr im Fastenmonat Ramadan zog sich Mohammed mit seiner Familie in die Wüste zurück. Am Berg Hirâ dachte er über seinen Gott Allah und dessen Willen nach. Eines Nachts erschien ihm der Engel Gabriel im Traum. In seinen Händen hielt er eine mit Schriftzeichen bedeckte Schriftrolle. „Lies!" rief der Engel mit mächtiger Stimme. „Ich kann nicht lesen", rief Mohammed in großer Angst. „Lies im Namen deines Herrn, des Schöpfers, der den Menschen schuf aus geronnenem Blut!", rief der Engel wieder. „Ich muss sterben", antwortete Mohammed, „ich kann nicht lesen!" Doch der Engel ließ nicht von ihm ab. „Lies!", hörte er zum dritten Mal. In Todesangst stieß er die Frage aus: „Was soll ich lesen?" Dann hörte er den Engel sagen: „Allah wird dir sagen, was er von den Menschen will, und du wirst es aufschreiben lassen." Als Mohammed aufwachte, fühlte er sich, als ob die Schriftrolle, die der Engel Gabriel in seiner Hand gehabt hatte, nun in seinem Herzen sei. Er ging nach Hause und erzählte den Leuten, was er erlebt hatte.

„Und danach folgten viele weitere Offenbarungen durch den Engel Gabriel", schloss ich die Vorlesung ab.

„Mohammed war ein sehr kriegerischer Mann", fuhr Angela fort. „622 wird er aus Mekka verjagt und flieht nach Medina. Dort wird er zum unbestrittenen Herrscher und hat Offenbarungen zu meist politischen, juristischen und ethischen Fragen. Nach langen Kämpfen zieht er um 630 als Sieger wieder in Mekka ein und stirbt dort 632."

Wir lernten, dass der Koran im Himmel immer schon vorhanden war und in 22 Jahren herabgesandt wurde. Für einen gläubigen Muslim seien die fünf Säulen des Islam wichtig: das Glaubensbekenntnis, die fünf täglichen Gebete, die Almosensteuer, das Fasten im Monat Ramadan und die Wallfahrt nach Mekka.

Angela hatte zwei Exemplare des Korans mitgebracht. Wir hatten aus den anderen Büchern und dem Internet gelernt, dass man Mohammeds Offenbarungen aufgezeichnet und etwa dreißig Jahre nach seinem Tod in den hundertvierzehn Suren des Korans vereinigt hatte. Dabei hatte man auch entschieden, was in den Koran aufzunehmen sei und was nicht. In den Jahrhunderten nach Mohammeds Tod war der Hadith entstanden, in dem zahlreiche Erzählungen über Mohammed und seine Aussprüche zusammengefasst wurden.

Die Kommentare weisen wiederholt darauf hin, dass im Koran

zahlreiche jüdische und christliche Ereignisse übernommen wurden. Mohammed kannte viele Bibelgeschichten und verwendete sie, teilweise mit Unterschieden zu den Beschreibungen der Bibel. Adam wird bei Mohammed der Vater der Menschheit, vor dem sich die Engel zu Boden werfen, der Sündenfall von Adam und Eva führt zwar zur Vertreibung aus dem Paradies aber nicht zur christlichen Erbsünde, und schließlich ist Jesus nur ein Prophet und keineswegs der Sohn Gottes. Die Darstellungen im Koran seien teilweise Korrekturen von Verfälschungen, die Juden und Christen den Heiligen Schriften zugefügt hätten.

Angela und ich begannen, in den beiden Exemplaren des Korans zu lesen, die sie mitgebracht hatte. Dies erwies sich als keine leichte Aufgabe. Nach der 1. Sure hatte man die Suren in absteigender Länge geordnet, ohne Rücksicht auf zeitlichen und inhaltlichen Zusammenhang. Im Gegensatz zur Bibel ist der Koran für eine kontinuierliche Lektüre ungeeignet, denn keine Sure setzt die vorausgehende fort.

Während des Lesens verständigten wir uns von Zeit zu Zeit, tranken Wein, den wir vom Zimmerservice angefordert hatten, und forderten uns gegenseitig immer wieder zum Durchhalten auf.

Nach einer Stunde eifrigen Lesens hatte Angela etwas entdeckt, was sich auf unseren Weingenuss bezog. Sie sagte lächelnd: „Es ist ein Glück, dass Mohammed zwar in der 5. Sure den Wein verdammt, aber dafür in der 47. Sure im Paradies Flüsse mit Wein fließen lässt."

Wir stießen mit unseren Gläsern an.

„Weil der Wein im Paradies wahrscheinlich korrekter berauscht als auf der Erde", versuchte ich die Sache zu erklären. „Aber derartige Widersprüche zwischen den Suren sind keine Ausnahme. Mohammed berichtigt gelegentlich einen früheren Text. Erinnerst du dich an die ‚Satanischen Verse', in denen Mohammed zunächst die Fürsprache von Heidengöttinnen erhoffte? Die Sache wurde durch einen Roman und die verlangte Tötung des Autors bekannt."

„Es ist interessant, wie sehr Christus und Mohammed auf die jüdische Religion zurückgreifen", bemerkte Angela. „Nimm nur Abraham, den man den Stammvater Israels nennt. Im Neuen Testament wird er im Stammbaum Jesu aufgeführt und im Islam leitet sich Mohammed von Ismael, einem Sohn Abrahams ab. Mohammed hat viel über Judentum und Christentum gewusst und hat von diesen sehr viel übernommen. Sogar Adam und Eva wie auch Kain und Abel kommen leicht verändert im Koran vor. Josef, Moses und Jonas tauchen ebenfalls in den Suren auf."

Ich war überrascht, was Angel bei unserer mehrstündigen Lektüre der heiligen Schriften gelernt hatte.

„Wir haben doch viel Zweifelhaftes und Unmögliches in den frühen Erzählungen von Talmud und Bibel festgestellt", setzte Angela fort. „Die unmöglichen Dinge aus Tora und Bibel kann man daher auch dem Koran vorwerfen."

„Das ist richtig", sagte ich. „Und doch gilt der Koran für alle Muslime als das direkt von Gott stammende Wort. Dieses Buch ist nicht anzuzweifeln, sagt der Koran über sich selbst. Jede Kritik ist ausgeschlossen, denn gegen das göttliche Wort lässt sich nichts einwenden, außer man würde die Existenz Gottes selbst anzweifeln. Die Bibel erzählt vielfach nur Märchen und Legenden. Wenn der Koran das genaue Wort Gottes ist, sollte er in dieser Hinsicht unfehlbar sein. Ist er es wirklich?"

Wir machten uns daran, dies zu überprüfen. Von Zeit zu Zeit machten wir einander auf Besonderheiten des Textes aufmerksam, und Angela markierte die betreffenden Seiten mit eingelegten Papierstreifen. Drei Stunden später waren wir erschöpft.

„Was hältst du nun vom Koran?", fragte ich Angela.

„Wir haben ihn in einer deutschen Übersetzung gelesen", erwiderte Angela, „und nicht im arabischen Original, das in einer speziellen Reimprosa abgefasst ist. Das Wort Koran bedeutet Vortrag, Rezitation. Nicht lesen, hören muss man ihn. Vielleicht musst du diese Verse verklärt lesen, wie in Trance, aber jedenfalls im Bewusstsein, dass dies Gottes Wort ist."

„Das ist bestimmt so", gab ich zu. „Viele der Lobpreisungen Gottes sind von einer beeindruckenden Majestät, und manche Schilderungen sind von wunderbarer Poesie. Der Text wurde nach dem Tod Mohammeds von den besten Kennern der Sprache verbessert. So entstanden die eindringliche Melodie und der leidenschaftliche Rhythmus der Sprache. Im Koranunterricht sind Auswendiglernen und Wiederholung wichtiger als das Selberdenken. Die Faszination bei der Rezitation des Textes geht aber in den Übersetzungen verloren. Daher haben wir oft den Eindruck, dass vieles langatmig ist und sich wiederholt. Abraham, Moses, Lot und der Pharao sind oft wiederkehrende Themen."

Angela hatte rote und grüne Zettel in ihr Koran-Exemplar eingelegt. Nun schlug sie jene Seiten auf, die sie mit Zetteln markiert hatte.

„Ich habe mit roten Zetteln jene Stellen gekennzeichnet, wo Allah streng mit den Ungläubigen ist", sagte sie. „Bei diesen verlangt Sure 8:12: *Trefft sie oberhalb des Nackens und schlagt ihnen jeden Finger ab!* und schreibt dazu in 8:17: *Nicht ihr habt sie erschlagen, sondern Allah erschlug sie.* Wenn man also einen Ungläubigen tötet, hat man nicht selbst getötet, Allah hat ihn erschlagen. Und in 47:4 heißt es: *Wenn ihr auf die stoßt, die ungläubig sind, so haut ihnen auf den Nacken.*"

„Ich nehme an, dass Hauen auf den Nacken bedeutet, dass man den Ungläubigen den Kopf abschlagen soll", sagte Angela. „In Sure 47:4-6 verspricht der Koran den für Allah Gefallenen, dass sie ins Paradies geführt werden. Dort werden ihnen nach Sure 56:22-23,35-36 Huris zugeführt, die zu Jungfrauen gemacht wurden."

Zuletzt wies mich Angela auf die um 750 von Ibn Ishaq verfasste älteste Biografie Mohammeds hin, die beschreibt, wie Mohammed viele hundert gefangen genommene Männer des jüdischen Stammes der Banu Quraiza köpfen lässt und deren Frauen und Kinder an seine Krieger verteilt.

Ich hatte eine Begründung für diese Gräuel gelesen. Danach müsse man den Koran als Ganzes verstehen und nicht aufgrund von einzelnen Suren. Und man müsse unterscheiden zwischen allgemein gültigen Normen Gottes und Hinweisen Gottes auf Handlungsbedarf in bestimmten, zur Zeit des Propheten gegebenen Situationen. So werden die blutrünstigen Aussagen des Korans abgewertet und die versöhnlichen als allgemeingültig klassifiziert.

Aber es war gar nicht der Zweck unserer Untersuchungen, den Wert des Korans zu beurteilen. Ich versuchte, Angela auf den Zweck unserer Koran-Lektüre zurückzuführen: „Angela", sagte ich, „wir wollen nicht die Lehren des Korans beurteilen. Wir wollen wissen, ob der Koran von Gott stammt."

Angela blätterte in ihrem Exemplar des Korans. Mit grünen Zetteln hatte sie jene Stellen markiert, die wir diskutieren sollten. Ich stellte fest, dass sich mit einigen Ausnahmen genau jene Suren auf meinem Notizblock fanden, die auch Angela mit ihren Zetteln markiert hatte.

„Besonders interessant waren für mich die 67. und 71. Sure", sagte Angela. „Der Koran kennt in diesen Suren sieben in Schichten übereinander liegende Himmel. In 67:5 wird erklärt, dass der unterste Himmel die Sterne enthält als Wurfgeschosse zur Vernichtung der Satane. Und in 71:15 erfährt man, dass Allah den Mond als Licht und die Sonne als Leuchte in diese sieben Himmel gesetzt hat. Nach Sure 18:86 geht die Sonne in einer Quelle mit schlammigem Wasser unter. In Sure 91:4 wird die Sonne von der Nacht bedeckt, wodurch sie nicht scheinen kann."

„Nach den Erkenntnissen der Wissenschaft wurde die Erde viele Milliarden Jahre nach der Entstehung der Welt geschaffen", setzte Angela fort. „Im Koran ist es umgekehrt. Nach Sure 2:29 schafft Allah zuerst die Erde und danach die schon erwähnten sieben Himmel. In der Sure 41:9-12 braucht er zwei Tage, um die Erde zu schaffen, und vier Tage, um auf ihr die Nahrung zu ordnen, und danach zwei Tage für die sieben Himmel. Von der Erde sagt der Koran in 71:19, dass sie von Allah zu einer ausgelegten Fläche gemacht wurde."

„Nach dieser sonderbaren Entstehung der Welt sind die weiteren Besonderheiten des Korans eher klein. In den Suren 16:79 und 67:19 ist es Allah, der die Vögel in der Luft hält", sagte Angela, „von Aerodynamik ist nicht die Rede. Und in der 4. Sure verkündet Allah ein ziemlich wirres Erbsystem. So wenn ein Mann die Ehefrau und drei Töchter hinterlässt, denn dann sollten die Töchter zwei Drittel, die Eltern des Mannes ein Drittel und die Ehefrau ein Achtel des Nachlasses erhalten."

Angela hatte noch weitere grüne Zettel und auch meine Notizen gingen noch weiter, aber Angela wehrte ab.

„Wir müssen uns mit Einstein über den Islam und Mohammed unterhalten", schloss sie unser Gespräch ab.

Angela legte ihre Kleider ab. Sie stellte sich nackt vor den großen Spiegel des Zimmers und betrachtete sich. Vor mir stand eine selbstbewusste furchtlose Frau, die ihren Körper liebte.

Ich trat zu ihr und füllte meine Hände mit ihren Brüsten.

„Du weißt", lächelte Angela, „dass wir jetzt nach Meinung Mohammeds und Sure 24 je hundert Peitschenhiebe verdient haben."

„Mohammed war sexuell sehr aktiv", vermerkte ich. „Chadidscha, die reiche Witwe, die ihren fast fünfzehn Jahre jüngeren Angestellten Mohammed heiratete, erkannte dies wohl auch."

„Es kommt noch besser", ergänzte ich. „Allah erlaubt in Sure 33:50 dem Mohammed viel mehr Frauen als den normalen

Gläubigen. Nämlich jene, die ihm Allah als Kriegsbeute zuteilt, dann, genau festgelegt, die Töchter von Onkeln und Tanten, und schließlich jedes gläubige Weib, das sich dem Propheten schenkt."

„Was aber noch nicht reichte", ergänzte Angela. „In der 66. Sure verkündet Allah, Mohammed dürfe nicht verbieten, was Allah erlaubt hat. In einem Kommentar wird dazu erläutert, dass ihn seine Frauen zwangen, einen Monat Enthaltsamkeit zu schwören, nachdem sie ihn mit einer koptischen Sklavin überrascht hatten. Durch Allahs Eingreifen wird dieser Schwur aufgehoben."

Angela lächelte mich an: „Offensichtlich kommst du nicht einmal annähernd auf jene Zahl von Frauen, die Mohammed bestiegen hat."

Angela nahm mein Glied in ihren Mund. Ihr Zungenspiel übertraf alles, was ich bisher erlebt hatte. Wir liebten uns. Angelas Zärtlichkeit und ihr Erfindungsreichtum überraschten mich erneut.

Wir kleideten uns wieder an. Vor der Wand des Hotelzimmers erschien Einstein.

„Wir haben Mohammed kennengelernt", begann Angela. „Aber wir verstehen nicht, wie ein erfolgreicher Krieger und Prophet eine so mächtige Religion ins Leben rufen konnte."

„Ich habe euch schon erklärt, wie sich Religionen verbreiten", erwiderte Einstein. „Durch Krieg, durch Vernichtung früherer Religionen. Nach Mohammed eroberten die arabischen Muslime ein gewaltiges Gebiet vom Atlantik bis zum Indus, drangen bis Südfrankreich vor. Später verbreiteten die Türken den Islam. Die Osmanen eroberten den Balkan und kamen bis Wien. Im Malaiischen Archipel und in Schwarzafrika wurde der Islam vorwiegend durch Händler verbreitet. Völker mit anderen Religionen traten zum Islam über."

„Im Kampf mit dem Christentum unterlag der Islam in Spanien und vor Wien", ergänzte ich. „Die Rückeroberung hörte bei Gibraltar und Belgrad auf."

„Dadurch ist die heutige Ausbreitung des Islam zu erklären", ergänzte Einstein. „Die christlichen Herrscher waren zu schwach, um diese neue Religion zu bekämpfen."

„Das Christentum ist heute weitgehend aus dem Alltag verbannt, denn Staat und Kirche sind getrennt", sagte ich. „Der Islam dagegen ist noch immer eine Religion, die in die Gesetze vieler Staaten eingreift."

„Für die Gemeinde in Medina kamen zahlreiche Anweisungen in den Koran: zum täglichen Leben, zu Familie und Strafrecht", belehrte uns Einstein. „Wenn man den Koran für das Wort Gottes hält, muss sich ein islamischer Staat an diese Vorschriften halten."

Nach diesen Worten verschwand Einstein.

Es war sechs Uhr abends. Für heute musste ich mich von Angela verabschieden, denn ein neuerliches Abendessen auswärts wäre doch ungewöhnlich gewesen, und ich hätte gegenüber meiner Frau neue Ausreden erfinden müssen. Trotzdem waren wir mit diesem Tag zufrieden. Wir hatten einmal miteinander geschlafen und hatten sehr viel über Mohammed und den Islam gelernt. Und Angela hatte schöne Einkäufe gemacht.

26 Einstein und der Sex

Als ich am folgenden Tag kurz nach neun Uhr morgens zu Angelas Suite kam, fand ich die Türe unverschlossen. Ich trat ein. Angela kam nackt aus dem Badezimmer. Ich blieb regungslos stehen, um ihren Anblick zu genießen. Sie umarmte und küsste mich. Über ihren Nacken zog ich eine Spur von zarten Küssen.

„Weißt du, dass beim Akt das Gepardenmännchen das Weibchen mit den Zähnen am Nacken hält, um sich vor Bissen zu schützen?" fragte Angela.

Ich versuchte, ihren Nacken ganz zart zu beißen.

Sie griff nach hinten und zog mich an ihren Rücken.

„Bleib, wo du bist, eng an meinem Hinterteil", sagte Angela und lachte. „Nachdem wir nun die jüdische und christliche Religion und den Islam kennengelernt haben, wollen wir endlich etwas tun, das alle drei gar nicht schätzen."

Ich wusste, was sie meinte. Bei vielen Juden und Christen, aber besonders im Islam wird der Analverkehr zwischen Mann und Frau verboten oder zumindest missbilligt.

Auf Angelas Frage gab ich zu, dass ich nicht gewagt hatte, ihr einen Analverkehr vorzuschlagen.

Angela lachte schallend. „Dann wird es langsam Zeit", sagte sie, „dass du dich traust." Sie beugte sich vor und zeigte mir ihren wunderschönen kleinen Hintern.

Ich war sehr vorsichtig, aber merkte, dass dies nicht nötig war. Angela hatte eine eigene Technik, sich zu öffnen und es war einfach für mich, in sie einzudringen. Als ich in ihr war, schloss sie ihren Muskel. An Angelas Stöhnen merkte ich, dass sie liebte, was wir taten. Für mich bewirkte die überraschende Enge eine ungeahnte Stimulation. Nach wenigen Minuten kamen wir beide gemeinsam in einem langen Orgasmus.

Wir wuschen uns und kleideten uns an.

„Nach diesem fröhlichen Sex wollen wir Einstein ganz ernst befragen", kündigte Angela an.

Einstein erschien an der Tür zum Badezimmer.

Angela wurde ernst und wandte sich an Einstein. „Wir machen uns Sorgen", begann sie, „über den Bericht, den wir über unsere Begegnungen für dich schreiben werden. Gehört dazu, wann und wie wir davor miteinander schlafen?"

„Gewiss", war die Antwort, „das gehört dazu. Ihr müsst auch eure erotischen Erlebnisse beschreiben."

Angela biss sich auf die Lippen.

„Aber passt den unser intensiver Sex zu deinen Erzählungen über die Religionen?" fragte sie.

„Religiöse und sexuelle Ekstasen sind nicht so verschieden", widersprach Einstein. „Bei den Griechen und Römern war die Welt der Götter von einer fröhlichen Erotik. Es gab kein sündiges Fleisch, kein generelles Verbot der Prostitution, keine grundsätzliche Ablehnung von Homosexualität, und körperliche Lust galt nicht an sich als abstoßend. Sexuelles war auch im Alltag allgegenwärtig. Kunstgegenstände bis hin zu erotischen Backformen dokumentierten den freien Umgang mit der Sexualität. Zum Gottesdienst gehörte die Tempelprostitution."

„Du weißt, wie die Sexualität in der christlichen Kirche beurteilt wird", wandte ich ein.

„Zu Unrecht", sagte Einstein. „Das Alte Testament ist voll von Erotik. Und im Neuen Testament urteilt Jesus zwar sehr streng über den Ehebruch, verzeiht aber der Ehebrecherin und hat eine besondere Beziehung zu Maria Magdalena. Der Apostel Petrus war verheiratet und hatte seine Frau auf seinen Missionsreisen dabei."

Einstein verschwand.

Einsteins Bemerkung über Maria Magdalena hatte uns nicht überrascht. Wir hatten in verschiedenen Berichten, auch im Internet, von einem koptischen Jesus-Buch, dem Philippus-Evangelium, gelesen, in dem Maria Magdalena als Gefährtin von Jesus bezeichnet wird. Auch Stellen in den Evangelien von Markus und Johannes könnten darauf hinweisen.

Es war Zeit für das Mittagessen. Wir gingen in den Speisesaal des Grand Hotels.

Was Einstein über die Sexualität gesagt hatte, ging uns nicht aus dem Sinn.

„Jeder sollte wissen", sagte Angela leise, „dass die den Menschen am meisten bestätigende Erfahrung der Sex ist, intim, aufregend, wunderbar. Aber die meisten Religionen verteufeln körperliche Lust, Leidenschaft und Sexualität."

Sie setzte zu einem kurzen Vortrag an.

„Unsere Religion", betonte sie, „ist keine Versammlung von männlichen Gottheiten. Wir Hindus haben auch Göttinnen. Die Göttin Devi in der Gestalt der Kriegerin Durga oder der dunklen Göttin Kali besiegt Dämonen. Sie ist Shakti, die weibliche Kraft der Schöpfung, oder auch Lakshmi, die Göttin des Glücks, deren Bild die indischen Münzen schmückte. Sie ist auch Sarasvati, die Göttin des Lernens und Patronin der Musik."

„Die akrobatischen Stellungen sich liebender Paare, die indische Tempel schmücken, sind weltweit bekannt", sagte ich.

„Gewiss", bekräftigte Angela. „In der indischen Kunst spielen erotische Szenen eine bedeutende Rolle. Als höchste aller Wonnen auf Erden und in den niederen Himmeln gilt die Umarmung einer liebenden Frau. Unsere Kulte reichen von intensivster Erotik bis zur tiefsten Askese. Aber Askese wird erst notwendig, wenn sich die Seele von der Welt lösen will."

„Ich habe dich als sehr sinnenfroh kennengelernt", sagte ich vorsichtig. „Hältst du dich für eine typische Inderin?"

„Oh nein", lachte Angela, „die heutige indische Gesellschaft ist beim Sex sehr prüde und konservativ."

„Und euer berühmtes Lehrbuch über die Liebe, das Kamasutra, und die erotisch sehr deutlichen Statuen in einigen Tempeln?", fragte ich.

„Nach dem Kamasutra und den berühmten Tempeln von Khajuraho kam die Herrschaft der islamischen Moguln und dann die der prüden viktorianischen Engländer", erklärte Angela. „So blieb nicht viel übrig von dieser mehr als tausend Jahre zurückliegenden Sinnenfreude."

Angela ergänzte: „Im Westen kennt man das Kamasutra durch die Beschreibung vieler Stellungen beim Geschlechtsverkehr", sagte sie. „Aber es enthält auch zahlreiche andere Anweisungen und Meinungen. So schreibt es dem Analverkehr mystische Fähigkeiten zu. Stimulierung des Afters soll die künstlerischen Fähigkeiten des Mannes steigern."

„Komm", sagte sie. „Wir gehen noch einmal auf mein Zimmer."

In ihrer Suite schien die Sonne auf das breite Bett. Auf dem Teppich tanzten Lichtflecken. Angela zog mich aus. Wir liebten uns.

„Das war ganz gut", sagte Angela, „aber nicht großartig. Leg dich zurück, jetzt wird es großartig." Sie beugte sich über mich.

Es wurde großartig und noch viel mehr. Angela gab alles, was sie von ihrem Sexvirtuosen und ihren anderen Männern gelernt hatte. Nach einer Stunde war es weniger großartig, und wir wurden müde.

„Wir sollten aufhören", flüsterte ich.

Für mich war es genug. Aber Angela wollte etwas probieren, das mehr war als nur genug.

„Nein", sagte sie. „Ich bin noch nicht fertig."

Sie nahm mich noch einmal in sich auf. Und noch einmal.

Im Bad duschten wir uns. Das Wasser brannte auf meinem Körper. Vor dem Hotel ließ ich ein Taxi für mich rufen. Ich war wund, es tat höllisch weh, als ich zum Taxi hinkte.

27 Ein böser Unfall

Zwei Tage, nachdem wir uns wieder getrennt hatten, rief mich Angela in der Universität an. Ihre Stimme klang ängstlich und verärgert zugleich.

„Mein Bruder hat leider doch von unserem Rendezvous erfahren", teilte sie mir mit. „Einer der auf dich angesetzten Detektive hat ihm davon berichtet."

„Was habe ich falsch gemacht beim Weg ins Hotel?", fragte ich bestürzt.

„Das war es nicht", beruhigte mich Angela. „Dieser Detektiv sah mich zufällig beim Einkaufen und ist mir bis in das Hotel gefolgt. Dort hat er gewartet, bis du kamst, und hat dann alles meinem Bruder gemeldet."

„Dann hätten wir uns den Umweg sparen können", erwiderte ich resigniert, um dann doch das Positive herauszustreichen: „Andererseits war es in deiner noblen Suite höchst geschmackvoll. Und zuletzt sehr wild. Wir sollten das mit einem lachenden und einem weinenden Auge betrachten."

„Mir ist nicht nach Lachen zumute", widersprach Angela. „Mein Bruder hat dich vor mir einen Schuft und Betrüger genannt, der nur auf mein Geld aus sei. Er werde das zu verhindern wissen. Er hat von mir verlangt, dass ich dich nicht mehr sehe. Ich habe das abgelehnt und bin aus dem Zimmer gegangen."

„Dieser Familienzwist tut mir sehr leid", sagte ich bedauernd. „Was sollen wir tun?"

„Ich weiß es nicht", gab Angela zu. „Wir werden sehen, was mein Bruder vorschlägt. Vielleicht solltest du auf Zeit spielen. Verlange eine Frist von drei bis sechs Monaten bis zu unserer Trennung. Sage, das sei notwendig, um mich nicht zu verletzen."

„Meinst du, dass in dieser Zeit unsere Begegnungen mit Einstein zu einem Ende kommen?", fragte ich zweifelnd.

„Das könnte sein", bestätigte Angela. „Die Meinung von Einstein über die wichtigsten Religionen kennen wir ja bereits. Wir wissen allerdings nicht, was er uns noch sagen will."

Angelas Bruder erschien drei Tage später in meinem Zimmer auf der Universität. Er setzte sich auf den angebotenen Stuhl, ohne mir die Hand zu geben.

„Ich habe erfahren", begann er, „dass Sie sich mit meiner Schwester in einem Hotel getroffen haben. Ich habe mit ihr gesprochen und sie gebeten, damit aufzuhören. Von Ihnen verlange ich, dass Sie meine Schwester nicht mehr sehen."

Ich versuchte, versöhnlich zu wirken.

„Ich bin damit einverstanden", stimmte ich zu. „Nach drei Monaten. Diese Zeit brauchen wir, um unsere Beziehung mit Stil und Anstand zu beenden."

Er lachte ironisch.

„Ich habe mit meiner Schwester gesprochen. Sie redet zunehmend wirr. Einstein würde sie über die Religionen aufklären. Es sei hochinteressant. Man dürfe Einstein nicht verunsichern, sonst würde er mit anderen Leuten zusammenarbeiten, und das wäre furchtbar für sie. Und so weiter und so fort. Ein wirres Gerede ohne Sinn. Sie hat jetzt sogar den Eindruck, sie müsse die Menschheit retten."

Aus seinem Mund klangen unsere Treffen mit Einstein tatsächlich nur wirr und irr.

„Haben Sie nie daran gedacht, dass an diesen Erscheinungen etwas Wahres dran sein könnte, auch wenn sie schwer zu glauben sind?", fragte ich. „Dass es übernatürliche Wesen geben könnte, die um die Menschheit besorgt sind, klingt zwar absurd, aber unmöglich ist es doch nicht."

Mein Besucher sah mich prüfend an.

„Ich weiß nicht, warum Sie mir diesen Unsinn einreden wollen. Was treibt Sie dazu? Wenn Sie hoffen, Geld von Angela zu bekommen, dann nehmen Sie lieber mein Angebot an. Es ist sehr großzügig. Mit einer Irren zu schlafen oder von ihr Geld zu erwarten kann nur in einer Enttäuschung enden."

Ich spürte, wie mir seine Rede die Zornesröte ins Gesicht trieb. Trotzdem versuchte ich es noch einmal.

„Geben Sie mir drei Monate Zeit, dann werden wir uns trennen", sagte ich abermals.

Angelas Bruder schüttelte den Kopf.

„Nein, so lange will ich nicht warten", sagte er bestimmt. „Noch drei Monate, und Angela ist reif für das Irrenhaus. Das kann ich nicht zulassen. Es muss jetzt sofort zu Ende sein."

„Das kann ich nicht", sagte ich ebenso scharf. „Ich verzichte auf Ihr Geld, aber geben Sie mir drei Monate Zeit, um mich von Angela zu trennen. Dann haben Sie Ihr Ziel erreicht."

„Ist das Ihre letzte Antwort?", fragte er düster.

Ich bestätigte es.

„Sie werden es bereuen", sagte er und ging.

Am Telefon berichtete ich Angela von unserer Unterredung. Sie war ratlos und beunruhigt.

In den nächsten Tagen telefonierten wir häufig miteinander. Weder sie noch ich hörten etwas von ihrem Bruder. Ich spürte Erleichterung in mir aufkommen, offenbar war die Angelegenheit doch nicht so ernst, wie wir angenommen hatten.

Es geschieht am Abend, als ich auf dem Heimweg von der Universität bin. Mein Haus liegt in einer ruhigen Sackgasse, die fast nur von den Bewohnern der wenigen angrenzenden Häuser benützt wird. Ich bin allein, als ich hinter mir Schritte höre. Im nächsten Augenblick trifft mich ein fürchterlicher Schlag gegen mein rechtes Schienbein. Ich spüre, wie der Knochen bricht, und stürze zu Boden.

Ich lag schmerzverkrümmt auf dem Gehsteig, der Schlag hatte mein Bein abgerissen. Abgerissen! Ich schrie. Dann merkte ich, dass mein Bein nicht abgerissen, sondern nur unter meinem Körper eingeklemmt war. Ich versuchte mich zu bewegen, als mich ein Nachbar fand und die Rettung verständigte.

Nach knapp einer halben Stunde kam ich in der Notfallstation an, der erstaunlich glatte Bruch wurde diagnostiziert und fachgerecht behandelt. Vom Schmerzmittel betäubt, landete ich mit vorsorglich geschientem Bein in einem Spitalbett.

Die Ärzte rätselten darüber, wie der Bruch zustande gekommen war. Ich erklärte, mich an nichts zu erinnern. Man neigte zuletzt dazu, die Verletzung einem Metallstück zuzuschreiben, das aus einem rasch vorbeifahrenden Auto oder Motorrad herausgeragt hatte oder herausgeschleudert worden war. Ich selbst war da anderer Ansicht. Ich hatte gelesen, dass die Mafia Männern, die sich widersetzten, beide Beine brechen ließ. Wahrscheinlich hatte mich ein von Angelas Bruder angeheuerter Berufsverbrecher mit einem Beil verletzt. Es sollte offenbar eine nicht zu ernste Verletzung sein, die aber genügen würde, mich zu warnen und für einige Wochen von Angela fernzuhalten.

Von zuhause konnte ich nicht telefonieren. So erfuhr Angela von meinem Unfall durch meine E-Mail. Sie war empört, als sie die Umstände meines Beinbruchs hörte, und fuhr sofort zu ihrem Bruder, um ihm eine schreckliche Szene zu machen. Vergeblich, wie sie erfahren musste. Ihr Bruder gab zwar indirekt seine Mitwirkung an meinem Unfall zu, drohte ihr aber mit der Einlieferung in eine Anstalt – falls sie nicht vernünftig werden würde, wie er sich ausdrückte. Er werde mich weiter mit Gewalt daran hindern, sie noch einmal zu treffen.

Eine Anzeige bei der Polizei schlossen wir aus. Wir hatten keine Beweise gegen ihn, und die Untersuchungen hätten die Art unserer Treffen in allen Einzelheiten aufgeklärt, mit nicht vorhersehbaren Folgen.

Die Verständigung mit Angela funktionierte dank E-Mail recht gut. Da mich Schmerzen in der Nacht häufig weckten, hatte sich meine Frau entschlossen, ihr Nachtlager vorübergehend in einem anderen Raum aufzuschlagen. So konnten Angela und ich uns ungestört beraten. Nach einer Woche beschlossen wir, dass Angela Einstein über unsere Schwierigkeiten informieren solle. Dies geschah, und Angela berichtete mir entsetzt, dass Einstein ihr nur ruhig zugehört habe. Am Ende habe er ihr lediglich mitgeteilt, dass er ihr seine Entscheidung mitteilen werde.

Es wurden schreckliche zehn Tage der Ungewissheit. Man hatte mein gebrochenes Bein operiert und mit einem Implantat stabilisiert. Nach einigen Tagen entließ man mich aus dem Spital, und ich humpelte, auf zwei Krücken gestützt, im Haus umher, missgelaunt und noch immer wie unter Schock. Wenn ich in den Spiegel blickte, hielt ich mich für sechzig. Und ich fühlte mich auch so, ich glaubte jeden einzelnen Tag zu fühlen.

Ich verwünschte mich, ich verwünschte Angela und ich verwünschte Einstein – und war doch der Ansicht, dass mir die Begegnungen mit ihm mehr gebracht hatten als alles, was mir in meinem bisherigen Leben zugestoßen war. Ein Ende der Begegnungen mit Einstein würde für mich eine Katastrophe bedeuten. Ich würde zurückbleiben mit den Fragmenten eines Wissens, das mir ungeahnte Einsichten hätte geben können. Wie würde ich mein zukünftiges Leben gestalten, was würde Angela noch bedeuten, was unser Wissen über Einstein?

Meine Frau bemühte sich rührend um mich. Sie war fassungslos, dass mir dieses Unglück zugestoßen war, aus heiterem Himmel, wie sie vermutete. Ich hatte ein sehr schlechtes Gewissen. Schließlich war meine Verletzung eine Folge der Tatsache, dass ich sie betrogen hatte.

Angelas Nachricht kam kurz nach Mitternacht.

„Ich komme gerade von Einstein", berichtete sie. „Er ist bereit, für meinen Bruder an einem Treffen sichtbar zu werden. Er will sogar dessen Fragen beantworten."

Ich war sprachlos vor Überraschung. Dann schrieb ich zurück: „Wird dein Bruder kommen?"

„Er muss", antwortete Angela.

Die folgenden Tage vergingen unendlich langsam. Eine unerträgliche Spannung baute sich in mir auf. Dann erfuhr ich von Angela, dass sich ihr Bruder bereit erklärt hatte zu kommen.

An dem denkwürdigen Tag des Treffens humpelte ich nervös in meinem Zimmer auf und ab. Wir hatten vereinbart, dass mich Angela sofort telefonisch informieren würde. So wartete ich auf Angelas Anruf. Die Stunden verflossen, und mir lief vor Aufregung der Schweiß aus den Poren.

Endlich kam Angelas Telefonanruf. Jubel schwang in ihrer Stimme: „Mein Bruder ist nun auch überzeugt, dass unser Pseudo-Einstein existiert und übernatürlich ist", verkündete sie triumphierend.

„Einstein erlaubte meinem Bruder, ihm Fragen zu stellen. Ich hatte zuerst befürchtet, dass sich mein Bruder mit den Fäusten auf Einstein stürzen würde. Aber nichts dergleichen geschah. Mein Bruder war überzeugt, dass er allein mit Fragen Einstein entlarven könnte.

Du kannst dir nicht vorstellen, mit welchen Tricks mein Bruder Einstein entlarven wollte! Mit Fragen nach unseren Eltern und Großeltern, nach Orten in Indien, an denen wir in den Ferien waren, und zuletzt nach sehr persönlichen, ja intimen Dingen über sich, die nur mein Bruder wissen konnte. Nach Schulerlebnissen, nach dem ersten Kuss, nach der ersten Frau, mit der er geschlafen hatte, es war unglaublich. Zwei-, dreimal wusste Einstein genauer über ihn Bescheid, als er sich selbst erinnern konnte."

Mein Glücksgefühl hätte nicht größer sein können als in diesem Augenblick. „Also ist er jetzt bekehrt?", fragte ich.

„Ja", bestätigte Angela. „Die Sitzung mit Einstein dauerte nicht ganz eine Stunde. Nachher saßen mein Bruder und ich noch zusammen und diskutierten. Er ist völlig verstört. Er kann nicht begreifen, was uns widerfahren ist."

„Will er mich sehen?", fragte ich.

„Vorläufig wohl nicht", erwiderte Angela. „Aber ich soll dir mitteilen, dass die Geldsumme noch gilt, die er dir geben wollte, wenn du mich nicht wiedersiehst. Nur will er sie jetzt als Schmerzensgeld zahlen. Zur Überweisung benötigt er die Nummer deines Bankkontos."

Ich fragte Angela, ob ich es wohl annehmen sollte, und sie wunderte sich sehr über diese Frage. Ob mir ihr Bruder nicht genug Schmerzen zugefügt habe? Sie brachte einen Vergleich: Natürlich müsse ich diesen Goldesel am Schwanz ziehen.

Es gibt viele Wege, um reich zu werden. Durch Talent, durch Intelligenz, durch Glück oder durch Schönheit. Schmerzensgeld war wohl eine eher ungewöhnliche Art.

Was sollte ich mit diesem plötzlichen Reichtum beginnen? Und wie würde ich ihn meiner Frau erklären?

Eines wollte ich von Angela noch wissen: „Wie funktionierte das mit dem Sex, als du deinen Bruder zu Einstein mitgenommen hast?"

Angela lachte. „Ekstatischer Sex war dieses Mal nicht notwendig. Ich musste nicht mit meinem Bruder schlafen."

Ich hatte seit meiner Verletzung noch nie so gut geschlafen wie in dieser Nacht. Es waren Träume von Licht und Farbe und ein überwältigendes Gefühl des Glücks.

Es begannen fünf Wochen einer erzwungenen Pause. Die Ärzte hatten meinen Schienbeinbruch wohlwollend begutachtet und als sehr einfach eingestuft. Der Knochen war nicht verschoben und eine Operation unnötig. So humpelte ich mit eingeschientem Bein unbeholfen durch mein Haus. Meine Frau und die zahlreichen Besucher wunderten sich, dass ich trotz dieser Behinderung bester Laune war. Natürlich konnte ich ihnen nicht erklären, welches sonderbare Ereignis meine gute Stimmung verursacht hatte.

In dieser Zeit blieben Angela und ich nicht untätig. Wir tauschten uns über E-Mail aus. Wir wollten festhalten, was wir erlebt hatten.

Ich versuchte, mich möglichst genau zu erinnern. Von Zeit zu Zeit schlief ich ein. Ich fühlte mich dabei, als würde ich auf einem Floß durch meine Erinnerungen schwimmen.

Als Erstes hatte Einstein die Religion Angelas, den Hinduismus, mit uns besprochen. Er hatte Angelas Götter von Brahma bis Ganesha zu Fabelwesen aus grauer Vorzeit erklärt, die es nie gegeben hatte. Das hatte mich nicht beeindruckt, denn dieser Meinung war ich auch. Was wir zu sehen bekamen, war indische Folklore, bunt und beeindruckend, aber eben nur Folklore. Natürlich hatte Angela anders auf die Ausführungen von Einstein reagiert, erschüttert und aufgewühlt, aber das konnte ich gut verstehen. In dem Gedankenaustausch, den wir nun über E-Mail führten – Telefon wäre meiner Frau aufgefallen – gestand sie mir auch offen ein, dass sie sich mit diesen, ihre Religion derart herabsetzenden Ansichten nicht befreunden werde.

Dann waren wir zu Buddha, Laotse und Konfuzius gelangt, die man als Philosophen ansehen konnte und nicht unbedingt als Religionsstifter, obwohl sie es geworden waren. Auch hier hatte Einstein bestritten, dass ihre Ideen durch göttlichen Einfluss entstanden waren. Dies konnten Angela und ich akzeptieren.

Danach aber waren wir zu Judentum und Christentum gelangt. Während es nun an Angela war, die Ausführungen von Einstein als selbstverständlich zu beurteilen, fiel es mir schwer, das Gebäude des jüdischen und christlichen Glaubens nur als Menschenwerk anzusehen. Dass das Alte Testament von mindestens drei Verfassern stammte, schien die Meinung der meisten Bibelwissenschaftler zu sein. Das konnte man noch glauben. Dass aber die Bibel von der Schöpfungsgeschichte über die Sintflut bis in geschichtliche Zeiten Dinge erzählte, die so nie geschehen waren, war bestürzend. Dass man einen Bund mit Gott erfand, war offensichtlich ein Schachzug, der das auserwählte Volk zusammenhalten sollte.

Nun, ich war kein Jude und daher nur am Rande von dieser Aufklärung berührt. Ein Schock war aber meine Begegnung mit Jesus, dem angeblichen Sohn Gottes, als Person. Auch hier konnte man sagen: Die Juden wussten es von Beginn an besser. Angela als Hindu fand den Kreuzestod nur merkwürdig. Aber ich war als Christ erzogen worden, ich war zur Kommunion gegangen, ich hatte zu Jesus Christus gebetet, und fiel jetzt, wenn unser Pseudo-Einstein recht hatte, alles in ein Nichts zusammen?

Bei diesem Gedankenaustausch war Angela kein Trost für mich. So wie ich die unzähligen Götter der Hindus mit Unverständnis belächelt hatte, schüttelte sie über einen Gott den Kopf, der seinen

Sohn für fremde Sünden leiden ließ. Für Angela war dies nur eine Konstruktion. Man musste eben den Kreuzestod erklären, der bei den Römern eine Form der Hinrichtung war, die damals Tausende erlitten hatten.

Beim Islam stimmten Angela und ich wieder überein. Wir hatten den Propheten Mohammed in Person als Frauenfreund und Kriegsherrn kennengelernt, der glaubte, er sei vom Engel Gabriel besucht worden. Aus seinen religiösen und politischen Ansichten war ein Regelwerk entstanden, das Jahrzehnte nach seinem Tod von Gläubigen zusammengetragen worden war.

Judentum, Christentum oder Islam – konnte man wirklich glauben, dass nach Tausenden von Jahren Gott plötzlich begonnen hatte, sich einigen Analphabeten in der arabischen Wüste zu offenbaren? Und dann entschieden hatte, wieder zu schweigen?

Unser Pseudo-Einstein war auf die Spaltungen in diesen Religionen nicht eingegangen. Offenbar hielt er es für unwichtig, dass Katholiken, Protestanten und Orthodoxe ebenso wie Sunniten und Schiiten, Alawiten und Aleviten auch noch untereinander zahllose blutige Kämpfe über die angeblichen göttlichen Offenbarungen ausgetragen hatten und noch immer austragen.

Trotz unserer Bedenken waren wir entschlossen, unseren Bericht für Einstein so perfekt wie möglich zu machen. Wir schrieben gegenseitig und abwechselnd die Ereignisse mit Einstein nieder und waren mit dem Ergebnis nicht unzufrieden.

Unser Eifer beschränkte sich aber nicht nur auf die Rekonstruktion religiöser Erkenntnisse. Dem Wunsch unseres Auftraggebers folgend, versuchten wir auch, unsere ekstatischen Vereinigungen zu beschreiben. Es gelang uns, diese erstaunlich vollständig aus unserem Gedächtnis abzurufen. Ich lernte daraus, wie Angela mich und meine Liebkosungen erlebt hatte. Ihre Schilderungen halfen mir, mein Tun oft in einem ganz anderen Licht zu sehen. Meine Berichte von unseren Ekstasen änderte das aber nicht. Als Erzähler musste ich diese aus meiner Sicht schildern. Meine männliche Freude an Angela und unseren Begegnungen sollte unverfälscht sichtbar sein.

28 Angelas Bruder bemüht zwei Professoren

Nach etwa einer Woche kam ein Telefonanruf von Angelas Bruder. Seine Stimme klang ganz anders als bei unserem Aufeinandertreffen vor einem Monat. Die bedrohliche Haltung bei seinem letzten Besuch war einer formvollendeten Höflichkeit gewichen.

„Ich würde Sie gerne besuchen", sagte er zu meiner Überraschung, „um mich zu entschuldigen und um etwas mit Ihnen zu besprechen."

Natürlich war ich einverstanden, ihn zu sehen. Wir verabredeten uns auf den nächsten Tag.

Als er erschien, war er nicht wiederzuerkennen. Er atmete schwer und suchte nach Worten. Aber seine Freundlichkeit und sein Bedauern waren nicht gespielt. Mit einem Blick auf mein eingeschientes Bein sagte er: „Es tut mir sehr leid, was geschehen ist, dass ich Ihnen Schmerz zufügen ließ. Aber ich wusste keinen Rat mehr. Als der Ehemann meiner Schwester verunglückte, begann die Familie nach einem geeigneten Ersatz zu suchen. Bevor wir aber eine neue Heirat arrangieren konnten, geriet Anjali an einen Mann, der sie faszinierte. Ich war entsetzt über die Veränderung, die mit meiner Schwester vor sich ging."

Er biss sich auf die Lippe.

„Nach einigen Monaten griff ich ein. Der Mann ließ sich von mir bestechen und verschwand. Aber danach trat wieder dieser Einstein auf. Anjali erzählte mir davon und ich ließ sie von Detektiven beobachten. Sie können sich nicht vorstellen, wie mein Entsetzen von Woche zu Woche wuchs, als die Fotos dieser Leute eintrafen. Meine geliebte Schwester in intimsten Situationen, fotografiert von Bäumen, gegenüberliegenden Gebäuden, mit Infrarot- und Brillen-Kameras, es wurde immer schlimmer. Dann kamen Sie und ich konnte mich wieder auf einen Mann konzentrieren. Den Rest wissen Sie."

„Ja", sagte ich irritiert. „Nach Ihrer Begegnung mit dem Pseudo-Einstein wissen Sie wenigstens, dass ich nicht der Schurke bin, für den Sie mich gehalten haben."

Er nickte und sagte: „Für mich ist die Sache noch nicht beendet. Dieser Einstein weiß sehr viel. Aber wer ist er wirklich? Ein Götterbote, wie Anjali meint, oder ein verirrter Geist, um nicht zu sagen ein Gespenst?"

Dann rückte er mit seinem Anliegen heraus.

„Ich möchte die Behauptungen dieses Einsteins überprüfen lassen und hatte dazu Besprechungen mit einigen Spezialisten. Für Juden und Christen sind Sie zuständig", meinte er, „aber für Hindus und Islam habe ich geeignete Experten ausfindig gemacht."

Er gab mir zwei Adressen: die eines Professors für Hindu-Studien und vergleichende Religion, und die eines Professors für Islamwissenschaften und Arabistik. Mit beiden würde er Treffen mit mir arrangieren, wobei er für Reisespesen und Hotelkosten aufkommen würde.

Ich hatte keine Einwände. Auf einen Zuschauer mussten wir wie gute Freunde wirken, als wir uns händeschüttelnd verabschiedeten. Zu einer Umarmung reichte es allerdings nicht.

Mein erster Besucher kam eine Woche später. Er stellte sich als Professor für Hindu-Studien und vergleichende Religion vor. Er war sehr freundlich.

„Mir wurde gesagt, dass Sie sich so sehr für die Religionen der Hindus interessieren, dass Sie eine ausführliche Privatinstruktion wünschen."

Ich musste ihn korrigieren.

„Es geht um etwas sehr Spezielles", erläuterte ich. „Ich bin eher oberflächlich darüber informiert wurden, dass die Anfänge der Hindu-Religion im Dunkel liegen. Die heute verehrten Götter von Brahma bis Ganesha sollen auf Fabelwesen aus grauer Vorzeit zurückgehen, die es nie gegeben hat. Wie weit lässt sich das bestätigen oder widerlegen?"

Mein Besucher lächelte.

„Das ist eine typisch westliche Ansicht", sagte er. „Als Jude oder Christ erwartet man einen persönlichen Gott, der sich ausgewählten Propheten erklärt. Hier war das nicht so. In den Anfängen, einige tausend Jahre vor Christus, gab es die Muttergöttin eines Fruchtbarkeitskults. Ob diese Göttin tatsächlich göttlichen Ursprungs ist, kann man nicht sagen, für einen gläubigen Anhänger dieser

Religion war sie es. Aus ihr entstanden die zahlreichen Hindu-Göttinnen."

Das war mir nun doch etwas zu wenig.

„Gibt es eine Art Altes Testament bei den Hindus?" fragte ich.

„Die älteste Religion im Indus-Gebiet wurde durch einwandernde Völker aus dem Nordwesten verdrängt. Von diesen stammen die Veden, die bis in das zweite Jahrtausend vor Christus zurückgehen. Am ältesten ist der Rigveda mit Samhitas, den Hymnen, Brahmanas, den Ritualtexten, Aranyakas, den Waldtexten, und den Upanishaden, philosophischen Texten. Dort gibt es Götter wie Agni für das Feuer und Indra als Befreier."

Diese Götterwelt erschien mir zwar beeindruckend, war aber nicht das, wonach ich suchte.

„Ich habe bei verschiedenen Religionen versucht, einen möglichen göttlichen Ursprung zu finden", sagte ich. „Zum Beispiel bei der Erklärung der Welt. Ich bin auf der Suche nach einer Religion, die schon vor tausend Jahren die Erde für eine Kugel hielt, die um die Sonne kreist."

Der Professor lachte. „Mit Juden, Christen, Islamisten und Hindus kann ich da leider nicht dienen", sagte er. „Die Stifter und Anhänger dieser Religionen waren zu ungebildet, um die Ergebnisse der griechischen Philosophen zu kennen. Dass die Erde um die Sonne kreist, lehnten allerdings auch die Griechen ab und Aristarchos, der das behauptete, wurde der Gottlosigkeit beschuldigt. Aber Parmenides lieferte fast 500 Jahre vor Christus den berühmten Schiffsbeweis: Bei einem sich nähernden Schiff sieht man zuerst die Masten und dann den Rumpf. Der scheinbare Hügel vor dem Schiff zeigt: das Meer ist rund und die Erde ist eine Kugel."

So ließ sich also ein göttlicher Ursprung der genannten vier Religionen nicht beweisen. Sah es besser aus, wenn man betrachtete, wie diese Religionen die Schöpfung schilderten?

„Ich nehme an", sagte ich, „dass Adam und Eva nur bei Juden, Christen und Islamisten vorkommen. Aber wie sah denn die Schöpfungsgeschichte bei den Hindus und ihren Vorgängern aus?"

„Da gab es Purusha, der als Urmensch oder Urseele angesehen wird", informierte der Hindu-Experte. „Purusha war ein Riese. Er bedeckte mit tausend Köpfen, tausend Augen und tausend Füßen die Erde. Aus ihm entstand die Welt, so die Sonne aus seinen Augen. Die Götter Agni und Indra, die ich schon erwähnt habe, sollen aus seinem Mund gekommen sein."

Es wurde ein langer Nachmittag. Der Professor las mir Hymnen aus der Rigveda vor und versuchte zu erklären, wie aus den Veden der Vorzeit die Hindu-Religion entstanden war. Es war ein fantastisches Bild mit unzähligen Göttern und Göttinnen. Ein Hinweis auf ein ungewöhnliches Wissen, das man einem fernen Gott hätte zuschreiben können, fand ich nicht.

Angela hatte nicht an meinem Treffen mit dem Hindu-Professor teilgenommen. Ihr Bruder hatte das nicht gewollt, um sie aus der ganzen Angelegenheit heraus zu halten, und ich hätte Schwierigkeiten gehabt, meiner Frau die Anwesenheit Angelas zu erklären.

Ich telefonierte mit Angela und schilderte ihr ausführlich, was ich erfahren hatte.

„Und was nun?", fragte Angela durch das Telefon.

„Es hat sich nichts geändert", sagte ich. „Nach Meinung von Einstein und dieses Experten sind deine Gottheiten nur Mythen aus fernen Zeiten."

„Ich glaube nicht, dass ich das so einfach hinnehmen will", sagte Angela nach einer langen Pause.

Mein zweiter Besucher kam eine Woche später. Vorher kam von Angelas Bruder ein französischer Text, mit der Bitte ihn dem Islam-Experten zu überreichen. Er enthielt, was der berühmte französische Philosoph Voltaire über Mohammed geschrieben hatte:

«... *Mais qu'un marchand de chameaux excite une sédition dans sa bourgade; qu'associé à quelques malheureux coracites il leur persuade qu'il s'entretient avec l'ange Gabriel, qu'il se vante d'avoir été ravy au ciel, et d'y avoir reçu une partie de ce livre inintelligible qui fait frémir le sens commun à chaque page; que pour faire respecter ce livre, il porte dans sa patrie le feu et la flamme; qu'il égorge les pères, qu'il ravisse les filles, qu'il donne aux vaincus le choix de sa Religion ou de la mort, c'est assurément ce que nul homme ne peut excuser, à moins qu'il ne soit né Turc, et que la superstition n'étouffe en lui toute lumière naturelle.*»

Ich übersetzte den Text ins Deutsche, weil ich nicht sicher war, dass der Islam-Experte Französisch verstand:

«...*Doch dass ein Kamelhändler in seinem Dorf Aufruhr entfacht, dass er seinen unglücklichen Mitbürgern glauben machen will, dass er sich mit dem Erzengel Gabriel unterhielte; dass er sich damit brüstet, in den Himmel entrückt worden zu sein und dort einen Teil jenes unverständlichen Buches empfangen zu haben, das bei jeder Seite den gesunden Menschenverstand schaudern lässt, dass er, um diesem Werk Respekt zu verschaffen, sein Vaterland mit Feuer und Flamme überzieht, dass er Vätern die Kehle durchschneidet und Töchter entführt, dass er den Besiegten die freie Wahl zwischen Tod und seinem Glauben lässt: Das ist mit Sicherheit etwas, das kein Mensch entschuldigen kann, es sei denn, er wurde als Türke geboren und der Aberglaube hat ihm jedes natürliche Licht erstickt.»*

Mein Besucher stellte sich als Professor für Islamwissenschaften und Arabistik vor. Er kannte den Text Voltaires und erklärte ihn mit den mangelnden Kenntnissen des Philosophen.

Ich merkte bald, dass ich einem gläubigen Anhänger des Propheten Mohammed gegenüber saß, allerdings mit eigenen Ansichten. Angelas Bruder hatte ihn bereits darüber informiert, was ich von ihm wissen wollte. Er war darüber nicht erfreut.

„Es ist nicht Aufgabe des Korans, wissenschaftliche Erkenntnisse mitzuteilen", sagte er. „Der Koran ist ein Werk, das religiöse Unterweisungen gibt."

Ich versuchte, ein geeignetes Thema für unsere Unterhaltung zu finden: „Mohammed hat zum Teil sehr genau die in der Bibel geschilderten Ereignisse übernommen", sagte ich.

„Nicht genau", wandte mein Besucher ein. „Tora und Bibel sind verändert worden. Daher hat Gott 600 Jahre nach Jesus die verlorene Botschaft der früheren Propheten wiederbelebt und Mohammed mit der letzten Offenbarung, dem Koran, ausgesandt."

„Wäre das nicht eine Gelegenheit gewesen, wissenschaftlich nicht ganz korrekte Dinge zu ändern?" fragte ich.

„Alles Wissen ist schon im Koran angelegt", war die Antwort. „Ist der Koran mit der Wissenschaft nicht vereinbar, muss man die Wissenschaft anzweifeln oder, was allerdings nicht die offizielle Meinung ist, eine Verfälschung des Korantextes befürchten."

„Aber die Wissenschaft mit der Entstehung des Menschen aus der Evolution und die Schöpfungsgeschichte in Koran und Bibel mit Adam und all den anderen Ereignissen sind eher nicht miteinander zu vereinbaren", wandte ich ein.

„Das mag sein", antwortete mein Gegenüber. Er war nicht irritiert. „Aber erstens lässt sich nicht ausschließen, dass derartige Ereignisse irgendwo vorkamen, und zweitens, warum hätte Gott plötzlich etwas anderes verkünden sollen als die wunderbaren Vorkommnisse, die vor allem die Juden seit Hunderten von Jahren kannten? Was glauben Sie, was geschehen wäre, wenn der Prophet

Mohammed plötzlich versucht hätte, die Evolution zu erklären? Das Volk hätte ihn davongejagt."

Ich wandte ein, dass Mohammed dem Volke sehr wohl hätte erklären können, dass die Erde um die Sonne kreist und nicht umgekehrt.

Der Professor ging auf meinen Einwand nicht ein.

Er sagte: „Es gibt eine Bewegung im Islam, die beweisen will, dass manche wissenschaftlichen Entdeckungen der Neuzeit bereits im Koran beschrieben wurden. Ich halte zwar nichts von diesen Bemühungen, aber ich habe aus der Literatur ein solches Verzeichnis mitgebracht."

Er reichte mir ein Blatt Papier aus seiner Mappe. Fein säuberlich waren darauf Suren vermerkt, die ein im Koran geoffenbartes Wissen zeigen, das zur Zeit als der Koran entstand, nur von Gott stammen konnte:

Sure 21:32 *Und Wir machten den Himmel zu einem wohlgeschützten Dach;* – Der Koran wusste von der schützenden Wirkung der Atmosphäre.

Sure 23:12-14 *Und wahrlich, Wir erschufen den Menschen aus einer Substanz aus Lehm. Alsdann setzten Wir ihn als Samentropfen an eine sichere Ruhestätte. Dann bildeten Wir den Tropfen zu einem Blutklumpen; dann bildeten Wir den Blutklumpen zu einem Fleischklumpen; dann bildeten Wir aus dem Fleischklumpen Knochen; dann bekleideten Wir die Knochen mit Fleisch.* – Der Koran schildert die Fortpflanzung in einer damals unbekannten Weise.

27:88 *Und die Berge, die du für fest hältst, wirst du wie Wolken dahingehen sehen: Das ist das Werk Allahs.* – Der Koran wusste von der Kontinentalverschiebung.

Sure 51:47 *Und den Himmel haben Wir mit Kraft gebaut, und siehe, wie Wir ihn reichlich geweitet haben.* – Der Koran wusste, dass sich das Weltall ausdehnt.

Sure 57:25 *Und wir haben das Eisen herabkommen lassen. In ihm ist starke Gewalt und Nutzen für die Menschen.* – Der Koran wusste, dass das Eisen aus dem Weltall kam.

Wir diskutierten die genannten Beispiele. Ich hielt keine der Suren für eine göttliche Eingebung. So waren Weltall und irdischer Himmel nicht dasselbe. Die Entstehung der Welt mit der Bildung der Erde zu verbinden, war falsch, denn diese entstand erst viele Milliarden Jahre später. Bei der Beschreibung der Fortpflanzung kam die Eizelle gar nicht vor. Und schließlich kamen nicht nur das Eisen, sondern nach

Wasserstoff und Helium alle Elemente aus dem Weltall.

Ich hatte den Koran mitgebracht, den wir im Grand Hotel benützt hatten, mit den Zetteln, die Angela an verschiedenen Stellen eingelegt hatte. Unsere damalige Unterhaltung hatte ich notiert (daraus wurde später das Kapitel 25) und ich konnte sie meinem Gegenüber vollständig aufzählen:

In Sure 4 die sonderbare Mathematik, in Sure 16 hält Allah die Vögel in der Luft, in den Suren 2 und 41 entsteht das Weltall erst nach der Erde, in den Suren 67 und 71 wird ein Himmel mit 7 Schichten geschaffen mit den Sternen als Wurfgeschosse gegen die Satane, und in Sure 91 wird die Sonne durch eine fiktive Nacht bedeckt. Angela hatte auch die Sure 23 markiert, die oben unter den Beweisen für das überraschende Wissen im Koran aufgetaucht war. Angela war der Ansicht gewesen, dass es sich hier, auch wegen der nicht genannten Eizelle, um keine vernünftige Erklärung der menschlichen Fortpflanzung handelte.

„Der Koran hat Hunderte bis Tausende von Aussagen, die man teilweise sehr verschieden übersetzen und interpretieren kann", gab der Professor zu. „Auch ganz banale Aussagen kann man mit falschen Schlüssen zu Wundern machen."

Ich wies ihn darauf hin, dass der Koran die Erde für flach hält.

„Ich weiß, dass im Koran steht, dass die Erde ausgebreitet wurde", war die Antwort. „Aber dies bedeutet natürlich nicht, dass die ganze Erde eine Scheibe ist, sondern dass sie - soweit damals der Islam reichte - flach erscheint."

Der Professor hatte sich Notizen gemacht.

„Ich muss jetzt etwas behaupten", sagte er, „das nicht die offizielle Lesart ist. Der Koran ist fehlerlos, was die religiösen Offenbarungen betrifft. Bei allen anderen Inhalten besteht die Gefahr, dass sie später verändert wurden. Nach Mohammeds Tod feilten Schriftgelehrte fast 300 Jahre lang an dem aufgezeichneten Text. Wir wissen nicht, wie weit sie den dort niedergelegten Aussagen trauten. Ein Beispiel: Die erwähnten sieben Himmel kommen bei den Griechen und Persern vor, vielleicht hielten Gelehrte, die den Korantext bearbeiteten, die Erinnerungen von Mohammeds Gefährten für falsch und übernahmen lieber die fremden Ansichten."

Wir diskutierten noch über eine Stunde miteinander. Dann verabschiedete sich der Professor.

Ich war enttäuscht. Die Ausreden, die mein Besucher vorgebracht hatte, konnte man nicht gelten lassen. Es war primitiv, die offensichtlichen Fehler mit einer Veränderung der von Gott gesandten Texte zu erklären. Damit konnte man jeden noch so absurden Text entschuldigen. Hinzu kam, dass es sich dabei nur um die Meinung des Professors handelte, die einer Blasphemie gleich kam. Kein gläubiger Moslem durfte es wagen, den Gelehrten, die Allahs Worte gesammelt hatten, eine Textverfälschung vorzuwerfen. Offiziell war der Koran das Wort Gottes, an dem nicht zu rütteln war.

Ich sandte Angela eine E-Mail. Beigelegt war das erhaltene Verzeichnis von Suren, die auf ein überraschendes und nur mit göttlicher Offenbarung erklärbares Wissen im Koran hinweisen sollten. Angelas Antwort war kurz. Diesen Experten zu befragen, sei reine Geldverschwendung gewesen, schrieb sie.

29 Der Versuch, viele Gottheiten zu verstehen

Mein gebrochenes Bein heilte überraschend schnell. Nach neun Wochen konnte ich meine Schiene ablegen.
Zur gleichen Zeit kam endlich der Frühling. Der Gesang der Vögel wurde lauter und fröhlicher. Es schien, als wäre das ganze Land aus dem Winterschlaf erwacht und beeilte sich, die Freuden des Frühlings zu präsentieren. Die ersten Blumen zeigten sich – Schneeglöckchen, Krokusse, Primeln, Gänseblümchen. Die Knospen der Bäume begannen aufzubrechen. Ich genoss es zu sehen und zu spüren, wie sich die Landschaft veränderte.
Nun konnte ich wieder daran denken, Angela zu besuchen. Wir hatten zuerst überlegt, unser Treffen wieder in das Hotel meiner Stadt zu verlegen, aber dann doch entschieden, uns wieder in Angelas Haus zu sehen. Ich bestand aber darauf, mich nicht in der Stadt abholen zu lassen, sondern mit der Bahn bis in Angelas Dorf zu fahren.
So kam ich mit dem Bummelzug an und sah zum ersten Mal den Ort, in dem Angela wohnte. Als ich aus dem Bahnhof trat, verschwanden die Wolken vor der Sonne, und alles lag in gleißendem Licht. Der Schatten des Bahnhofs gewann Konturen und fiel über den Platz. Im Schatten stand der Bentley Mulsanne. Das Auto war nicht zu übersehen, William, der Hüne von einem Chauffeur, auch nicht. Alles war angenehm vertraut.
Dieses Mal würde ich drei Tage Zeit haben. Ich fuhr bei Angela vor. In der Eingangshalle reichte mir Maria einen Aperitif. Angela umarmte mich, und ich überreichte die mitgebrachten Blumen. Ein Gefühl der Rührung überkam mich, als sie mich küsste. Sie wirkte seltsam verändert.
Angela begleitete mich in mein Zimmer. Ich ging ins Bad, und Angela sah mir beim Duschen zu. Das war nichts Neues. Aber ich fragte mich doch, ob sie herausfinden wollte, ob der Unfall mein Bein geschwächt hatte.
Sie berichtete mir, dass es ihr nach dem Gespräch zwischen Einstein und ihrem Bruder nur einmal gelungen war, mit Einstein in

Kontakt zu treten. In den folgenden acht Wochen war er nicht erschienen, obwohl sie sich wiederholt selbst erregt hatte. Das beunruhigte sie, und um ihn so schnell wie möglich zu sehen, wollte sie rasch geliebt werden. Sie ging in ihr Zimmer. Ich trocknete mich ab und folgte ihr. Sie stand vor dem Bett. Ich fand in ihre weichen Arme.

„Du zitterst ja", sagte ich.

„Ich bin erregt."

Sie griff hinter sich und begann sich einzucremen.

Angela hatte mich vor zwei Monaten im Hotel zum Analverkehr aufgefordert. Jetzt war ich mutiger als beim ersten Mal. Ihr enges Loch bereitete mir eine unglaubliche Stimulation. Wir liebten uns wild und ekstatisch, wie es von uns erwartet wurde.

Im Spiegelraum saß Einstein auf seinem Lehnstuhl. Angela stieß einen Seufzer der Erleichterung aus.

„Was wollt ihr wissen?", fragte Einstein.

Angela stellte eine sonderbare Frage: „Was bedeutet Sex für dich?"

Einstein blieb ernst. „Sex war für mich immer sehr wichtig. Dies hat sich auch nach meinem Tod nicht geändert."

Angela schwieg, und ich war entschlossen, das Thema zu wechseln: „Nach deiner Auskunft sind alle unsere Religionen Fantasien von Menschen."

„Alle Religionen?", fragte Einstein. „Ihr habt mich nur nach einigen wenigen befragt. Seit der Zeit der Knochenaltäre und der Bestattungsriten des Neandertalers hat die Menschheit Hunderte von Religionen hervorgebracht."

Die Wände des Raumes wichen zurück, und man sah am Eingang zu einer Höhle eine Gruppe von dicht behaarten, gebeugt gehenden Menschen, die einen Toten bestatteten. Während sie ihn mit Grabbeigaben versahen, beobachteten sie ängstlich die Umgebung. Ein Gewitter nahte mit Regen und Blitzen. „Die Götter sind uns nicht gut gesinnt", sagte einer der Männer, „sie zürnen und toben." Es war alles so plötzlich gekommen. Aus dem Wald war ein Bär aufgetaucht und hatte mit einem Hieb seiner Tatzen das Leben aus dem Körper geschlagen. Wo war dieses Leben nun? In den schwarzen Wolken über ihnen, aus denen nun Blitze zuckten? In der Erde, wo man ihn zu den Toten gelegt hatte, die ihm vorausgegangen waren? Wohin waren die Männer verschwunden, die bei der Jagd umgekommen oder an den dabei erlittenen Wunden gestorben waren?

Das Gewitter hatte aufgehört, und sie warfen sich zu Boden, um dem Donnergott dafür zu danken, dass er sie verschont hatte.

Der Mann blickte auf die Frau an seiner Seite, die ihm schon mehrere Kinder geboren hatte. Drei von ihnen waren bald gestorben. Das war kein ungewöhnliches Schicksal in ihrer Gruppe. Manche Frauen hatten die Geburt ihrer Kinder nicht überlebt. Trotzdem: Die Große Göttin über den Wolken schützte die Frauen. Sie erlaubte ihnen neues Leben in die Welt zu bringen, um jene zu ersetzen, die gestorben waren. Einige wenige blieben bis zu dreißig Sommersonnenwenden bei ihnen.

Die Männer vor der Höhle kamen wieder ins Bild. Ihre Gedanken waren fast hörbar. Es ist zum Verzweifeln, erkannten sie. Alle Lebewesen waren tüchtiger als die Menschen – die Vögel, die fliegen konnten, die Bären und Büffel, die stark waren und mit ihrem Fell der Kälte trotzten, die Schlangen, deren Biss tödlich war, und die Fische, die im selben Wasser lebten, in dem die Menschen ertranken. Wieso vermochten Tiere mehr als die Menschen? Standen sie den Göttern näher? Waren sie Götter?

Die Wände des Spiegelraumes verschwanden in einem diffusen Licht, und es entfaltete sich ein Panorama von Figuren und Statuen in atemberaubender Vielfalt. Wie ein Fremdenführer zählte Einstein auf:

„Hier eine Mutterfigur mit großen Brüsten und dicken Schenkeln aus Mitteleuropa, da eine phönizische Fruchtbarkeitsgöttin aus Ugarit, eine Mond-Muttergottheit von der Goldküste, ein weibliches Idol aus Malta, eine Statuette aus Babylon, senkrechte Platten mit Tier- und Menschendarstellungen aus Göbekli Tepe, eine hölzerne Ahnenfigur aus Polynesien, eine Tiermaske aus Nigeria, Statuen von Betenden aus Mari, ein Dämon mit Vogelkopf aus Susa, eine Erdzeichnung zu Ehren der Erdgöttin Pachamama, eine Maisgottheit aus Peru, eine Ahnenfigur aus Neuguinea."

Einstein fuhr fort: „Viele Götter hatten einen besonderen Zweck. Um Regen heranzuholen, gab es die Regengötter Tlaloc bei den Azteken, Chaak bei den Mayas, Cocijo in Oaxaca."

Angela fragte: „Ist eine dieser Gottheiten wichtig für uns?"

„Nein, für euch nicht mehr", erwiderte Einstein, „aber viele von ihnen waren über Jahrhunderte wichtig. Millionen von Menschen verehrten sie und beteten sie an. Es gab Hunderte von Religionen.

Wenn ein Volk von einem anderen unterworfen wurde, nahm es die Religion des Siegers an, und seine eigene verschwand. Christen und Muslime haben viele Religionen zum Verschwinden gebracht."

„Die Menschen sind noch immer fasziniert von den Göttern der Ägypter", warf ich ein.

„Ja", sagte Einstein. „Aber nur wegen der erhalten gebliebenen kunstvollen Statuen und Grabbeigaben. Dabei war es eine Religion, die Tausende Jahre vor Christus und vor Mohammed blühte."

„Und die Götterwelt der Germanen. Wotan, Donar, Freyja", sagte Angela.

„Oder die der Griechen. Zeus, Hera, Poseidon und die anderen", fügte ich hinzu.

„Ja", sagte Einstein, „und diese Götter und Göttinnen der Griechen waren so herrlich menschlich und unvollkommen. Sie waren zuständig für Liebe, Fruchtbarkeit, Schicksal und Krieg. Zeus, der oberste Gott auf dem Olymp, hatte unzählige Liebschaften. Hera, seine Frau, zeichnete sich durch ihre maßlose Eifersucht aus. Auch die übrigen Götter waren so menschlich, dass sie den Menschen ein wenig mit sich selbst versöhnten. Die Griechen errichteten ihren Göttern prachtvolle Statuen."

Der Spiegelraum wich zurück, und wir traten in einen von mächtigen Säulen umrahmten Tempel. In seinem Innern prangte eine gegen fünfzehn Meter hohe, mit Gold, Elfenbein und Edelsteinen bedeckte Statue eines auf einem Thron sitzenden Gottes. In weiße Gewänder gekleidete Menschen blickten zu ihm auf. Eine weihevolle Stille beherrschte den Raum.

„Dies war die Zeusstatue des Phidias im griechischen Nationalheiligtum in Olympia", erklärte Einstein. „Sie stellte Zeus dar. Mit einem Heben der Augenbrauen regierte er die Welt, mit einem Stirnrunzeln ließ er den Olymp erzittern."

Es war ein Meisterwerk, das uns hier gezeigt wurde.

„Wo ist die Statue heute?", fragte Angela.

„Nach dem Zerfall Griechenlands und seiner Religion ließ ein byzantinischer Herrscher die Statue nach Konstantinopel bringen. Dort fiel sie einem Brand zum Opfer."

Es bedurfte keiner Erklärung, was mit der großartigen Götterwelt der Griechen geschehen war.

„Niemand würde heute ernsthaft daran glauben, dass es Zeus und die anderen Götter Griechenlands gibt", ergänzte Einstein. „Aber damals wäre es schwergefallen, die Griechen von der Nichtexistenz ihrer Götter zu überzeugen."

„Und dann die prachtvolle Götterwelt der Römer", sagte ich. „wie konnte der Gott der Christen die Götter der Römer verdrängen?"

Die Zeusstatue verschwand. Vor uns stand eine Gestalt in einer weißen Toga. Das Gesicht des Mannes war von weißen Locken umrahmt. Er wirkte gebildet.

„Woran glaubst du?", fragte ich den Mann.

„Jupiter ist unser mächtigster Gott", antwortete der Mann, „Juno, die Beschützerin der Ehe, ist seine Gemahlin, Minerva, die Göttin des Handwerks, der Weisheit und der Künste, schützt zusammen mit Jupiter und Juno die Stadt Rom und den römischen Staat. Ihr Hauptheiligtum liegt auf dem Kapitol in Rom. Neben ihnen verehren wir Mars, den Gott des Krieges, Venus, die Göttin der Liebe, Merkur, den Gott des Handels und des Handwerks, um nur einige zu nennen. In unserer Umgebung hüten die Laren und Penaten Haus und Hof. Wichtig ist der die Zeugungskraft erhaltende Genius. Aus Vogelflug, Eingeweiden und Blitzen deuten Priester den Willen der Götter."

Ich war beeindruckt, wie dieser Mann auseinanderhalten konnte, wofür jede dieser Gottheiten zuständig war.

„Das heißt, du kannst in verschiedenen Situationen deines Lebens gleichzeitig mehrere Götter verehren und jeweils andere Priesterschaften heranziehen", sagte ich. „Du glaubst an eine beeindruckende Zahl von Göttern."

„Nein", erwiderte der Mann, „in Wirklichkeit bin ich Christ."

Angela war erstaunt. „Wie kam es dazu?"

„Mein Bruder kam eines Tages mit der neuen Lehre. Sie hat mich sofort fasziniert. Bisher hatte ich die Götter nur in Zeremonien und Festen erlebt, wie es mir Stand und Sitte vorschrieben. Zugänglich waren für mich nur einige niedere Gottheiten meines Ortes. Die neue Lehre war da ganz anders: ein einziger großartiger Gott, der seine Propheten auf die Erde schickt. Der bereit ist, mir meine Fehler zu verzeihen und mir im Himmel einen Platz zu geben. Ich bekam eine Aufgabe, ein Ziel. Ich durfte an ein besseres Leben in einer jenseitigen Welt glauben."

„Wie weißt du, dass die neue Lehre wahr ist?", fragte ich.

„Ich weiß es nicht", gestand der Mann. „Ich fühle es. Christus steht weit über meinem Kaiser, der sich für göttlich hält und den ich als Gott verehren sollte."

„Wer ist dein Kaiser?", fragte ich.

„Mein Kaiser heißt Gallienus", antwortete der Mann. „Er ist ein guter Herrscher. Er hat unsere Gottesdienste wieder erlaubt und uns unsere Friedhöfe zurückgegeben."

„Und was hältst du von Christus?"

„Gott hat ihn auf die Erde entsandt, um uns die rechte Lehre mitzuteilen. Er ist gestorben, um uns von unseren Sünden zu erlösen. Nun warte ich auf seine zweite Ankunft als Messias."

Sollten wir ihn weiter ausfragen? Wir blieben still. Der Mann verschwand. Wir waren allein im Spiegelraum.

Für diesen Abend hatte Angela wieder einen Ausflug in die Stadt vorgesehen. Wir wurden vor die Oper chauffiert, einen modernen Bau mit einem Zuschauerraum von beeindruckender Klangwiedergabe, die man mathematisch berechnet hatte, wie mich Angela aufklärte. Die Oper verfügte über ein eigenes Restaurant mit weiß gedeckten Tischen, wo man genau für den Beginn der ersten Pause ein Essen bestellen konnte, dessen Umfang der halbstündigen Unterbrechung angepasst war.

In der zweiten Pause wurde Angela von mehreren Bekannten begrüßt, darunter zwei älteren Damen, denen wir schon in der Pause von *„Nathan der Weise"* begegnet waren. Deren unverhohlenes Interesse galt natürlich mir. Hatte die reiche Witwe Angela einen ernsthaften Verehrer gefunden? Mein an der linken Hand auffällig getragener Ehering und dass wir einander mit „Sie" ansprachen, dämpfte das Interesse der beiden Damen.

Angela hatte *„Faust"* von Charles Gounod gewählt. So nahmen in fünf Akten die dramatischen Ereignisse mit Teufelspakt, verführter Margarethe, Bruder- und Kindesmord ihren Lauf. Wir genossen das Stilgemisch von Gounods Musik mit geistlichen Klängen, Derbem und Süßlichem, liebten den Soldatenchor vor Margarethes Haus und die Juwelenarie der Margarethe. Angela gestand mir später, dass sie diese Oper auch wegen des Mephistopheles gewählt hatte, um mir zu zeigen, dass Übersinnliches in der Kunst erlaubt ist.

„Goethe hatte seinen Mephistopheles, wir haben unseren Einstein, nichts weiter Ungewöhnliches", bemerkte sie.

Wir kamen spät nach Hause und verabschiedeten uns auf der Treppe. Ich ging in mein Zimmer, öffnete das Fenster und blickte auf den Garten. Im Mondschein warfen die Bäume lange flache Schatten. Ein Nachtfalter flatterte um das Licht neben meinem Bett.

30 Wie die Römer Christen wurden

In dieser Nacht schlief ich unruhig. Die Traumbilder jagten sich und waren kaum weniger fantastisch als meine Erlebnisse in diesem Haus. Zuletzt saß ich einem ernst blickenden Einstein gegenüber, bis auch dieses Bild von einem neuen Traum weggespült wurde.

Am Morgen kamen Angela und ich fast gleichzeitig zum Frühstück. Maria bediente uns. Wir lächelten uns an. Ich hatte nachgedacht über Maria. Am Morgen nach meiner ersten Ankunft hatte sie mir gestanden, dass sie noch Jungfrau sei. Aber wie fühlte sie sich als Jungfrau in dieser erotisch aufgeheizten Atmosphäre?

Nach dem Frühstück gingen Angela und ich in den Garten. Ich brauchte frische Luft. Die Sonnenuhr zeigte zehn Uhr. Es war warm, aber sehr windig.

Noch vor dem Mittagessen suchten wir im Internet nach Gallienus, der, wie wir belehrt wurden, 260 römischer Kaiser wurde und die Christenverfolgung beendet hatte. 313 erlaubten Konstantin, der Kaiser im Westen des römischen Reiches, und Licinius, der Kaiser im Osten, allen Menschen die freie Wahl der Religion.

„Diese Christenverfolgungen sind für mich überraschend", bemerkte Angela. „Die vielen Götter der Römer sahen ein Martyrium für den Glauben gar nicht vor."

„Ja, das ist wahr", stimmte ich zu. „Aber wie konnte trotz der Verfolgung das Christentum schließlich die römischen Götter ablösen? Wir sollten dazu Einstein befragen."

Angela blickte zweifelnd. „Wozu?", fragte sie. „Der eine Glaube verdrängt den anderen, weil ihm eine größere Zahl von Leuten anhängt oder weil er von Autoritäten unterstützt wird, oder weil – was auch immer!"

Ich schüttelte den Kopf. „Angela", sagte ich eindringlich. „Ich muss es wissen. Ich will wissen, wie das Christentum überleben und so stark werden konnte. Lass uns Einstein danach fragen."

Wir gingen in Angelas Schlafzimmer und entkleideten uns gegenseitig mit zarten Fingern. „Du darfst dich auf mich stürzen", lächelte Angela.

Wenig später gingen wir in den Spiegelraum. Einstein war schon da. Er nickte uns zu, und der Raum verschwand. Wir standen vor einer gewaltigen Skulptur, einem sitzenden Mann aus weißem Marmor, um die zwölf Meter hoch.

„Wie gefällt euch meine Statue?" Die Frage kam von einem vornehm gekleideten Mann neben der Statue. Wir blickten ihn an.

„Ja", sagte der Mann und lächelte, „diese Statue stellt mich dar, Flavius Valerius Constantinus, den berühmten Kaiser Konstantin, später auch der Große genannt und zum Heiligen verklärt. Die Statue wurde der Zeus-Statue in Olympia nachempfunden. Sie ist zwar ein wenig kleiner als diese, aber dafür nicht aus Holz, sondern aus Stein, so können wenigstens Teile von ihr die Jahrhunderte überdauern."

Der Mann machte eine Pause. „Was wollt ihr von mir?"

„Wir versuchen herauszufinden, wie es dem Christentum gelang, die Götter der Römer zu verdrängen."

Der Mann nickte. „Da seid ihr bei mir richtig. Während meiner Regentschaft wurde das Christentum zugelassen, und ich habe es mit großem Wohlwollen gefördert. Einige Jahrzehnte nach meinem Tod hat einer meiner Nachfolger das Christentum zur Staatsreligion gemacht."

„So hast du an Christus geglaubt?", fragte Angela.

Konstantin schüttelte den Kopf. „So streng kann man das nicht sagen. Aber meine Mutter Helena war eine echte Christin. Mit fast achtzig Jahren zog sie nach Jerusalem, um Reliquien zu sammeln."

„Aber du sagtest eben, dass du das Christentum gefördert hast", wandte Angela ein.

„Das hatte vor allem weltliche Gründe", war die Antwort. „Wie mein Vater und die meisten römischen Kaiser vor mir sah ich mich als irdischen Vertreter des Sonnengottes, des Sol Invictus. Später fand ich Gefallen am Christentum. Mit der Anerkennung dieser im ganzen Reich verbreiteten Lehre und der Zusammenarbeit mit den Organen des Staates ließen sich stabile Machtstrukturen organisieren. Aber ich blieb ebenso der Gefährte des Sonnengottes wie derjenige des neuen christlichen Gottes. Als Herrscher des Reiches war ich auch der Herrscher über dessen Religionen. Die Priester aller Religionen hatten mir zu gehorchen."

„War auch der Papst dir unterstellt?", fragte ich.

Der Mann schüttelte den Kopf. „Zu meiner Zeit gab es keinen Papst. Lange nach meinem Tod nannte man so den Bischof von Rom. Aber Silvester, der Römer Bischof während meiner

Regentschaft, war nur einer von vielen Kirchenleuten."

„Dann hast du auch dem Bischof von Rom Befehle erteilt", stellte ich fest.

„Nicht nur diesem Bischof, sondern allen Vertretern der Kirche. Wo Streit entstand, und das war damals häufig, entschied ich oder berief ein Konzil ein. Im Jahre 325 habe ich auf einem Konzil von einigen hundert Bischöfen klar gemacht, dass ich der Bischof der Bischöfe bin, und habe über Jesus als Gottes Sohn entschieden."

Wir wussten zu wenig über diesen Kaiser, um ihm Fragen stellen zu können. Nach einigen Minuten der Stille verschwanden Statue und Kaiser. Wir waren allein im Spiegelraum.

„Auf diesen Mann waren wir gar nicht vorbereitet", bemerkte Angela lakonisch. „Komm in die Bibliothek."

Zwei Werke in der Bibliothek von Angelas Vater befassten sich mit Konstantin dem Großen. Das Bild, das wir von ihm erhielten, konnte zwiespältiger nicht sein. Er war der Sohn jener Helena, die uns Konstantin als Reliquiensammlerin in Jerusalem beschrieben hatte. Konstantins Vater war einer von mehreren gleichzeitig herrschenden römischen Kaisern. Bei seinem Tod wurde Konstantin zum Kaiser gewählt. In langen Bürgerkriegen setzte er sich gegen die anderen Kaiser durch. Konstantin förderte später das Christentum, und Theodosius, einer seiner Nachfolger, erklärte es schließlich zur Staatsreligion.

Angela machte eine interessante Feststellung. „Ich habe mich gewundert", sagte sie, „dass ein brutaler Kriegsherr wie Konstantin an einem Gott Gefallen fand, den man ans Kreuz schlug und einen grauenvollen Tod sterben ließ. Hier lese ich aber, dass man erst im 5. Jahrhundert begann, Christus als Gekreuzigten darzustellen. Vorher war ein glattes Kreuz das Symbol des Christentums und ein Lamm ein Symbol für Jesus."

Unsere Lektüre ließ keinen Zweifel: Konstantin, den die Ostkirche als Heiligen verehrt, war in seinen Taten weder ein Heiliger noch ein Christ. Seinen Schwiegervater, Kaiser Maximianus, ließ er hängen, seinen Schwager Licinius erwürgen und dessen Sohn totschlagen; sogar seinen eigenen Sohn Crispus und dessen Frau Fausta ließ er töten. Ungeachtet dieser Taten hatte die Kirche nach seinem Tod noch viel mit ihm vor. In der Konstantinischen Schenkung habe er, so wurde mittels Dokumenten behauptet, der Kirche in Rom die Weisungsbefugnis über alle anderen Ortskirchen erteilt, dem Papst einen Rang vergleichbar dem eines Kaisers verliehen und der Kirche umfangreiche Ländereien übereignet. Diese Schenkung wurde einige Jahrhunderte später als Fälschung entlarvt.

Für den Abend hatte ich beschlossen, mich bei Angela revanchieren. Ich hatte in den Restaurant-Führern nachgelesen und ein Lokal entdeckt, das die beiden maßgebenden Guides mit Sternen bewerteten. Das Restaurant befand sich in jener Stadt, in der am Abend mein Zug nach Hause abfuhr.

„Ich lade dich heute in das Restaurant Élysée ein", verkündete ich Angela am späten Nachmittag.

Wieder stand Angelas Auto pünktlich vor der Tür. Nach einer halben Stunde fuhren wir im Garten des *„Élysée"* ein. Es erwies sich als nobel eingerichtetes französisches Restaurant im alten Stil mit Plüschvorhängen, Perserteppichen, gedämpftem Licht, brennenden Kerzen und schwarz gekleideten Kellnern.

Ich hatte einen Tisch auf meinen Namen bestellt. Als der Ober Angela sah, änderte er den bereits avisierten Platz und führte uns zu einem in einem Erker gelegenen Tisch, von dem man das ganze Restaurant überblickte. Nach einiger Zeit kam der Chef herbei, um uns zu begrüßen.

Angela blinzelte mir zu. „Mach dir nichts daraus", lächelte sie gut gelaunt. „Man kennt mich hier sehr gut."

„Ich gebe mich geschlagen", sagte ich resigniert. „Kommst du oft hierher?"

„Mit Freunden und Bekannten", bestätigte Angela. „Allerdings ist der Personenkreis kleiner geworden seit ich allein bin. Manche Ehefrauen fürchten die Anziehungskraft einer reichen und attraktiven Witwe auf ihre Männer."

„Du darfst für mich bestellen", sagte ich.

„Wie du gelesen hast, ist Ente die Spezialität des *‚Élysée'*. Du hast die Wahl", Angela begann vorzulesen, „zwischen Canard à l'orange, Canard à la Pékinoise oder à la Cantonaise, Magrets de canard au miel, Canard à la Provençale und Canard à la presse."

Sie bestellte für uns beide und ließ sich auch beim Wein beraten. Wir stießen mit Champagner an.

Ich blickte sie nachdenklich an. Sie war eine wunderschöne Frau, sie war gescheit, gebildet und für mich die Erfüllung im Bett. Spielend hatte sie ihr Netz um mich gezogen. Ich liebte sie. Aber diese Frau war viel zu schön und viel zu reich für mich.

„Liebst du mich?", fragte ich sie.

Angela war verwirrt.

„Liebe ist ein großes Wort", sagte sie nach einer Pause. „Ich mag dich sehr, und ich schlafe gerne mit dir. Aber es war nicht Liebe, die uns zusammengeführt hat."

Ich widersprach. „Bei mir schon. Ich liebe dich, Angela."

Sie lächelte. „Am Anfang hast du das sicher nicht. Ich war für dich das Abenteuer im Schlafwagen, das einfach mitgenommen wurde, wie andere Zufallsbekanntschaften auch. Eine schöne Frau, mit der man geschlafen hat."

„Das schon", sagte ich. „Aber jetzt ist es viel mehr."

„Versteh mich nicht falsch", sagte Angela. „Seit Einstein in mein Leben trat, habe ich mit vielen Männern geschlafen. Das war mit wenigen Ausnahmen keine Liebe, es war nur Sex. Es war vor allem die Suche nach dem Mann, den Einstein sehen wollte. Das warst dann du."

„Und das war noch kein Grund, dich in mich zu verlieben."

„Ja, denn ich schlief nicht mit dir, weil ich dich liebte. Nach meiner gescheiterten Ehe war ich verwirrt, verstört und unzufrieden. Dann kam der ‚Virtuose', der mir zeigte, wie man leidenschaftlich liebt. Und dann kam Einstein. Ich suchte nicht mehr einen Mann für mich, sondern einen Mann für Einstein. Durch dich werden meine Begegnungen mit Einstein zur Vollendung gelangen."

„Und danach?", fragte ich.

„Wir werden uns trennen", sagte Angela. „Du bist verheiratet, hast Kinder. Was wird bleiben, wenn wir nicht mehr mit Einstein sprechen, wenn wir nicht mehr miteinander schlafen müssen?"

Sie sagte ‚müssen'.

Angela fuhr fort: „Bald werden unsere Treffen mit Einstein zu Ende gehen. Für uns beide wird etwas Neues beginnen. Für mich sicherlich mehr als für dich. Du wirst in dein früheres Leben zurückkehren, mit Frau und Kindern. Ich werde etwas beginnen, das neu und unglaublich sein wird. Wie es sein wird, weiß ich noch nicht."

Ich dachte über ihre Worte nach, als ich im Zug saß, der mich zurück zu meinem Wohnort brachte. Ich wusste, dass sie recht hatte. Unsere Beziehung war intensiv, ungewöhnlich und einzigartig, aber wir hatten uns nicht ineinander verliebt, und ich hatte sie nicht erobert. Sie hatte mich ausgewählt nach den möglichen Wünschen von Einstein. Sie würde mich verlassen, wenn unser Auftrag erfüllt war.

31A *[Angela]* Angela und Maria beraten, was zu tun ist

Hier ist wieder ein Kapitel von mir – Angela – nötig.
Was ich befürchtet hatte, war früher eingetreten als erwartet: Er hatte sich in mich verliebt. Ich hatte ihm in meinem Leben einen Platz zugewiesen, so wie es Einstein gewollt hatte. Ein gemeinsames Leben hatten wir nicht und konnten es auch nicht haben. Er war für einige Zeit ein willkommener und, vom Standpunkt Einsteins gesehen, notwendiger Besucher, nicht mehr.

Ich hatte meine Erfahrungen mit jenen Männern, die ich für Einstein gesucht hatte. Dass ein Mann für mich zur kurzen Episode wurde, wenn er Einstein nicht sah, wollten nur wenige hinnehmen. Die Verabschiedungen waren oft bitter gewesen, auch für mich. Einer meiner Liebhaber hatte mit Selbstmord gedroht.

Nun hatte allein die Ankündigung, dass ich ihn wohl verlassen würde, zu einem Problem geführt. Hätte ich nicht so ehrlich sein sollen? Andererseits: Bei aller Verbundenheit konnte ich mir ein Leben mit ihm nicht vorstellen. Nicht nur deshalb, weil sich inzwischen etwas ereignet hatte, was alles verändert hatte. Und für ihn galt: Er war verheiratet, hatte Kinder, ich musste ihn zurückweisen, bevor in seiner Ehe etwas geschah, was man nicht mehr rückgängig machen konnte.

Allerdings: Meine Ehrlichkeit gefährdete die Begegnungen mit Einstein. Sexuelle Ekstase war Bedingung. Wenn mein Partner versagte, müsste ich von vorne beginnen, einen neuen Mann für Einstein suchen.

Ich läutete nach Maria.

Sie kam und sah mich fragend an. „Er ist nicht mehr so ekstatisch, wie er sein sollte", bemerkte sie dann.

Als ich mit verschiedenen Männern schlief, um den Wunsch der Einstein-Erscheinung nach einem Partner zu befolgen, war ich mir durchaus bewusst, dass das nicht ungefährlich war. Ich wollte nicht so enden, wie die Lehrerin in *"Looking for Mr. Goodbar"*. Daher hatte ich mein Schlafzimmer mit einer Überwachungskamera versehen. Dahinter saß in einem anderen Raum Maria, die das Geschehen beobachtete. Sie hatte eine Sprechverbindung zu meinem Chauffeur, den sie so jederzeit zu Hilfe rufen konnte. Dies war aber nie geschehen, obwohl Maria, wie sie mir gestand, einige Male nahe daran gewesen war.

„Ja", sagte ich. „Die Gewissheit, dass er mehr Sexobjekt als Liebhaber ist, hat seine Ekstasen gedämpft."

„Ich finde das schade", meinte Maria. „Ich mag ihn. Er ist sehr zärtlich und rücksichtsvoll."

„Aber Maria", lächelte ich. „Du bist ja verliebt in ihn."

„Ein wenig schon", gab sie zu. „Es fällt auf die Dauer schwer, diesen Ekstasen zuzusehen und Jungfrau zu bleiben. Mit ihm könnte ich es mir anders überlegen."

Ich wusste, dass es der Traum fast jedes Mannes war, zwei Frauen gleichzeitig zu lieben.

„Willst du an unseren Ekstasen teilnehmen?", fragte ich Maria. „Natürlich so, dass du Jungfrau bleibst, er also nicht mit dir schläft."

Maria lächelte. „Und wenn – vielleicht ist es allmählich an der Zeit, meinen Status zu ändern."

Ich überlegte. War das die Lösung des Problems? Würde er in neuer Leidenschaft über mich herfallen, wenn eine nackte Maria im Raum war? Es gefiel mir nicht, aber man könnte es versuchen. Wichtig würde dabei aber sein, dass Maria, so wie bisher, nichts von Einstein erfuhr.

32 Der Erzähler denkt über die Zukunft nach

Ich war nach Hause zurückgekehrt, zu Frau, Kindern, an die Universität und zu meiner Sekretärin. Letztere versicherte mir, wie sehr sie mich vermisst hatte und wie sehr sie mich liebte, und ich war ihr dankbar dafür. Dass Angela mich nicht liebte und wir uns trennen würden, wenn die Begegnungen mit Einstein vorbei waren, hatte mich sehr getroffen. In der Mittagspause traf ich mich mit meiner Sekretärin in ihrer Wohnung und schlief mit ihr. War ich dabei wilder als sonst? Sie wirkte verwundert, aber schrieb es wohl meiner mehrtägigen Abwesenheit zu.

Es vergingen einige Tage, in denen ich zu keiner Arbeit fähig war. Ich sprach mit meiner Frau, meiner Sekretärin, meinen Mitarbeitern. Sie waren zu beschäftigt, um zu merken, wie geistesabwesend ich war.

Mir war bewusst, dass Einstein zum wichtigsten Ereignis in meinem Leben geworden war. Nicht Angela war das Einmalige und Unerhörte, es war Einstein. Von Filmen in Kino und Fernsehen waren mir unheimliche Begegnungen mit Geistern und Außerirdischen vertraut, aber dies hier war eben kein Kino, keine Erfindung eines Schreibers, der dem Publikumsgeschmack hinterherlief. Dies hier war real, soweit man hier dieses Wort benützen konnte.

Wenn die Begegnungen mit Einstein zu Ende waren, würde Angela in mir nur noch einen guten Freund sehen. Konnte ich mir vorstellen, meine Familie zu verlassen, um mit Angela zu leben? Die Antwort war: Nein.

Angela hatte mich benützt, um die Forderungen von Einstein zu erfüllen. Freudig gewiss und mit Genuss – aber war dies bei meinen zahlreichen Vorgängern anders gewesen? Sie hatte sicherlich bessere Liebhaber erlebt als mich.

Was in unserer Beziehung fehlte, war eine Zeit des Kennenlernens, des gegenseitigen Erkundens und Näherkommens. Wir hatten uns nach knapp zweistündigem Gespräch aufeinander gestürzt. Und so war es weitergegangen – Sex statt Liebe. Von uns war verlangt worden, möglichst oft und möglichst ekstatisch miteinander zu schlafen. Das hatten wir befolgt.

Unsere Gespräche hatten fast ausschließlich um Einstein gekreist. Mit unserer innigen Zweisamkeit war es nicht weit her. Wir hatten nicht die Zeit gehabt, Gemeinsamkeiten zu finden, die uns verbunden hätten.

33 Begegnung mit der Religion der Ägypter

Nach einem Monat kehrte ich zu Angela zurück. Das Wetter war schlecht. Als wir mit dem Bentley durch die Landschaft fuhren, war der Himmel von einem einförmigen Grau. Das Licht war so gleichförmig, dass es auf dem Boden keinen sichtbaren Schatten warf.

Ich verabschiedete mich von William, der mir vorausging und die Eingangstür öffnete. Maria erwartete mich diesmal nicht. Ich ging die Treppe empor.

In ihrem Zimmer empfing mich Angela. Sie lag voll bekleidet auf ihrem Bett. Auf ihrem Gesicht lag ein nachdenklicher Ausdruck, als beschäftigte sie ein Problem, das so unangenehm nicht war. Sie schlug die Augen auf und lächelte.

Wir zogen uns aus. Angela küsste mich.

Als wir uns auf ihr Bett legten, sagte sie: „Ich habe eine Überraschung für dich."

Durch die Tür trat eine nackte Maria. Ihr Leib glänzte in jugendlicher Frische. Sie hatte kleine federnde Brüste und die längsten Beine, die ich je bei einer Frau gesehen hatte. Sie war nicht rasiert. Zwischen ihren Schenkeln glänzte ein blondes Dreieck.

Ich war stumm. Sie trat zu mir, küsste mich zart auf den Mund. Sie begann mich zu streicheln. Bei einer unserer ersten Begegnungen hatte sie gesagt, dass sie noch Jungfrau war. So hielt ich mich zurück.

Nach einer Weile ließ sie von mir ab. Meine Erregung war nicht zu steigern. Ich wandte mich Angela zu. Die verlangte Ekstase war da.

Maria verschwand. Angela und ich küssten uns. Es wurde eine wilde Vereinigung.

Wir gingen in den Spiegelraum, Angela schloss die Tür hinter sich. Unser Pseudo-Einstein wartete schon. Er sah uns an: „Heute will ich euch etwas zeigen."

Der Spiegelraum verschwand. Wir fanden uns in einem Gang wieder, an dessen Wänden Zeichner arbeiteten. Die Bilder sahen von weitem aus wie Comics. Als wir näher kamen, erkannten wir die

Hieroglyphen der ägyptischen Schrift. Ein Mann in langem weißem Gewand begann, uns die Zeichnungen zu erklären.

„Wie ihr wisst", begann er, „wandelt der Sonnengott Re während der Nacht durch die Unterwelt. Am Beginn", er zeigte auf ein Bild mit vielen schlanken Gestalten, „tritt er auf seiner Barke in das Dunkel ein."

Der Führer wies auf zwei Barken, in denen der Sonnengott einmal mit einem Widderkopf, einmal als Skarabäus-Käfer zu sehen war.

„Vor der unteren Barke sehen wir den getöteten Osiris, die nächtliche Gestalt des Sonnengottes. Die folgenden Stundenbilder zeigen die Gewässer des Osiris. Die Göttin Hathor sorgt für den Unterhalt der Toten."

Jedes der Stundenbilder war von den anderen durch senkrechte Bänder von Hieroglyphen getrennt. Wir konnten nur erahnen, wer Osiris in den endlosen Zügen von Figuren war. Nach der dritten Stunde endete die fruchtbare Landschaft.

„Nun wird die Barke durch das Wüstenreich des falkenköpfigen Sokar gezogen", erklärte der Führer. „Gefährlich wird es, wenn der Grabhügel des Osiris mit seinen Schlangen passiert wird. Danach vereinigt sich die Ba-Seele des Sonnengottes mit dem Fleisch des Osiris und zündet damit das Licht der neuen Sonne an."

Auf den folgenden Bildern war die neu erstrahlte Sonne weiteren Gefahren ausgesetzt. Die Reisenden erhielten Kleider und Nahrung und fuhren am Wasser des Nun mit seinen selig schwimmenden Toten vorbei. Die Jenseitsreise endete in der zwölften Stunde mit der Weltumringler-Schlange. Der Sonnengott durchwanderte die Schlange. Mit ihm traten die Menschen als müde Greise in den Schwanz der Schlange ein und kamen als Kinder aus ihrem Maul heraus. Re flog als Sonnenkäfer in die Arme des Gottes Schu, der die Sonne zum Tageshimmel emporhebt. Der Sonnengott erweckte die Toten zu neuem Dasein. Die Seele Ba konnte sich frei bewegen, während der Leib der Toten in der Unterwelt zurückblieb.

Die Stundenfenster verschwanden, der Spiegelraum kehrte zurück. Wir hatten einen Ausflug in einen längst vergangenen Glauben gemacht mit unzähligen Göttern und mit Tieren, die sie verkörperten. Das Reich der Pharaonen war mit rund dreitausend Jahren die längste Herrschaft der Geschichte gewesen, aber dann hatten es die Römer erobert. Zuletzt war die Religion, die wir gesehen hatten, vom Islam ersetzt worden.

Einstein war wieder da.

„Ihr habt gesehen, wie sich eine große Religion das Jenseits vorgestellt hat. Jetzt sollt ihr mir sagen, wie ihr meint, dass das ewige Leben aussehen könnte."

Ich hatte darüber noch nie genauer nachgedacht.

„Dürfen wir uns auf diese Frage vorbereiten und danach zu dir zurückkehren?", fragte ich.

„Ihr dürft", sagte Einstein lakonisch. Es wurde dunkel im Spiegelraum.

34 Wie man sich ein ewiges Leben vorgestellt hat

In der Bibliothek von Angelas Vater setzten wir uns an den Tisch und zündeten die Lampen an. Die grünen Schirme sorgten für ein angenehmes Licht.
Es fanden sich mehrere Werke, die über Jenseitsideen Auskunft gaben. Viele Naturvölker, lasen wir, erwarten im Jenseits die Begegnung mit den Ahnen, aber nicht unbedingt mit einem Gott. Vielfach erhofft man eine verbesserte Neuauflage des Lebens auf der Erde. Fast immer ist der Weg ins Jenseits mit Gefahren und Prüfungen verbunden. Oft ist es ein reißender Strom, der den Weg unterbricht. Auch die Idee von mehreren Seelen an unterschiedlichen Stellen des Körpers kam vor. Angela erheiterte eine Stelle, in der sich die Keuschheit als Nachteil erwies: „Hör dir das an", sagte sie.

„*Auf Borneo fragt der Geist Kukang die Seelen, mit wem sie geschlafen haben. Im Falle der Keuschheit nimmt der Kukang seine Lanze und sticht die Seele tot.*"

Ich hatte vorher im Gilgamesch-Epos gelesen. Im über viertausend Jahre alten Epos des gleichnamigen Sumerer-Königs hängen die Aussichten im Jenseits von der Zahl der gezeugten Söhne ab. Sein verstorbener Freund Enkidu, der als Totengeist der Erde entfährt, beschreibt das so:

„*Sag ich dir die Ordnung der Erde, die ich schaute -
du müsstest dich setzen und weinen!*"
„*Freund, meinen Leib, den du frohen Herzens berührtest,
frisst Ungeziefer, wie ein altes Gewand!
Mein Leib, den du frohen Herzens berührtest,
ist wie eine Erdspalte voll von Erdstaub.*"
Da sprach Gilgamesch zu Enkidu, kauernd im Staube:
„*Den, der einen Sohn zeugte, sahst du ihn?*"*–"Ja, ich sah:
In meiner Wand ist ein Nagel, darob weint er bitterlich.*"
„*Den, der zwei Söhne zeugte, sahst du ihn?*"*–"Ja, ich sah:
Auf zwei Ziegeln sitzt er und isst das Brot.*"
„Besser wird es nach sechs Söhnen", sagte ich.
„*Den, der sechs Söhne zeugte, sahst du ihn?*"*–"Ja, ich sah:
Einem Landmann gleich ist sein Herz freudig.*"

„Den, der sieben Söhne zeugte, sahst du ihn?" – „Ja, ich sah:
Als ein jüngerer Bruder der Götter sitzt er auf dem Stuhl und lauscht den Glückwünschen."
„Dann wird es wieder schlechter", ergänzte ich und las weiter:
„Die Frau, die nie gebar, sahst du sie?" – „Ja, ich sah:
Einem Gefäß gleich ist sie gewaltsam zu Boden geworfen, kann keinen Mann erfreuen."
„Den jungen Mann, der noch keiner Frau Blöße aufdeckte, sahst du ihn?" – „Ja, ich sah: Ein Türriegel-Zugseil reichst du ihm, er aber weint sehr über dieses Seil!"

Angela schüttelte bedauernd den Kopf. „Das klingt alles sehr düster", sagte sie.

Nach einigen weiteren Büchern entdeckten wir die Jenseitsvorstellungen der Azteken. Bei diesen kamen nur die gefallenen Krieger, die im Kindbett gestorbenen Frauen und die bei religiösen Riten Getöteten in das paradiesische Reich der Sonne. Wer durch Wasser umkam, und dazu zählte man neben dem Ertrinken auch die Gicht, kam in das von Wolken verhüllte Reich des Regengottes in den Bergen. Alle anderen Toten mussten in eine schreckliche Unterwelt.

„Ebenfalls nichts Erstrebenswertes", meinte Angela.

Wenig freundlich schien uns auch das Jenseits bei den Griechen und Römern. Angela und ich hatten immer Freude an der Welt der griechischen Götter gehabt. So war es wie ein Wiedersehen, als wir von Orpheus und Psyche lasen, die in den Hades wandern. Wir mussten nun feststellen, dass der Hades bei den Griechen das Schicksal fast aller Toten war, wobei man Frevler gegen die Götter noch tiefer in den Tartaros schickte, wo sie ewige Höllenqualen erleiden mussten. Nur einige auf wunderbare Art Entrückte konnten das Elysium erreichen, eine Insel der Seligen unter heiterem Himmel. Bei den Römern wurde aus dem Hades der Orkus.

Auch bei den Germanen war das Jenseits düster. Nach Walhall würden nur die im Kampf gefallenen Krieger kommen, alle anderen wanderten in die Dunkelheit des Totenreiches Hel.

Zuletzt stießen wir auf die Vorstellungen von Paradies und Hölle in Judentum, Christentum und Islam: die Erde als Diesseits, die Unterwelt als Schattenreich und Hölle und das Jenseits als Ort vollkommenen Heils. Für Mohammed, den Wüstenbewohner, konnte das Paradies nur ein herrlicher kühler Garten sein.

Wir begannen mit der Tora der Juden. Die älteren Schriften kannten nur das trostlose Dasein in der Finsternis des Totenreiches Scheol, für das man weder Riten noch Beschwörungen gestattete, denn die Welt des Todes war unrein. In den nächsten von Verfolgung geprägten Jahrhunderten kamen die Juden dann wohl zur Erkenntnis, dass Gott diese Ungerechtigkeit im Jenseits aufheben müsse. So ließen die späten Schriften des Alten Testaments die Gerechten ins Paradies auferstehen.

Im Christentum des Mittelalters, so lernten wir aus den Büchern, glich der Himmel dem himmlischen Jerusalem, die Kleidung der Bewohner war weiß und lichtdurchflutet, sie trugen manchmal Kronen und Kränze.

Angela brachte das Buch, das sie maßgebend für die Vorstellungen vom christlichen Jenseits hielt: die *"Commedia"* von Dante Alighieri. Wir wandten uns den dreiunddreißig Gesängen zu, in denen der Dichter das Paradies beschreibt. Dante schreitet am Ende des Fegefeuers durch eine Feuerwand und den wunderschönen Garten Eden. Die von ihm verehrte Beatrice führt ihn durch die sieben Bahnen von Mond und Planeten, die von Heiligen, Märtyrern und Gerechten bewohnt werden, und danach durch die Fixsterne, wo die Apostel wohnen. Im neunten Kreis des Himmels sieht er Christus und Maria, denen Engelschöre huldigen. Hier verweilt Dante in der Glorie Gottes.

„O überreiche Gnad'! Ich durft' es wagen,
Fest zu durchschau'n des ew'gen Lichtes Schein
Und ins Unendliche den Blick zu tragen.
Er drang bis zu den tiefsten Tiefen ein;
Die Dinge, die im Weltall sich entfalten,
Sah ich durch Lieb' im innigsten Verein."

Er verzweifelt an dem Unbeschreibbaren. Er versucht zwar, sich den Anblick des Unendlichen, Göttlichen vorzustellen, scheitert aber. In einem Blitz des Erkennens versteht Dante das Geheimnis von Gottheit und Menschheit, und seine Seele wird verbunden mit der Liebe Gottes:

„Da ward mein Geist von einem Blitz durchdrungen,
Der, was die Seel' ersehnt hatt', ihr verlieh.
Hier war die Macht der Fantasie bezwungen,
Schon aber folgten Will' und Wünschen gerne,
Gleichwie ein Rad, gleichmäßig umgeschwungen,
Der Liebe, die beweget Sonn' und Sterne.

Wir zogen weitere Schriften zu Rate. Um sechs Uhr schlug die goldglänzende Pendule der Bibliothek, und bei jedem ihrer Schläge schienen Stück für Stück die einzelnen Stunden herunterzufallen, die wir hier verbracht hatten.

Angela warf mit einer energischen Handbewegung das Letzte unserer zahlreichen Bücher von sich und stöhnte: „Lass uns aufhören, es ist hoffnungslos. Die Ansichten über das Jenseits reichen von schrecklicher Dunkelheit bis zum wunderbaren Paradies, aber wie es genau aussehen könnte, bleibt offen."

Wir gingen zum Abendessen.

Nachher saßen wir noch einige Zeit zusammen. Angela erzählte von ihrem Vater. Er war in England erzogen worden. Dort, im Mutterland der Philatelie, hatte er seine Sammlung indischer Briefmarken begonnen. Die seltsamen Siegel, die ich in der Bibliothek gesehen hatte, gehörten zu den seltensten Briefmarken überhaupt, wusste Angela.

Bei der Möblierung seiner Häuser hatte die ganze Liebe ihres Vaters dem französischen Rokoko mit dem Louis-quinze-Stil gehört. Er hatte viel Geld ausgegeben für die reich verzierten eleganten Möbel dieser Epoche, die schon der Madame de Pompadour, der kunstsinnigen Mätresse von Louis XV., gefallen hatten. Mit Gemälden von Pierre Migeon und Jean-Baptiste van Loo hatte er die Wände seiner Häuser geschmückt. „Heute schmücken sie leider überwiegend die Häuser meines Bruders", bedauerte Angela.

Wir gingen früh schlafen.

35 Einstein verlangt ein Buch

Ich lag noch im Bett als Angela in mein Zimmer kam. Sie trug ihr rosa Hausgewand. Maria hatte bei mir das Frühstück gedeckt. Ich hatte sie nicht gehört.

„Zuerst das Frühstück", sagte Angela, „dann wollen wir miteinander duschen."

Mit Angela zu duschen, war ein erotisches Erlebnis der besonderen Art. Wenn man davon absah, dass ich bei einigen Umarmungen ziemlich viel Wasser schluckte. Bei mir wirkte die Erinnerung an die nackte Maria noch nach. Meine Ekstase war echt.

Im Spiegelraum war Einstein schon da.

„Ihr wolltet wissen", sagte er, „welchen Zweck es hat, wenn ich euch über eure Religionen informiere. Die Antwort ist einfach: Ein Wesen wie ich tritt dann auf, wenn die Existenz eines Systems bedroht ist. Meistens wird dies notwendig, wenn ein System über sehr wirksame Vernichtungswaffen verfügt."

„Und das trifft auf uns zu", sagte ich.

„Ja, seit ihr Atomwaffen habt", antwortete Einstein. „Von Anfang an haben wir verfolgt, wie die Menschen mit den Atombomben umgehen. Den Kokura-Nagasaki-Tausch konnten wir nicht verhindern. Aber einer meiner Vorgänger griff 1962 ein, bei jenem Vorfall, den ihr Kuba-Krise nennt. Er verhinderte den kriegerischen Konflikt zwischen einem russischen Atom-U-Boot und Kriegsschiffen der USA."

Die Kuba-Krise war mir bekannt, aber von einem Vorfall mit einem Atom-U-Boot hatte ich nie etwas gehört. Übertrieb hier Einstein?

Angela interessierte diese Einzelheit nicht: „Aber warum bist du jetzt hier?", wollte sie wissen.

„Ihr steht in einem Krieg der Religionen. Das hattet ihr schon oft. Aber die religiösen Fanatiker früherer Jahrhunderte waren keine große Gefahr. Dieses Mal sind Vernichtungswaffen im Spiel, die euer System gefährden. Die Horden, die an Religionen aus frühen Jahrhunderten glauben, haben nun Waffen des 21. Jahrhunderts."

„Aber was können wir dagegen unternehmen?", fragte ich.

„Ihr werdet den Bericht, den ihr für mich schreibt, als Buch veröffentlichen", sagte Einstein und blickte uns an.

Angela schlug die Hände vors Gesicht. Einstein schien sich an dem Entsetzen zu weiden, das in meinem Gesicht stand.

Das hatten wir nicht erwartet. Wir waren gerne bereit gewesen, einen ausführlichen Bericht über unsere Begegnungen und die Ergebnisse unserer Studien zu verfassen, uns und unserem Pseudo-Einstein zuliebe, der sich so viel Mühe mit uns gemacht hatte. Aber eine Veröffentlichung unserer Aufzeichnungen als frei zugängliches Buch – das hatten wir nicht vereinbart, das war unmöglich.

„Das können wir nicht", sagte ich, „das kannst du nicht von uns verlangen."

Ich war wütend. „Was soll ein solches Buch bewirken?", sagte ich ziemlich laut. „Niemand wird uns glauben. Unser fantastisch-erotischer Bericht wird nur Kopfschütteln hervorrufen – wenn nicht Schlimmeres. Warum sollen wir für dich eine Arbeit erledigen, die du selbst mit Leichtigkeit machen könntest? Warum zeigst du dich nur uns und nicht allen Menschen und sagst ihnen die Wahrheit?"

Einstein schüttelte den Kopf. „Damit würde die Menschheit einen Vorteil erhalten gegenüber den unendlich vielen Millionen von Zivilisationen, die es da draußen gibt. Gott hat sich keiner dieser Zivilisationen geoffenbart. Sie haben alle ihre eigenen Religionen geschaffen, teils sehr gute, teils sehr schlechte, aber alle ohne die Mitwirkung Gottes. Und so muss es bleiben."

„Unendlich viele Zivilisationen als Versuchskaninchen Gottes?", sagte ich. „Wozu das alles?" Einstein antwortete nicht. Konnte er die Frage nicht beantworten?

„Uns wurde gelehrt, dass Gott allwissend ist", fuhr ich fort. „Wenn er alles weiß, was soll dann dein Einsatz? Er weiß doch, was mit der Menschheit geschehen wird."

„Ja", sagte Einstein. „Er weiß, dass er mich aussendet, und er weiß das Ergebnis. Er weiß auch, was geschieht, wenn er mich nicht aussendet. Daher hat er beschlossen, mich zu senden."

„Weißt du, was deine Begegnung mit uns bewirken wird?", fragte ich.

„Nein", erwiderte Einstein. „Ich kann nur hoffen, dass mein Einsatz mithilft, die drohenden Gefahren für die Menschen abzuwenden."

„Greift Gott oft ein?", wollte Angela wissen.

„Ja", sagte Einstein. „Es kommt oft vor, dass ein Planet bedroht ist, meistens durch Kollision mit einem anderen Himmelskörper. Vor der Entstehung des Menschen löschte ein solches Ereignis fast das ganze Leben auf der Erde aus."

Wir wussten, dass der Einschlag eines Meteoriten an der Küste Mexikos einst ein ungeheures Artensterben verursacht hatte.

Wir schwiegen. Was uns Einstein erzählt hatte, war zu fantastisch, um es sofort begreifen zu können. Es war einige Minuten kein Laut zu hören.

Angela griff ein. Sie war aus einem anderen Grund entsetzt über Einsteins Wunsch, unseren Bericht zu veröffentlichen. „Und diese vielen Sexszenen, die wir beschreiben mussten", sagte sie. „Was sollen diese in einem solchen Bericht?"

„Die denkenden Wesen dieser Welt haben kein einfaches Leben", erklärte Einstein. „Die Lust, die ihr beim Sex empfindet, entschädigt euch für vieles. Sex ist für den Menschen eine schöne und machtvolle Erfahrung. Umso sonderbarer, dass euch viele Religionen lehren, dass ihr euch davon fernhalten sollt."

„Das verstehen wir schon", wandte Angela ein. „Aber was soll der Sex in unserem Bericht?"

„Euer Buch soll gelesen werden", antwortete Einstein. „Was viele Menschen besonders interessiert, ist Sex. Menschen riskieren für die Liebe alles, setzen ihren Ruf aufs Spiel. Ein Buch über Religionen allein ist langweilig, ein Buch über Religionen und Sex wird gelesen werden."

Einstein fuhr fort: „Euer Bericht darüber, was ich euch über Religionen erzählt habe, wird durch die beschriebenen Ekstasen Aufmerksamkeit erregen. Aber es wird aus demselben Grunde auch unglaubwürdig werden. Auch das ist wichtig. Das Buch darf nicht so überzeugend wirken, dass die Menschen nicht mehr frei sind, das zu glauben, was sie wollen."

Einstein verschwand, bevor wir weiter mit ihm diskutieren konnten, und ließ uns ratlos zurück.

Angela und ich diskutierten lange miteinander. Mein Entsetzen darüber, was unser Buch auslösen würde, war echt. Angela war zunehmend verärgert über mich und nannte mich einen Feigling, der alles kaputt machen werde. Zwei volle Stunden später gab ich schließlich nach und wir begannen, darüber nachzudenken, wie wir vorgehen könnten.

Angela sah alles mit einem Optimismus, den ich nicht teilen konnte. „Wir müssen in unserem Buch nur beweisen", sagte sie, „dass nichts von dem, was uns Einstein gesagt hat, falsch ist."

Ich war da ganz anderer Ansicht. Dass das von uns Beschriebene tatsächlich so abgelaufen war, würde uns kaum jemand abnehmen. Die weitaus meisten Leser dieses Buches würden es als Beleidigung praktisch aller Religionen ansehen, und das zusätzlich noch vermengt mit explizitem Sex.

Auf jeden Fall würden wir zeigen müssen, dass wir dieses Buch nicht verfassten, sondern dass es uns zustieß. Dass es so etwas wie ein Unfall war. Dass wir nichts erfunden, nichts verklärt und nichts ausgelassen hätten, dass wir nur Erlebtes und Gesehenes berichten.

Aber: Was konnte Milliarden gläubiger Menschen dazu bringen, ihre religiösen Ansichten zu überdenken? Ich konnte mir nur eines vorstellen: Wenn Einstein in aller Öffentlichkeit auftreten und die Wahrheit verkünden würde. Aber das hatte Einstein abgelehnt.

36 Beratung über sieben Gottesbeweise

Als wir die Bibliothek verlassen wollten, überraschte mich Angela mit einem weiteren Einwand.

„Du bist dir doch im Klaren darüber", sagte sie, „dass wir nicht nur die Gläubigen davon überzeugen müssen, dass unsere Erlebnisse echt sind und so geschehen sind. Wir müssen aber auch die Atheisten überzeugen, also jene keineswegs seltenen Leute, die daran glauben, dass es keinen Gott gibt."

„Eigentlich müssten alle Menschen an Gott glauben", sagte ich. „Du kennst doch die Pascalsche Wette, wonach der Erwartungswert des Gewinns beim Glauben an Gott größer sei. Oder anders gesagt: Wenn du an Gott glaubst, bist du auf der sicheren Seite, egal ob Gott existiert oder nicht. Wenn du nicht an Gott glaubst, wirst du bestraft und kommst in die Hölle, wenn Gott existiert."

„Ich habe einige Bücher gelesen", sagte Angela, „die von Nahtoderfahrungen berichten. Menschen, die ein strahlendes weißes Licht sehen und losgelöst von ihrem Körper über dem Krankenbett schweben."

Ich wusste Bescheid, denn auch mich hatten diese Nahtodbeschreibungen interessiert. „Angela", sagte ich, „dieser Blick ins Jenseits war nicht zu beweisen. Einige Spitäler brachten in den Räumen, wo Wiederbelebungen stattfinden, unterhalb der Decke, aber nicht von unten sichtbar, Inschriften in Leuchtbuchstaben an. Keiner der im Raum schwebenden Patienten berichtete davon, diese gelesen zu haben. Außerdem hat man diese Nahtoderfahrungen auch bei anderen Situationen beobachtet. Kampfpiloten, bei denen beim Training in Zentrifugen das Blut aus dem Gehirn gedrückt wurde, berichteten von ähnlichen Erlebnissen. Offenbar spielt unser Gehirn bei Blutleere verrückt."

So machten wir uns im Internet und in den Büchern von Angelas Vater auf die Suche nach bekannten Gottesbeweisen. Wir nummerierten die aufgefundenen Beweise von (1) bis (7). Einige konnten wir sofort als eher ungeeignet beurteilen.

Beweis (1). In allen Kulturen sind Menschen der Überzeugung, dass es einen Gott gibt.

Wir waren der Ansicht, dass der Wunsch, Gott möge existieren, noch keinen Gott schafft und dass die Behauptung der Religionen, Gott sei die Ursache dieses Wunsches, nicht zu beweisen war. Der Glaube an Gott könnte sogar ein natürlicher psychologischer Verteidigungsmechanismus sein gegen die im Leben auftauchenden Schwierigkeiten.

Beweis (2). Menschen haben persönliche Erlebnisse, die sie an einen Gott glauben lassen.

Die Verwandlung des Saulus in einen Paulus durch eine Erscheinung wird von vielen als entscheidend für das Christentum angesehen. Ähnliche Erscheinungen findet man aber bei vielen Religionen und mit unterschiedlichen Personen.

Beweis (3). Zu den Eigenschaften eines vollkommenen Wesens wie Gott gehört die Existenz.

Auch dass Gott als vollkommenes Wesen die Eigenschaft der Existenz aufweisen müsse, überzeugte uns nicht. Es war klar, dass manche vollkommenen Eigenschaften nicht gleichzeitig in demselben Wesen vorkommen konnten, weil sie sich widersprachen.

Beweis (4). Der im Menschen vorhandene Sinn für Recht und Unrecht ist eine Folge göttlicher Eingebung.

Bei der Behauptung erkannte ich: Nein, Gruppen von Menschen, die auf Grund moralischer Gesetze organisiert sind, haben einen Überlebensvorteil und werden daher bei der natürlichen Selektion bevorzugt.

Beweis (5). Die Wünsche, die Menschen entwickeln, sind derart, dass es eine Erfüllung gibt. Dass es einen Wunsch gibt, der in dieser Welt nicht erfüllt werden kann, zeigt, dass der Mensch für eine andere Welt gemacht ist.

Dass wegen der unerfüllten Wünsche im Diesseits der Mensch für eine andere Welt gemacht ist, erschien uns ebenfalls nicht sehr verständlich.

Deutlich bessere Überzeugungskraft mussten wir den folgenden beiden Beweisen zugestehen:

Beweis (6). Dass nicht nichts ist, sondern dass etwas existiert, dass es Raum und Zeit gibt, wurde von einem Wesen außerhalb von Raum und Zeit bewirkt, das immer da war.

Dieser Beweis schloss als unmöglich aus, dass die Welt aus dem Nichts entstanden sein könnte. Die Erkenntnis, dass das Nichts nicht nichts ist, sondern aus bestimmten Quantenzuständen besteht, konnte nach unserer Meinung diesen Beweis nicht entwerten. Das werfe nur die Frage auf, ob dieses Nicht-Nichts von selbst ohne Mitwirkung einer äußeren Kraft entstanden sein könnte.

Beweis (7). Die Gesetze des Universums sind von Gott so eingerichtet, dass das Leben und der Mensch möglich sind. Es existieren eine wunderbare Feinabstimmung von fundamentalen Konstanten und ein sehr präzises Gleichgewicht, wodurch der Mensch möglich wird.

Ein Einwand lautete, dass es außer dem uns bekannten Universum noch Tausende von Universen mit ganz anderen Gesetzen geben könnte. Wir fänden uns eben in dem Universum wieder, dessen Gesetze unsere Entstehung erlauben.

Angela und ich hatten in der Schule gelernt, dass die Quantenmechanik unendlich viele Universen für möglich hält, allerdings nur bei einer universellen Gültigkeit der Schrödinger-Gleichung. Dass es Milliarden und noch viel mehr Universen geben muss, damit eines davon den Menschen hervorbringt, gefiel uns nicht. Ganz im Gegenteil waren wir hier der Meinung, dass die menschenfreundlichen Bedingungen in unserem Universum sehr wohl als Gottesbeweis dienen könnten und dass man daraus sogar ein Interesse Gottes am Menschen ableiten könnte – trotz des erst noch folgenden enormen Aufwands der Evolution.

„Sollen wir Einstein fragen, was er von diesen Beweisen hält?", fragte Angela.

Ich wehrte ab: „Ich glaube nicht, dass uns Einstein sagen kann, was die Menschen von diesen Beweisen halten sollen. Was er für richtig hält, muss nicht die Meinung der Menschen sein."

Das Mittagessen verlief schweigend. Nun war klar, dass wir den Befehl Einsteins befolgen und unseren Bericht als Buch veröffentlichen mussten.

Wir gingen in unsere Zimmer. Nach einer Stunde ging ich zu Angela. Wir zogen uns aus. Angela küsste mich. Wir fühlten beide, dass die Überraschung, die uns Einstein bereitet hatte, unseren Sinn für Ekstasen dämpfte.

Angela hatte das vorausgesehen. Ehe ich etwas sagen konnte, kam Maria herein. Nackt trat sie an unser Bett, kniete sich nieder und liebkoste mich. Ich streichelte sie. Wir gingen dabei sehr viel weiter als beim letzten Mal.

Dann verließ sie das Bett, und Angela nahm ihren Platz ein.
Angela und ich steigerten uns in eine wilde Ekstase. Wir schrien und kämpften und weinten, alles zur gleichen Zeit. Danach lagen wir atemlos auf unserem Bett. Maria hatte uns zugesehen.

„Warte noch", sagte Angela. „Ich will ihn spüren, wenn er klein ist."

Wir gingen in den Spiegelraum, Angela schloss die Tür hinter sich. Einstein wartete schon. Er war sehr ernst.

„Ich habe euch mit meinem Wunsch überrascht, euren Bericht als Buch zu veröffentlichen. Dieses Buch ist notwendig. Ich habe euch nun seit einem halben Jahr beobachtet. Ich traue euch zu, dass ihr das Buch auf die richtige Art veröffentlicht. Und ich hoffe, dass ihr Erfolg haben werdet bei dem Versuch, den Krieg der Religionen zu mildern. Neben eurem Buch habe ich noch vier weitere Aktionen begonnen, die dasselbe Ziel haben."

„Ja", sagte Angela, „aber wenn wir das veröffentlichen, werden uns die sogenannten Fundamentalisten unter den Juden, Christen, Muslimen und Hindus gemeinsam vierteilen, erstechen, erschießen und verbrennen. Gläubige Christen werden uns eine Ewigkeit auf Satans Grillrost prophezeien. Es wird Widerlegungen geben, Schmähschriften, Drohungen – und wir werden nicht beweisen können, dass unser Bericht echt ist."

„Seid unbesorgt", beteuerte Einstein, „ich werde euch beschützen, wenn das erforderlich wird."

Ich schüttelte den Kopf. „Dass wir bedroht werden könnten, ist es nicht allein. Wenn wir dich richtig verstehen", sagte ich, „soll unser Bericht religiöse Fanatiker zurück auf den Weg der Vernunft führen. Unser Buch wird aber auch zeigen, dass unsere Religionen keinen göttlichen Ursprung haben. Wir sind aber gar nicht der Meinung, dass man den Menschen ihre Religionen ausreden sollte."

„Das sollt ihr auch gar nicht", beschwichtigte Einstein. „Gott hat sich keiner der unzähligen Zivilisationen geoffenbart. Er zwingt dadurch die denkenden Lebewesen, eigene Ideen zu entwickeln. So kommen die Menschen zu Regeln, die ihr Zusammenleben bestimmen. Aus den dabei festgelegten ethischen Forderungen entstehen die Religionen, alle ohne die Mitwirkung Gottes. Den Lebewesen bleibt nichts als diese Religionen, die sie selbst erfunden haben. Das ist auch gut so, solange nicht Fanatiker auftreten, die diese erfundenen Religionen allen aufzwingen wollen."

„Du willst also gar nicht, dass die Menschen ihre Religionen aufgeben?", fragte Angela.

„Nein, keineswegs", sagte Einstein. „Wer ohne Religion leben will, kann dies tun, wer eine Religion braucht, kann dies auch tun."

Es wurde still. Wir überlegten.

„Wir werden es machen", sagte Angela sehr bestimmt. „Du wirst mit uns zufrieden sein."

Einstein lächelte. Wir schwiegen. Dann sagte er:

„Wir stehen nun vor unseren letzten Begegnungen. Ich habe euch gezeigt, wie es nicht ist. Aber die Menschen werden wissen wollen, wie es wirklich ist."

Es trat eine Pause ein. Dann sagte Einstein: „Durch mein Erscheinen wisst ihr, dass der Tod kein Verlöschen im Nichts ist. Es gibt ein Leben nach dem Tod."

Angela durchbrach die Stille. „Also gibt es einen Gott", stellte sie fest.

„Selbstverständlich", sagte Einstein. „Ohne ihn wärt ihr gar nicht da."

„Aber was bedeuten wir für Gott?", fragte ich.

„Ohne Geschöpfe wie euch wäre niemand da, der über Gott nachdenkt", sagte Einstein. „Dem riesigen und unpersönlichen Universum geben erst lebende und denkende Wesen einen Sinn. Ihr steht im Mittelpunkt des Sinns."

Ich dachte nach. Der Mensch, um dem Universum einen Sinn zu geben?

„Viele unserer Denker haben Gott für eine Idee des Menschen gehalten", sagte ich.

„Es ist umgekehrt", antwortete Einstein. „Die vielen denkenden Lebewesen auf Milliarden von Himmelskörpern sind eine Idee Gottes. Und weil sie es sind, enden sie nicht mit dem Tod. Gott lässt seine Idee nicht sterben."

Als wir verschiedene Internet-Anmerkungen über den Islam gelesen hatten, waren wir auf einen sonderbaren Hadith des Propheten Mohammed gestoßen, in dem dieser Gott sagen lässt: „Ich war ein verborgener Schatz und sehnte Mich danach, erkannt zu werden; also erschuf Ich die Welt, auf dass Ich erkannt werde-"

Bevor ich etwas sagen konnte, fragte Angela: „So ist Gott dem Menschen freundlich gesinnt?"

„Gewiss", war die Antwort von Einstein. „Und alle Menschen

sind auf dem Weg zu ihm."

„Aber viele Religionen erwarten doch von Gott, dass er die Verstorbenen richtet, nach Guten und Bösen scheidet."

„Der fürchterlich richtende Gott, der die Sünder ins Feuer wirft", antwortete Einstein. „Was für eine Blasphemie! Gott muss man nicht fürchten. Er hat den Menschen so gewollt. Gott nimmt ihn nach dem Leben zu sich."

Durch die Wand des Spiegelraums hindurch sahen wir in einen der Räume von Angelas Haus. Im Kamin brannte ein Feuer. Eine dunkle Gestalt trat an den Kamin, auf den Armen einen Hund, einen Dalmatiner. Die Gestalt nahm den Schwanz des Hundes und hielt ihn in die Flammen. Schmerzerfüllt heulte der Hund auf. Angela und ich schrien vor Ärger und Entsetzen. Das Bild verschwand.

„Ihr schreit wegen der Schmerzen eines Hundes", stellte Einstein fest. „Aber dass Gott Millionen von Menschen auf ewige Zeit in ein Feuer wirft, haltet ihr für möglich."

Einstein verschwand. Wir gingen auf unsere Zimmer.

37 Das Jenseits als blühende Wiese

Maria kam und bat mich zum Abendessen. Ich wurde verlegen, als ich sie sah. Bevor ich etwas sagen konnte, legte sie den Zeigefinger auf meinen Mund: „Sag nichts", flüsterte sie, „es war richtig so. Angela war einverstanden."

Das Abendessen verlief stiller, als wir es gewohnt waren. Zuletzt fragte ich Angela, ob sie den Vorfall mit Maria schon bereute. Sie hob kurz die Schultern.

Dann sagte sie: „Wir müssen wohl unsere Erforschung des Jenseits fortsetzen. Komm ins Bett."

Wir gingen die Treppe hinauf.

„Ohne Maria?", fragte ich.

„Ja, ohne Maria", sagte Angela, und es klang nicht, als ob sie meine Frage für angebracht gehalten hätte.

Wir gingen in ihr Schlafzimmer. Sie warf ihren Morgenmantel ab und stand nackt vor mir. Ich stand still und genoss das Bild. Angela war wunderschön.

Alles war wie immer. Wir liebten uns wild und ekstatisch.

Im Spiegelraum erwartete uns Einstein.

„Ich werde euch nun mit euren Fantasien über das Jenseits allein lassen", sagte er. „Versucht euch vorzustellen, wie das Jenseits aussehen könnte. Ihr braucht mich dazu nicht."

Einstein verschwand.

Wir blieben einige Minuten still. Angela war ein wenig verwirrt.

„Für mich als Hindu ist die Frage nach dem Jenseits nicht einfach", sagte sie zögernd. „Für mich ist es das Brahman, der Urgrund des Seins, den du nach endlosen Kreisläufen von Wiedergeburt und Tod erreichst."

Sie fuhr fort: „Aber ich weiß, wie sich die Christen den Weg ins Jenseits vorstellen. Ich war in der Sixtinischen Kapelle in Rom und habe das riesige Meisterwerk von Michelangelo bewundert, ich glaube, es heißt ‚Das Jüngste Gericht'. Oben die glücklichen Geretteten mit Christus im Licht, unten in der Düsternis die Verdammten, die der Fährmann Charon in die Unterwelt fährt."

Ich hatte meine Zweifel, ob Michelangelo tatsächlich den griechischen Charon in die christliche Veranstaltung eingebracht hatte, sagte aber nichts dazu.

„Nach der Ansicht vieler Religionen und mancher Philosophen überlebt nur die Seele, um sich körperlos mit Gott zu vereinigen", sagte ich stattdessen.

„Ich habe mehrere Bücher über Nahtod-Erfahrungen gelesen", sagte Angela. „Danach sehen die Betroffenen ein helles Licht und ein gütiges Wesen spricht mit ihnen. Sie sind sehr traurig, wenn sie wieder mit ihrem Körper vereinigt werden." Angela ergänzte: „Für meine Religion beenden deine guten Taten die Wiedergeburten. Bei den Christen bringen dich deine guten Taten beim Jüngsten Gericht ins Paradies. Gibt es also eine Selektion beim Eintritt ins Jenseits?"

Diese Worte genügten. Angela und ich standen plötzlich am Rande einer großen Ebene. Vor uns hastete eine Säule von Hunderten von Menschen jeder Größe und Hautfarbe dicht gedrängt in atemberaubendem Tempo über die weite Fläche, hin zu einem in der Ferne liegenden Ziel, das nicht zu erkennen war. Daneben bewegte sich in der Gegenrichtung eine ebenso große Kolonne von Menschen. Ganz links stand ohne Bewegung eine Gruppe von vielleicht hundert Kindern, darunter Säuglinge, die von den Älteren getragen wurden.

Wir blickten auf ihre Gesichter, und Entsetzen erfasste uns. Wir ahnten, nein, wir wussten es: Das waren Tote auf dem Weg in das oder aus dem Jenseits. Wir umarmten uns, beide zitternd.

Die Ebene mit den Toten verschwand, wir waren zurück im Spiegelraum. Einstein war nicht da.

Angela schüttelte sich vor Grauen. „Was war denn das?", fragte sie und wiederholte: „Was war denn das?"

Wir wussten beide, was das sein sollte. Die Eingangspforte zum Jenseits. Lange Zeit saßen wir stumm nebeneinander. Noch vor Angela fand ich in die Gegenwart zurück: „Wie viele Menschen sterben denn pro Minute auf der Erde, hundert, zweihundert?", fragte ich in dem Versuch, die Zahl der gesehenen Toten zu begreifen. „Und warum sind die jungen Toten abgetrennt?", setzte ich fort. „Kommen tote Säuglinge nicht ins Jenseits?"

Angela glaubte es zu wissen: „Für einen Hindu ist es fast unmöglich, dem Kreislauf der Wiedergeburten zu entkommen. Kindern und Jugendlichen kann dies nicht gelingen. Es ist daher vernünftig, sie auszusortieren." Für mich war ersichtlich, dass das Gesehene nur eine Jenseitsfantasie von Angela war. Es war so, wie sie als Hindu sich den Zugang ins Jenseits vorstellen musste.

So falsch war diese Trennung zwar nicht, aber ich dachte nicht an Aussortieren. Vor Jahren war ich Zeuge von Martyrium und Tod eines an Leukämie erkrankten Kindes geworden. Gab es etwas, was das Unrecht dieses frühen Todes wiedergutmachte? Wurden Kinder und junge Leute aussortiert und durften weiterleben, um nachzuholen, was ihnen der Tod vorenthalten hatte?

Ich sagte nichts.

Angela blickte ratlos. Dann sagte sie: „Unser erstes Problem ist, ob der Mensch für seine Taten bestraft oder belohnt wird. Ist es von Bedeutung, ob man auf Erden ein sogenannter guter oder sogenannter schlechter Mensch ist, ob man Morde begangen oder nur Leute gekränkt hat?"

Der Spiegelraum verschwand. Wir waren in einer grauen Welt, die aus Tausenden, wenn nicht Hunderttausenden Zellen bestand. In jeder dieser Zellen waren ein Mann oder eine Frau, zu sehen. Viele lagen auf dem Zellenboden, andere standen still in der Zelle und wieder andere eilten aufgeregt von Wand zu Wand. Man hörte keinen Laut, aber zahllose dieser Menschen in den Zellen wirkten wie von einem fürchterlichen Schrecken erfasst. Einige schienen händeringend etwas zu beteuern, andere saßen stumm und oft weinend in ihren Zellen, einige rannten wie in wilder Verzweiflung mit dem Kopf gegen die Wände.

Es war ein furchterregendes Bild, das sich unseren Augen bot. Nach einigen Minuten verschwand das Bild und wir fanden uns im Spiegelraum wieder.

Ich war verwirrt. „Angela", sagte ich, „ich glaube, das ist nur eine von meinem Hirn erzeugte Fantasie. Du weißt, dass ich katholisch erzogen wurde. Daher stellt sich mein Kopf ein modernes Fegefeuer vor der Aufnahme in den Himmel vor."

Angela sah mich skeptisch an: „Du findest, die Toten sollten ihr Leben vorgeführt bekommen, mit allen guten und schlechten Taten? Und sie verzweifeln, wenn sie sehen, was sie angerichtet haben, wo sie böse oder hinterhältig waren."

„Und wenn sie bereut haben, kommen sie in den Himmel?", fragte ich. „Sie werden einige Zeit mit ihren Taten konfrontiert und danach wird ihnen vergeben."

Angela war dies keiner weiteren Diskussion wert. Sie sagte etwas verärgert: „Wie man ins Jenseits kommt, wollten wir doch gar nicht wissen", sagte sie. „Wir wollten doch eher wissen, was uns im Jenseits erwartet."

„Gut", stimmte ich zu, „dann versuchen wir doch, uns das Jenseits vorzustellen."

Angela dachte nach. Dann sagte sie nachdenklich: „Viele Menschen erwarten im Jenseits ein Paradies aus wunderbaren Gärten."

Der Spiegelraum verschwand erneut. Angela und ich waren plötzlich in einem wunderschönen Garten. Wir spazierten nackt und eng umschlungen an blühenden Pflanzen vorbei, über denen Schmetterlinge flatterten. Neben uns im Gras liebten sich Menschen, aber wir schienen für sie nicht vorhanden zu sein. Auch wir sanken ins Gras und liebten uns. Dann wanderten wir erneut los, zufrieden und ohne Ziel. Es gab nichts für uns zu tun als zu genießen. Es gab keine Zeit, nicht für uns und auch nicht für die Menschen, denen wir begegneten.

Allmählich begannen wir zu ahnen, dass dieser Glückszustand ewig andauern würde, wobei „ewig" nicht korrekt war, denn die Zeit gab es nicht mehr. Bestand daraus das „ewige" Leben, war es ein Schwelgen in unendlichem Glück? Oder ein Schlaraffenland, ein endloses Faulenzen? Ein Dasein voll von Schönheit, Frieden, Freude und Liebe mit unendlich gesteigerten körperlichen, emotionalen und geistigen Fähigkeiten?

War es das, was wir in aller Ewigkeit für uns wollten?

Wir fanden uns zurück im Spiegelraum.

„Das war sehr schön", lächelte ich Angela an. „Aber werden wir dies eine ganze Ewigkeit lang durchhalten?"

„Du weißt nicht, welche Zauber auf uns wirken werden", erwiderte Angela. „Vielleicht werden wir so verändert, dass uns dieses Leben bis in alle Ewigkeit freuen wird."

„Wünscht du dir das?", fragte ich zweifelnd.

„Es ist schön, aber etwas eintönig. Nur ein Zauber kann verursachen, dass wir auf immer und ewig glücklich sind."

„Ich glaube, wir brauchen andere Menschen zu unserem Glück, Menschen, die wir kennen", meinte ich.

Die blühende Wiese kehrte zurück. Aber nun war sie erfüllt von Menschen, die spazieren gingen, sich unterhielten, Bücher lasen oder

Ball spielten.

„Dort steht mein Vater", flüsterte Angela. „Mein Gott, wie gut und zufrieden er aussieht. Er ist seit fünf Jahren tot."

„Wir müssen nicht flüstern", bemerkte ich. „Wenn sie uns nicht sehen können, werden sie uns auch nicht hören."

Angela verkrampfte sich in meinen Arm.

„Dort steht mein Mann mit seiner Freundin. Sie sind zusammen mit dem Flugzeug verunglückt."

Sie blickte auf einen großen, gut aussehenden Mann, den eine junge Frau umarmte.

„Das ist furchtbar", sagte Angela. „Mein Mann im Jenseits in den Armen seiner Freundin. Ich habe ihn in die Hölle gewünscht."

Ich erstarrte. In meiner Nähe saßen meine Großeltern, und sie sprachen mit meinem Vater. Sie wirkten jünger, als ich sie in Erinnerung hatte.

Ich wies Angela mit ausgestrecktem Arm auf sie hin. „Sie können uns wohl nicht sahen. Im Gegensatz zu ihnen sind wir nicht tot."

Sie zeigte auf eine Inderin in einem blauen Sari: „Das ist wohl meine Großmutter in jungen Jahren. Ich habe sie gekannt, als sie älter war."

„Ob wohl auch meine Urgroßmutter hier ist?" fragte Angela. „Sie war sehr religiös und ließ sich sogar in Varanasi kremieren."

„Varanasi?" fragte ich.

„Du kennst es vielleicht unter dem früheren englischen Namen Benares", erklärte Angela. „Varanasi ist die heilige Stadt der Hindus. Nach Varanasi pilgert man, um der göttlichen Einheit näher zu kommen. Wer hier stirbt und als Asche den Fluten des Ganges übergeben wird, kann die Erlösung erlangen."

Neben der Inderin, die Angela für ihre Großmutter hielt, lag ein Paar auf der Wiese, das sich umarmte.

„Mein Gott", Angela stieß einen kleinen Schrei aus, „das ist David, einer der Männer, mit denen ich schlief. Ich verließ ihn nach einigen Wochen, weil er Einstein nicht sehen konnte. Er war schrecklich verzweifelt. Aber wie ich sehe, hat er eine Frau gefunden."

„Ist er denn gestorben?", fragte ich.

„Ich weiß es nicht", antwortete Angela. „Vor einem Jahr lebte er noch."

Der Mann, den Angela als einen ihrer Liebhaber erkannt hatte, hielt eine Frau in den Armen. Nun wandte er sich zur Seite, und das Gesicht der Frau wurde sichtbar.

Angela erstarrte.

„Aber das bin ja ich", stammelte sie.

Die Wiese versank, wir fanden uns im Spiegelraum wieder. Einstein blieb verschwunden. Wir gingen zurück in Angelas Schlafzimmer und legten uns aufs Bett.

Wir waren beide aufgewühlt. Angela zitterte.

„Das war ich, das war ich", wiederholte sie. „Er schläft mit mir, und ich bin doch gar nicht tot. Er schläft mit seinem Wunschbild."

Wir blickten uns an. Ich sagte zögernd: „Dieser Mann hat nicht verwunden, dass ihn die geliebte Frau verlassen hat." Und nach einer Pause des Nachdenkens: „Aber im Jenseits werden offenbar alle Wünsche erfüllt. So hat er dich nun zurückbekommen."

„Aber wo bin da ich?", fragte Angela verwirrt. „Muss ich das auch erleben?"

„Wahrscheinlich nicht", sagte ich. „Denn seine Wünsche widersprechen deinen Wünschen."

Angela beugte sich über mich. Wir liebten uns sehr zart und mit langsamen, fast unmerklichen Bewegungen, wie Wellen, die gegeneinander fließen.

Danach lagen wir eng umschlungen, als wollten wir uns gegenseitig festhalten. Ich legte meinen Kopf neben Angelas Gesicht und spürte ihren Atem. So schliefen wir ein.

38 Das Jenseits als ewiger Glückszustand

Wir erwachten am Morgen in Angelas Bett. Maria brachte das Frühstück und verschwand wieder, ohne uns anzusehen. Wir waren mehr nachdenklich als erschrocken.

„Angela", sagte ich. „Wir wollen das grässliche Bild der rennenden Toten vergessen. Aber lass uns analysieren, was wir als mögliches Jenseits gesehen haben."

Sie nickte, und ich setzte fort: „Wir haben das Jenseits kennengelernt als Ort paradiesischer Freude, grüne Weiden und goldenes Licht, wir allein oder mit anderen Menschen."

„Wobei nicht zu erkennen war", ergänzte Angela, „wie weit es zu einem Kontakt zwischen den Menschen kommt. Ich glaube nicht, dass ich mich freuen würde, im Jenseits meinem Ex-Mann mit Freundin zu begegnen."

„Nun, man könnte sich vorstellen, dass man denjenigen gar nicht begegnen kann, die man nicht sehen will", sagte ich.

„Das würden allerdings diejenigen merken, die man ausschließt", wandte Angela ein, „weil sie dir auch dann nicht begegnen, wenn sie das wünschen."

„Nein", widersprach ich. „Du hast gesehen, was geschieht. Dein früherer Liebhaber liebt dich, so wie er es wünscht, obwohl du nichts davon weißt, ja nicht einmal tot bist."

„Das ist Wahnsinn", rief Angela. „Jeder Mann, der mich als Wunschbild ins Jenseits mitnimmt, bekommt mich dort frei Haus geliefert."

„Wenn du nichts davon weißt, kann es dir egal sein", wandte ich ein. „Aber das Problem ist viel größer. Wenn dein Ehepartner gestorben ist und du danach glücklich mit einem anderen Menschen zusammengelebt hast – mit welchem von beiden lebst du im Jenseits? Oder lebst du mit beiden zusammen, oder an verschiedenen Orten mit jedem für sich? Was geschieht mit den Partnern der von dir geliebten Menschen?"

Angela überlegte. „Du wirst also, je nach Bedarf, mehrfach jeweils mit einem anderen Personenkreis vorkommen, aber du selbst bist nur bei jenen Personen, die du sehen willst. Und deine anderen Ichs verhalten sich so, als wären diese Personen die von dir gewünschten. Eine monströse Idee." Angela schüttelte den Kopf.

„Wir wissen nicht, ob das wirklich so ist", sagte ich. „Das wird uns nur als mögliches Beispiel gezeigt. Und wir dürften ja wohl nicht als dementer alter Mensch ins Jenseits gehen, sondern eher als kraftstrotzender 40-Jähriger oder als ein einziges Ich, das die besten unserer Eigenschaften, vielleicht sogar ein wenig verbessert, besitzt."

„Da hast du recht", sagte Angela. „Auch wer ein trauriges Leben führt, möchte, dass es im Jenseits endlich anders kommt."

„Aber uns geht es gut", meinte ich, „und der, dem es gut geht, will, dass alles so bleibt."

„Das heißt", stimmte Angela sofort zu, „wir hätten gern im Jenseits ein glückseliges Leben mit einer interessanten Tätigkeit."

Wir stürzten uns ineinander. Die Bilder, die wir gesehen hatten, spornten uns in ungeahnter Weise an. Die glücklichen Menschen im Garten, frei und fern jeder Erdenschwere. Wir versuchten das Glücksgefühl, das wir im Jenseits empfunden hatten, auf die Erde mitzunehmen. Es gelang uns. Keuchend ließen wir voneinander ab.

Dann geschah etwas Sonderbares. Angela ging in den Spiegelraum und schloss leise die Tür hinter sich zu. Ich war überrascht, aber wagte nicht, ihr zu folgen.

Nach einer mir endlos erscheinenden Zeit öffnete sich die Tür und Angela kam heraus. Sie schien überwältigt von einem soeben erlebten Geschehen. Ihre Augen glänzten in einer Art, wie ich es gelegentlich am Ende unserer ekstatischen Vereinigungen gesehen hatte.

„Ich habe die Ekstase der Heiligen Teresa von Ávila erlebt", sagte sie. Sie las mir vor, was die Heilige geschrieben hatte:

„Ich sah neben mir einen Engel in leiblicher Gestalt. Sein Gesicht war so entflammt, dass er mir als einer der erhabensten Engel vorkam. In den Händen sah ich einen langen goldenen Wurfpfeil. Es kam mir vor, als durchbohrte er mit dem Pfeile einige Male mein Herz bis aufs Innerste, und wenn er ihn wieder herauszog, war es mir, als zöge er diesen innersten Herzteil mit heraus. Als er mich verließ, war ich ganz entzündet von feuriger Liebe zu Gott. Der Schmerz dieser Verwundung war so groß, dass er mir Klageseufzer auspresste; aber auch die Wonne, die dieser Schmerz verursachte, war so überschwänglich, dass ich unmöglich von ihm frei zu werden verlangen noch mit etwas Geringerem mich begnügen konnte als mit Gott. Solange dieser Zustand andauerte, ging ich umher, als wäre ich außer mir. Ich hätte weder sehen noch reden, sondern nur in meine

Pein mich versenken mögen, die mir eine größere Seligkeit bereitete als alle geschaffenen Dinge."

„Es war wunderschön", sagte Angela. „Ein Zusammenfließen von sexueller und religiöser Erfahrung, eine Ekstase in Gott. Mit göttlichen Wesen zu schlafen ist wohl das Höchste, was eine Frau erleben kann."

„Wie kamst du dazu?", fragte ich überrascht.

„Es ging um eine Fortsetzung des irdischen Lebens im Jenseits", lächelte Angela. „Gestern erst habe ich den Bericht der Teresa von Ávila gelesen, heute durfte ich ihre Verzückung nachempfinden."

Berninis Marmorskulptur einer leidenschaftlich-ekstatischen Heiligen Teresa in der römischen Kirche Santa Maria della Vittoria war mir bekannt. Ich sagte nichts.

Der Spiegelraum war zurückgekehrt. Wir gingen in Angelas Schlafzimmer.

Wir beschlossen, jeder für sich in der Wanne seines Badezimmers ein langes Bad zu nehmen. Maria erschien bei mir mit frischen Handtüchern und Badeölen. Sie lächelte. Ich versuchte nicht, sie zu berühren. Sie schien es auch nicht zu erwarten.

Nach dem Bad ruhten wir uns auf Angelas Bett aus. Sie war sehr schön. Sie ließ sich von mir küssen, wehrte aber meine Hände ab.

„Wir haben uns bis jetzt nur vorgestellt, wie es uns im Jenseits ergehen könnte", sagte Angela. „Aber wollen wir nicht auch erfahren, wie es auf unserer Erde weitergeht, nachdem wir gestorben sind?"

„Meinst du, wir sollten mittels himmlischer Kameras das Leben unserer Verwandten und Bekannten beobachten dürfen?" fragte ich lächelnd.

Angela schüttelte den Kopf. „Nein", sagte sie, „die Hereinnahme von Ereignissen auf der Erde würde den paradiesischen Zustand völlig verändern."

Ich widersprach nicht, obwohl es mir interessant erschien, die weiteren Entwicklungen nach unserem Tod hautnah zu verfolgen. Was mit unseren Kindern, Enkeln und anderen Nachfahren geschah. Aber Angela hatte recht. Sollten wir aus dem Paradies beobachten, wie ein geliebter Mensch bei einem Unfall oder an Krebs starb? Obwohl wir ihn dann sofort würden begrüßen können?

Wir kleideten uns an.

Nach dem Mittagessen saßen wir uns gegenüber. Wir waren ratlos. Gab es noch mehr Möglichkeiten für das ewige Leben?

Wir beschlossen, uns zu lieben und danach Einstein mit den Meinungen unserer Religionen zu konfrontieren.

Angela beugte sich über mich und begann mein Glied zu liebkosen. Sie näherte sich mit dem Mund. Ich legte meine Hand auf ihren Kopf, um sie zu führen. Nach einiger Zeit setzte sie sich auf mich. Maria saß regungslos in einer Ecke von Angelas Zimmer und sah uns zu.

Wir gingen in den Spiegelraum. Einstein war nicht da. Hätten wir Maria in unser Liebesspiel einbeziehen sollen?

„Und nun?", fragte Angela irritiert. „Wie gehen unsere Fantasien weiter? Meine Religion sagt, dass sich die Seele vom Zwang zur Wiedergeburt befreien muss. Ist ihr das gelungen, kommt sie in der Ewigkeit zur Ruhe."

Angela hatte als Hindu gesprochen. Ich fügte meine Sicht, die Meinung des christlich Erzogenen, hinzu.

„Mir wurde gelehrt, dass die Seele ewig lebt und der Verstorbene auferweckt und nach seinen Taten gerichtet wird. Danach kommen die Menschen entweder an einen Ort der Freude, der Läuterung oder der Verdammnis. Gott und die Seele begegnen sich, und im Übergang in die Glorie Gottes liegt das höchste dem Menschen mögliche Glück."

Diese Worte genügten. Der Raum um uns verschwand. Wir standen inmitten der Strahlen einer den Himmel füllenden Sonne, die aber unsere Augen nicht blendete. Unsere Körper strahlten in einem Licht, das uns auf Erden wohl verbrannt hätte. Es war uns bewusst, dass diese Sonne nur Gott selbst sein konnte, mit dem wir nun verbunden waren. Auf ewig?

Wir waren außerhalb von Zeit und Raum. Die Zeit, wie wir sie kannten, gab es nicht mehr.

Ich fand mich in einem ungewöhnlichen Zustand wieder: Jenseits von Gut und Böse, befreit von allem Irdischen, allen Sorgen, aber auch allen Wünschen. Ich schwamm in einem tiefen, märchenhaften Glück. Ich war allein, unvergänglich, an einem Platz der höchsten Wahrheit und Wirklichkeit, des ewigen und unbegreiflichen Friedens.

Allmählich begann ich zu ahnen, dass dieser Glückszustand ewig andauern würde.

War dies das ewige Leben, ein Schweben in unendlichem Glück?

Ich versuchte zu denken und merkte, dass sich mein Gehirn auf unglaubliche Weise erweitert hatte. Ich wusste plötzlich Dinge, die ich nie gekannt oder gelernt hatte. Hatte ich Zugriff zu göttlichem Wissen? Ich versuchte das zu testen, indem ich an etwas zu denken versuchte, das ich gerne gewusst hätte, das zu den großen Rätseln der Menschheit gehörte. Was ist die dunkle Materie? dachte ich.

Das Licht erlosch. Wir waren allein, zurück im Spiegelraum.

Neben mir lag Angela. Sie lächelte mich an. Aber in ihrem Gesicht sah man die Erschöpfung.

Wir gingen in ihr Schlafzimmer.

Angela blickte mich an.

„Es war wunderbar. Ich glaube, ich habe mich noch nie so glücklich gefühlt", sagte sie. „Aber ich weiß nicht, ob ich mir so das ewige Leben wünsche. Entweder im Angesicht des Nichts und selbst als Nichts oder im Angesicht Gottes und mit beinahe göttlichem Wesen, unglaublich und unfassbar, aber können wir dieses ewige Nichtstun ertragen?"

39 Das Jenseits als Leben mit einer interessanten Tätigkeit

Wir schliefen einige Stunden eng aneinandergeschmiegt. Der Geruch von Angelas Haar und die Wärme ihrer Haut begleiteten mich durch meine Träume. Wir erwachten gleichzeitig und fühlten uns wunderbar erfrischt. Angela fühlte, dass ich wieder erregt war, und wandte sich mir zu. Sie war nass. Ich drang in sie ein. Sie riss mich mit, und ich ließ mich gerne mitreißen.

Der Spiegelraum war noch immer leer, ohne Einstein. Ich fühlte mich verpflichtet, eine weitere Fantasie in den Raum zu stellen.

„Das Universum, wie es die Wissenschaft kennt, ist ständig in Bewegung. Sonnen entstehen und werden vernichtet, Galaxien kollidieren, Planeten gehen unter. Einstein hat uns gesagt, dass vereinzelt in dieses Geschehen eingegriffen wird. Könnte es sein, dass Seelen, die dazu fähig sind, an der Schöpfung mitarbeiten dürfen? Die Menschen sind Geschöpfe Gottes. Gott gibt ihnen Aufgaben, die Jahrtausende ausfüllen. Auch im Jenseits können sie sich weiterentwickeln."

Vielleicht war das eine absurde Idee. Der Spiegelraum verschwand. Angela und ich waren in einem Raum, der nach allen Richtungen unendlich schien.

Wir wussten, dass wir uns irgendwo im Weltall befanden. Das Universum bot sich uns dar wie ein Schwamm von ungeheurer Größe. Galaxien waren wie auf Schnüren aufgereiht oder in Wänden vereinigt und voneinander durch gewaltige leere Räume und Tunnel getrennt.

Es war eine fantastische Reise von den rund hundert Milliarden Sternen unserer Milchstraße zu immer neuen Galaxien. Wir sahen die Verzerrungen der Sterne am Rande eines Schwarzen Lochs, Kugelsternhaufen inmitten unserer Milchstraße, sterbende Sterne mit Ausbrüchen von Gammastrahlen, kollidierende Galaxien, ein Doppelstern-System vor einer Supernova-Explosion. Es war ein Chaos von unbeschreiblicher Schönheit, aber auch von unbeschreiblichem Schrecken, denn diese Sternexplosionen verschlangen Tausende von vielleicht mit Leben erfüllten Planeten.

Plötzlich befanden wir uns auf dem von rotem Gras bedeckten Boden eines Planeten. Er hatte schon aus der Höhe ganz anders ausgesehen als das faszinierende Bild der Erde mit dem Purpurblau der Ozeane und dem Smaragdgrün der Kontinente. Dieser Planet war in ein intensives Rot getaucht.

Am Horizont standen zwei Sonnen, die ein grünliches Licht auf die Landschaft warfen. Vor uns bewegten sich Hunderte von kleinen haarlosen Wesen im Kreis um einen großen roten Kegel. Uns war klar, dass diese Wesen den Kegel anbeteten.

Der Anblick war atemberaubend. Die Wesen bildeten Gruppen, die sich wieder auflösten, seltsame geometrische Figuren bildeten, die fließend in andere übergingen. Dazu gaben diese Gebilde Laute von sich, die halb einer Sprache, halb einem Gesang glichen. Wenn es eine Sprache war, so glich sie keiner Sprache, die wir auf der Erde kannten.

Um den Platz standen hohe Gebäude, deren auffallendste Eigenschaft nicht die vielen verschiedenen Farben waren, in denen sie erstrahlten. Ungewöhnlicher war, dass sie keine Ecken aufwiesen, sondern sich in seltsam geschwungenen Formen ausbreiteten. Die Gebäude wiesen Hunderte von kreisrunden kleinen Öffnungen auf, aus denen Tausende derselben haarlosen Wesen auf den Platz blickten.

Über dem Platz lag ein Dunst, der alles in einem unscharfen grünlichen Licht erscheinen ließ. War es Wasserdampf?

Die beiden Sonnen hatten den Platz in ein Licht ohne Schatten getaucht. Nun sanken sie langsam tiefer und bewegten sich gleichzeitig aufeinander zu. Der Platz wurde dunkler und dunkler. Es wurde kalt.

Plötzlich begann der Dampf über dem Platz zu kondensieren. Weiße Flocken rieselten herab. Die Wesen auf dem Platz und in den Fensterluken sanken erstarrt zusammen, der sonderbare Sprechgesang verstummte. Nach kurzer Zeit war alles von einer weißen Schicht bedeckt, die halb wie Schnee, halb wie Staub aussah. Kein Laut war zu hören, nichts regte sich.

Das Bild verschwand. Um uns kehrte der Spiegelraum zurück.

„Was für ein fantastisches Erlebnis", sagte Angela. „Wenn so das Jenseits aussieht, werden wir uns nicht langweilen. Wandern wir also in aller Ewigkeit durch das Weltall, hin und her gerissen zwischen Wunderbarem und Schrecklichem?"

„Ja", sagte ich, „das ist wohl ein seltsames Angebot an die Verstorbenen. Eine Reise durch das Weltall mit dem Blick auf die verschiedensten Wesen und Ereignisse. Welchen Zweck sollte das haben?"

„Du bist der Wissenschaftler", meinte Angela. „Vielleicht gibt es für dich auch im Jenseits etwas zu tun."

„Man könnte die verschiedenen Lebensformen registrieren und vergleichen", überlegte ich. „Aber für wen? Für die anderen Verstorbenen? Für Gott?"

Weil Angela schwieg, fuhr ich fort: „Nehmen wir also an, Gott sieht, wie sich die Schöpfung entwickelt. Mit all den Naturkatastrophen wie Supernovä, Sonneneruptionen und Meteoriteneinschlägen oder von den Lebewesen verursachten Katastrophen wie Atomkriegen. Er will aber nicht direkt eingreifen. Er sendet daher einen Boten, also unseren Pseudo-Einstein. Dieser Bote darf sich zwei Wesen aussuchen und diese informieren und dazu bringen, das Wissen in einem Buch weiterzugeben."

„Ja", stimmte Angela zu. „Das könnte passen. Aber was bedeutet das für uns und unseren Ausflug ins Weltall?"

„Wenn unsere Vermutung stimmt", sagte ich, „dann gibt es an den vielen Billionen oder noch mehr Plätzen, an denen sich Leben entwickelt, göttliche Boten. Diese greifen ein, wenn etwas gefährlich aus dem Ruder läuft."

„Obwohl Gott allwissend ist und daher alles schon weiß?", fragte Angela.

„Das ändert wahrscheinlich nichts", sagte ich nachdenklich. „Gott weiß zwar, was ihm seine Boten melden werden und wie er darauf reagieren wird, aber das ändert nichts an der Notwendigkeit dieser Boten."

Angela schüttelte den Kopf. „Das heißt, wenn wir sterben, werden wir Götterboten, bekommen Flügel und fliegen im Weltall herum", meinte sie ironisch.

„Wenn man von den Flügeln absieht", bestätigte ich, „ist uns so etwas gezeigt worden, es könnte also zutreffen. Aber sicherlich ist nur ein Teil der Verstorbenen dazu geeignet. Für die meisten anderen gibt es wohl andere Möglichkeiten, das Jenseits zu verbringen."

„Schade, dass diese Millionen von anderen Zivilisationen im Weltall so weit von uns entfernt sind", sagte Angela nachdenklich. „Wir würden merken, dass die Religionen eines Moses, Jesus, Buddha und Mohammed nur auf unserer Erde vorkommen."

„Das würde nichts ändern", widersprach ich. „Wahrscheinlich würde dann das mächtigste Volk von diesen anderen Planeten bestimmen, welche Religion wir annehmen müssen. Sie würden dann bei uns genauso einfallen und herrschen wie einst unsere Missionare in Amerika und Afrika."

„Meinst du, dass es irgendwo im Weltall ein Volk geben kann, das keine Religion hat und nur seiner Vernunft folgt?", sagte Angela.

Wir waren erschöpft. Es war ein langer Tag geworden. Wie viele Stunden waren wir unterwegs gewesen? Draußen war finstere Nacht. Wir hatten keinen Hunger. Ich küsste sie auf den Nacken. Wir umarmten uns und gingen in unsere Zimmer. Ein traumloser Schlaf umfing uns.

40 Abschied

Die Morgensonne weckte mich. Sie kam zwischen den Hügeln hervor und gab den Blumen ihre Farben zurück. Die Bäume waren feucht vom Tau und glänzten im Licht der Sonne.
Ich ging in Angelas Zimmer. Sie stand vor ihrem Bett. Angela trug ein Nachthemd in zarten Farben, die in der Morgensonne schillerten. Es ließ sich über ihre Schultern abstreifen und blieb um ihre Knöchel liegen. Sie schmiegte sich an mich. Ihre Lippen waren willig und warm. Ich legte sie auf das Bett. Unser Verlangen war wieder größer geworden. Wir schrien beide, als wir kamen.
Wir gingen in den Spiegelraum. Einstein war wieder da. Er hatte uns mehr als einen Tag mit unseren Jenseitsfantasien allein gelassen.
„Ihr habt in euren Fantasien einige der Möglichkeiten des Jenseits gesehen", sagte Einstein. „Da war die Wanderung in blühenden Landschaften, allein und mit anderen Menschen. Da war die Fortsetzung eures irdischen Lebens. Da war euer Ausflug in das Weltall. Und da war die Versenkung in Gott, die euch langweilig erschien."
„Langweilig, ja, weil wir uns einen solchen Zustand des ewigen Nichtstuns nicht vorstellen konnten", sagte Angela. „Es sah aus wie ein nie endendes, unendlich langweiliges Vegetieren."
„In der Ewigkeit gibt es keine Zeit", sagte Einstein. „Wie wollt ihr merken, dass etwas zu lange dauert, wenn es die Zeit nicht mehr gibt? Es ist kein Nichtstun. Ihr seid in einem ununterbrochenen Zustand der Aufgeregtheit und des Staunens, weil ihr die Schöpfung leiblich mit allen euren Sinnen miterlebt."
Einstein machte eine Pause.
„Eure Fantasien sind nur ein winziger Teil dessen, was euch erwartet", sagte er dann. „Das Jenseits ist der Ort wunschloser Glückseligkeit. Wer aktiv in der Schöpfung mitwirken will, darf das versuchen. Wer von Beginn die stille Anbetung Gottes wünscht, kann das tun. Wer im Nichts ewige Ruhe finden will, darf auch dies tun."

„Darf man auch wirklich sterben?", fragte Angela. „Ich meine: endgültig vergehen?"

„Gewiss", sagte Einstein. „Viele Menschen finden, dass sie ein erfülltes Leben gelebt haben. Dass sie aufhören wollen, zu existieren. Dieser Wunsch wird erfüllt."

Es trat eine Pause ein. Nach einiger Zeit fasste sich Angela ein Herz: „Das ist also alles?", fragte sie.

Einstein lächelte.

„Nein, natürlich nicht. Das Jenseits ist die Begegnung mit Gott in der Welt der Ewigkeit. Es umfasst göttliche Vollkommenheit und unvergängliche Glückseligkeit, hohe geistige Gaben und tiefen Frieden, die Erfüllung der Wünsche von Geist, Herz und Seele und ewige Freude. Es ist ein Platz, wo ihr in Frieden und Liebe ruhen könnt, ein Ort, an dem ihr glücklich seid, wo es keine Not gibt, keine Armut, keine Wut, keinen Hass. Dabei bleiben Identität und Ich-Bewusstsein erhalten, denn die Seele ist unzerstörbar, sie wechselt nur den Aufenthaltsort."

Wir lagen still auf dem Bett des Spiegelraumes. Einsteins Worte schienen so endgültig und abschließend.

Und sie waren es auch. „Ich muss nun gehen", sagte Einstein, „meine Zeit mit euch ist abgelaufen. Mehr kann ich nicht für euch tun. Aber ihr könnt viel tun, damit der Zweck meines Besuches erreicht wird. Lebt wohl."

Bevor wir etwas erwidern konnten, verschwand Einstein. Ich war den Tränen nahe, aber Angela nahm es erstaunlich gelassen.

41 oder 27A Einstein und Angela, eine Überraschung

Hier muss ich – Angela – ein Kapitel einfügen, das aus mehr als einem Grund wichtig ist. Ich habe es erst eingesetzt, als unser Bericht fast abgeschlossen war.

Diese Ergänzung handelt von jenem denkwürdigen Nachmittag, als Einstein mit meinem Bruder sprach. Ich war mit ihm in den Spiegelraum gegangen, und wir hatten uns auf das Bett gelegt und auf Einstein gewartet.

Die Sitzung mit Einstein dauerte nicht ganz eine Stunde. Nachher saßen mein Bruder und ich zusammen und diskutierten. Er war völlig verstört. Er konnte nicht begreifen, was ihm widerfahren war. Nach einer Stunde und drei Tassen Kaffee fuhr er in seinem Auto davon.

Ich rief meinen Partner an, der mit seinem Gipsbein im Haus herumgewandert war.

Maria kam und fragte mich, ob sie Robert, meinen Ersatzliebhaber, rufen sollte. Ich schüttelte den Kopf, denn Robert passte nun gar nicht in dieses Glück. Außerdem hatte ich im Grand Hotel nach unserer letzten, sehr leidenschaftlichen Vereinigung beschlossen, mich von Pille und Ekstasen zu erholen. Ich hatte daher die Pille abgesetzt.

Maria öffnete für mich eine Flasche Champagner. Ich trank zwei Gläser. Dann ging ich in mein Schlafzimmer und begann das nötige Ritual, um Einstein zu sehen. Natürlich wollte ich mich bei ihm bedanken. Ich ging unter die Dusche, zog mein Nachthemd an und legte mich im Spiegelraum auf das Bett. Mit flinken Fingern brachte ich mich zur Ekstase. Auf seinem Lehnstuhl erschien Einstein.

Ich traute meinen Augen nicht. Anstelle des grauhaarigen alten Mannes saß ein junger Albert Einstein auf dem Stuhl, mit üppigen schwarzen Locken und einem gar nicht faltigen Gesicht. Er lächelte.

„Ich wollte dir nochmals danken", sagte ich. „Auch dass ich dazu nicht mit meinem Bruder schlafen musste. Ich bin danach gefragt worden."

Einstein lachte. „Hättest du denn gern mit ihm geschlafen?", fragte er.

„Oh nein", rief ich. „Was für eine Idee."
„Würdest du gern mit jemand schlafen?", fragte Einstein.
Ich errötete. „Mit dir", sagte ich.
„Dann komm", sagte Einstein. Er trat an mein Bett. Ich streifte mein Nachthemd über meinen Kopf.

War ich Danae, die Gottvater Zeus als Goldregen beglückte, war ich Europa, die er als Stier verführte? War Zeus, der oberste Gott der Griechen, gar keine Fantasie?

Es war anders, ganz anders, als ich es mit meinen vielen Liebhabern erfahren hatte. Ich fühlte dasselbe überirdische Glück wie viele Wochen vorher, als ich die Verzückung der Teresa von Ávila nachempfunden hatte.

42 Nachwort

Einstein war aus unserem Leben verschwunden und hatte eine schreckliche Leere zurückgelassen. Ich wusste, dass wir in Zukunft sehr allein sein würden.

In den folgenden Monaten schrieben Angela und ich über unsere Erlebnisse mit Einstein. Wir besuchten uns nicht, sondern tauschten uns mittels E-Mail aus. Manches erschien uns im Rückblick verwirrend und irritierend. Gelegentlich kamen wir uns vor wie zwei Zeugen bei einem Autounfall – wir hatten dasselbe erlebt und doch eine Episode oder eine Aussage Einsteins anders in Erinnerung. Manche Sätze Einsteins versuchten wir zu rekonstruieren und wählten zuletzt die Fassung, die uns am wahrscheinlichsten erschien.

Am meisten Bedenken hatten wir, als wir unsere Fantasien über das Jenseits niederschrieben. Während uns Einstein bei den Religionen mit harten Tatsachen konfrontiert hatte, war er bei unseren Jenseits-Ideen nicht im Spiegelraum erschienen und eher vage geblieben. Sein Schlusskommentar war zwar deutlich gewesen, aber hatte uns mit dem Gefühl zurückgelassen, dass das Jenseits doch ganz anders sein könnte, als unsere Fantasien es uns vorgegaukelt hatten. War unser Ausflug in die Schattenwelt ein Selbstbetrug gewesen, ein Trost, der jeder Grundlage entbehrte? Wie auch immer, wir beschlossen, auch diesen Teil unserer Erlebnisse zu beschreiben.

Zum Ausflug in eine Welt mit grüner Sonne und roten Pflanzen hatten wir unsere eigene Meinung. Auf der Erde hatte die zunächst rote Sonne eine grüne Pflanzenwelt verursacht, weil das Grün eine bessere Aufnahme des roten Lichts ermöglichte. In dieser anderen Welt war es wohl umgekehrt gewesen.

Warum von uns sexuelle Vereinigungen verlangt wurden, um Einstein zu sehen, hatte er uns erklärt: Die Beschreibung dieser Aktivitäten werde zu einer größeren Leserschaft führen. Wahrscheinlich war das aber nicht der wirkliche Grund gewesen. Hätten wir mit unseren Ekstasen einen Übergang ins Jenseits entdecken sollen?

So war Angela durchaus der Ansicht, dass der Mensch den

Zugang zum Übersinnlichen nur in Trance oder Ekstase findet. Für sie traf das wohl zu. Ich hatte gesehen, wie der Orgasmus Angela in einen Zustand versetzte, in dem sie jede Kontrolle über sich verlor. Dazu war ich nicht fähig. Gewiss, auch ich war in einem anderen Bewusstseinszustand, wenn die Welt zu leuchten begann und mein Körper den höchsten Punkt der Lust erreichte. Die Frage aber blieb: Gibt es eine weitere Stufe, auf welcher der Orgasmus in noch herrlichere Höhen übergeht? Wird man so den Göttern der Griechen gleich, die ihre Sexualität auslebten und von Keuschheit nichts wissen wollten?

Bei einigen sehr intimen Dingen mussten wir uns eingestehen, dass sich das nicht erzählen ließ. Wir beschlossen, unsere stärksten sexuellen Episoden umzuschreiben oder sehr stark zu kürzen und die Wahrheit für eine mögliche spätere, unbereinigte Auflage aufzusparen. Ganz weglassen musste ich den Bericht darüber, wie weit Maria bei ihrer Teilnahme an unseren Ekstasen gegangen war.

Dagegen wollte Angela das Mädchen Sylvia, meinen One-Night-Stand am Mittag, im Buch haben. Ich erfuhr, dass Angelas Bruder tatsächlich Sylvia beauftragt hatte, mich zu verführen. Von meinem Abenteuer mit ihr hatte Angela noch am gleichen Abend erfahren, als sie Einstein nach mir befragte. Die Hoffnung ihres Bruders, Angela würde mir meinen Fehltritt übel nehmen, scheiterte aber schon daran, dass Angela am selben Abend mit ihrem Freund Robert geschlafen hatte.

Ich wies Angela darauf hin, dass sich unsere Leser wohl fragen würden, warum wir uns nie im Spiegelraum geliebt hatten. Angela bezweifelte, dass dies den Lesern auffallen könnte, und weigerte sich, ihre Gründe dafür zu nennen. Angela war auch der Ansicht, dass es unsere Leser als selbstverständlich ansehen würden, dass wir uns zu den Begegnungen mit Einstein wieder angekleidet hatten und niemals nackt in den Spiegelraum gegangen seien. Dies zu betonen sei unnötig.

Dann wies mich Angela darauf hin, dass ich unsere Leser im Ungewissen gelassen habe, ob eine Aussage Einsteins richtig sei – von dem Mediziner, der schon 1921 beinahe die Pille erfunden habe. Ich sah im Internet nach, und tatsächlich hatte 1921 ein österreichischer Physiologe namens Ludwig Haberlandt ein Konzept der hormonellen oralen Kontrazeption publiziert. Er nahm sich im Alter von siebenundvierzig Jahren das Leben.

Bei einem meiner Anrufe war Maria am Telefon. Sie erzählte mir, dass sich Angela von ihr trennen werde, mit einer großen Abfindung und einer Eigentumswohnung, beides mit der Bedingung, dass sie ihre Schweigepflicht hinsichtlich Angela und ihrer Männer niemals verletze. Auch von ihrem Chauffeur habe sich Angela getrennt. Er sei in sein Heimatland zurückgekehrt und habe dort eine Stellung an einer Botschaft gefunden.

Angelas Bruder war weiterhin ein erfolgreicher Geschäftsmann, von dem man gelegentlich in den Zeitungen las. Mit mir suchte er keinen Kontakt.

Meinen wiederholten Vorschlag, sie zu besuchen, lehnte Angela ab. Dann sandte sie mir ein Kapitel, das sie mit „27A" bezeichnet hatte. Darin beschrieb sie, wie sie Ende Februar mit unserem Pseudo-Einstein geschlafen hatte. Sie wollte nicht darüber sprechen, auch nicht, ob sie Einstein seither gesehen hatte. „Das ist eine andere Geschichte", sagt Angela.

Ich hatte die Aufgabe übernommen, einen Verleger zu finden. Dies war nicht einfach. Manche Verleger scheuten vor dem Thema zurück. Es sei wegen der religiösen Fanatiker viel zu gefährlich. Einige kritisierten die Verbindung von Religion und Sex. Dabei hatten wir unsere Sex-Beschreibungen ohnehin sehr stark gekürzt.

Wir bemühten uns, den Text so zu verändern, dass der Schauplatz und die Personen nicht zu erkennen waren. Dass dieses Buch nicht mit Angela und mir als Autoren erscheinen konnte, war klar. Vielleicht würden Angelas Verwandte und meine Familie das Buch akzeptieren. Aber der Aufruhr, den das Buch verursachen musste, konnte für Angela und mich fatal sein. Unser Treffen mit Mohammed würde in den Augen gläubiger Muslime eine schreckliche Gotteslästerung sein. Und die Zeiten waren vorbei, da man etwas über Mohammed sagen durfte, ohne dass ein zum Mord bereiter Islamist vor der Tür stand.

Ein Lektor verwies mich an einen Professor für Religionswissenschaften. Ich sollte diesem jene Teile des Berichts vorlegen, die Aussagen der Einstein-Erscheinung enthielten. Trotz der bereits gemachten Erfahrungen mit Professoren folgte ich dem Ratschlag. Die Antwort besagte, dass zwar manches des Beschriebenen nicht zu beweisen war, aber nicht unmöglich erschien, und dass sich nichts darin fand, was den Ergebnissen der Forschung widersprach.

Die Suche nach einem Verleger war schließlich erfolgreich. Durch das beachtliche Schmerzensgeld, das mir Angelas Bruder gezahlt hatte, war die Finanzierung des Buches kein Problem. Aber ob dieses Buch etwas bewirkt, muss sich noch zeigen.

Die Begegnung mit Einstein hat mein Leben verändert. Ich bin ruhiger geworden. Als mein Vater starb, war ich fassungslos an seinem Grab gestanden. „Schlaf gut, Papa!", hatte ich gesagt und war in Tränen ausgebrochen.

Nun weiß ich, dass unser irdisches Leben eine Fortsetzung in einer jenseitigen Welt hat und dass diese Fortsetzung nichts Schreckliches ist, sondern etwas, auf das man sich freuen kann.

Als ich den Bericht abschloss, kam die Nachricht vom Tod meines Bruders. Er war mit dem Auto verunglückt. Ich hätte ihm gerne von Angela und Einstein erzählt. Einstein hatte es verboten, solange die Begegnungen dauerten. Nun war es dafür zu spät.

Mein Bruder hatte auf ein Leben nach dem Tod gehofft. Nun, da er gestorben war, wusste er, dass er mit seiner Hoffnung recht gehabt hatte. In der Todesanzeige fanden sich Zeilen aus einem Gedicht:

Der Tod ist nichts. Er zählt nicht.
Ich bin nur in das nächste Zimmer gegangen.
Nichts ist geschehen. Alles bleibt genauso, wie es war.
Das, was wir füreinander waren, sind wir immer noch.
Gebraucht nicht eine andere Redensweise, seid nicht feierlich oder traurig.
Der Faden ist nicht durchschnitten.
Weshalb sollte ich nicht mehr in euren Gedanken sein, nur weil ihr mich nicht mehr seht?
Ich bin nicht weit weg, nur um die Ecke. Alles ist gut.
Nur ein Augenblick, und alles wird sein wie früher.
Wie werden wir über den Schmerz der Trennung lachen, wenn wir uns wiedersehen!

www.ingramcontent.com/pod-product-compliance
Lightning Source LLC
Chambersburg PA
CBHW071459040426
42444CB00008B/1405